한국 교육정책과 예산

한국 교육정책과 예산

김기언, 장연수 共著

한국학술정보㈜

급변하고 있는 현대사회에서 국가경쟁력은 중요하며 이는 교육에 의해 창출된다. 교육의 국가경쟁력은 바람직한 장기교육정책수립과 이에 대한 재정확보 및 연동계획을 통해 구체화되는데 효율적 예산편성과 제도개선을 통해 가능하다.

본서는 2005년도부터 참여정부가 추진하고 있는 Top-down 예산방식(총액배분자율편성예산제도)을 보다 효율적으로 운영할 수 있는 기본 자료를 마련하여 예산편성과 제도개선을 꾀하고자 교육인적자원부의 협조를 얻어 시대별 교육투자 방향, 투자규모, 투자결과 등 주요 사항 등을 체계적으로 분석하고 있다.

그리고 이 분석내용을 토대로 교육정책과 재정의 시대적 특징이 무엇인지 요약하였다.

이 책의 구성은 5장으로 구성되었으며 각 장별 내용은 다음과 같다.

제 1장에서는 교육의 의의와 목적에 이어 교육재정의 개념과 특징 및 영역을 살펴보았다.

제 2장에서는 교육예산의 편성방향과 제도적 변천과정을 교육의 이념변화와 예산정책이 어떻게 연계되었는지 살펴보고자 교육이념의 관점과 예산변화 및 학제의 변화, 교육개혁과 의무교육에 예산이 어떻게 반영되었는지 살펴보았고, 이어 교육예산의 구조를 일반회계와 특별회계 및 지방교육재정에 관련된 법률의 변화과정을 살펴보았다.

또한 교육예산의 제도적 변화는 교육정책의 변화와 밀접한 관련을 맺고 있는데 이를 초·중등교육 정책과 고등교육 정책으로 구분하여 정리하였다.

제3장에서는 교육정책과 예산의 변화내용을 아주 구체화시키고자 각 시기별로 구분하여 제1공화국에서부터 현재 참여정부에 이르기까지 건국이후 56년 동안 각 대통령별 공약사항과 시정연설내용에 이어 교육인적자원부의 교육정책과 장학방침 내용, 부문별 교육예산편성 결과로 구분하여 분석 정리하였다.

제4장에서는 일본의 교육예산과 미국의 교육예산을 분석 정리한 다음 각 국가별 교육비의 수준차이는 어떠한지 비교한 다음 마지막 제5장에서는 2장부터 4장까지 분석 내용을 종합하여 각 시기별 교육정책과 재정의 특징을 정리하였다.

1948년 건국이후 2004년까지 56년간 교육인적자원부의 교육정책과 각 장·관·항별 매년 예산규모를 정리하는 작업은 너무나 방대한 작업이었기 때문에 부족한 부분이 많이 있으리라고 본다. 이번 초판을 계기로 앞으로 교육에 관련된 정책자료와 예산자료를 보다 체계적으로 정리하고 보완하므로 보다 나은 교육정책자료가 되도록 노력 하고 있다.

　　그리고 이 책은 교육인적자원부 재정관리관실의 적극적인 협조가 없었다면 불가능하였을 것이다. 특히 최병만 박사의 적극적인 후원과 여러 재정관리실 관계자에게 고마움을 전한다.

　　또한 본 책이 쓰여지기까지 긴 시간동안 협조해 주신 한국학술정보(주) 출판사업부 여러분께 감사드린다.

2007년 6월

저자 씀

CONTENTS 차 례

I. 교육과 재정

1. 교육의 의의

가. 교육의 의의와 정의

오늘날 세계 여러 나라는 국가발전과 사회발전을 위하여 교육이 아주 중요함을 알고 인적, 재정 자원을 교육에 집중하고 있다. 교육은 사전적 의미로 가르쳐 기르거나 지식을 주는 일, 또는 심신의 모든 성능을 발육시킬 목적으로 일정한 방법에 의하여 일정한 기간 동안 계속하여 미치는 영향이라고 되어 있다(이희승, 2003). 그리고 교육학적 측면에서 교육은 좁게는 인간의 바람직한 행동의 변화를 꾀하기 위한 의도적이고 유목적적인 인간 지향 활동을 의미하며(장석우, 허형, 1976; 이성호, 1992), 넓게는 사회의 변화 주체자, 문화의 전달 창조자, 생활 경험 과정 등으로서 여러 의미를 지니고 있음을 볼 수 있다. 이는 교육이 일반 개인의 성장과 목적 지향은 물론 사회의 공동 목적을 이루기 위해 중요한 수단이 되고 있음을 의미한다(김용숙, 신오영, 신윤철, 1984; 김성권, 손규복, 1982; McNeil, 1985).

교육은 이를 전해주는 주체자와 이를 받아들이는 학생으로 구분할 수 있다. 교육은 전달하는 사람의 능력과 기술(skill), 전략(strategies), 열정에 따라 달라지는데 이들을 근본적으로 뒷받침해 줄 수 있는 재정력(예산)에 의해 교육을 할 수 있는 시설이나 여건, 비용 등이 적재적소에 잘 공급되었을 때 가능하다. 이러한 측면에서 볼 때 교육에서 예산은 누가, 무엇을, 누구에게라는 주체적 3요소가 갖추어졌을 때 그 다음으로 생각할 수 있는 가장 중요한 요인의 하나이다.

교육에 대한 정의는 학자에 따라 다른데 Kant는 "인간은 교육에 의해서만 인간이 된다."로 하여 인간형성의 작용으로 보았고 Rousseau는 "인간의 자발자전(自發自展)을 위한 모든 조성작용"이라고 하여 개인의 자발적 성장을 강조하였다. 또 Pestalozzi는 "교육은 사회의 계속적 개혁의 수단"을 강조하였으며 Dewey는 "교육은 끊임없는 경험의 재구성"이라고 정의하였다(김용숙 외, 1984).

나. 교육의 목적

교육의 의의와 정의의 내용을 살펴보면 교육이 나아가야 할 일정한 목적과 기본적인 방향이 있는 것을 알 수 있는데 교육의 목적은 어떤 사회가 형성하고자 하는 이상적인 인간상의 표현(김용숙 외, 1984: 김정환, 1997)이기 때문에 그 형성하고자 하는 인간상은 시대와 사회의 변화에 따라 다르다. 따라서 현대 민주주의 시대에서의 교육의 목적은 첫째, 자유와 권리와 평등을 실현할 수 있는 민주적인 인간 둘째, 가정과 학교와 지역사회에서 협동할 수 있는 사회적 인간 셋째, 자기 자신에게 알맞은 직업을 선택하여 현명한 생산자로서 자기의 삶을 영위해 나갈 수 있는 경제인 넷째, 인간으로서 모든 측면이 잘 조화된 인격자를 육성하는 일이라고 할 수 있다(김용숙 외, 1984: 김성권, 손규복, 1982).

2. 교육재정

가. 교육재정의 개념과 특징

교육의 의의에서 교육의 주요 요소와 이를 뒷받침하는 요인으로서 재정이 가장 중요함을 살펴보았다. 그렇다면 교육재정은 무엇을 의미하는가? 단순히 교육에 필요한 재원을 확보하여 부족함이 없도록 지원하는 일인가? 여기에 대해서는 국민 누구나 동의하지 않을 것이다.

교육재정에 대하여 김윤태는 "국가나 지방공공 단체가 교육에 필요한 재화를 공권력에 의해 조달하고 그것을 합목적적으로 관리 지출하는 경제행위"로 정의하고 김종철은 "사회적 공공적 조직적 활동으로서 교육활동을 위하여 재원을 확보하고 보관하며 운용하는 활동"으로 정의하고 있다.

사실 종래에는 교육재정이 교육재정(예산)과 관련된 행정가의 업무이거나 교육자들이 교육에 필요한 회계상의 역할과 사용 후 그 결과를 보고하는 하나의 사무영역 내지 기능적인 일로 다루어 왔다. 그러나 현대사회에서 국가와 사회는 점점 더 복잡해지며 급변하고 있어 교육재정과 교육재정에 영향을 미치는 여러 분야에 대한 전문지식 없이는 다룰 수 없는 하나의 학문적 특징을 지니게 되었다. 따라서 교육재정은 교육에 필요한 예산의 확보와 함께 적절한 배분을 고려하는 교육예산과 교육의 목적달성을 위해 두 사람 이상이 협동하는 협동적 노력을 어떻게 이루어 낼 것인가에 관한 교육행정 및 교육과 재원을 잘 관리하고 유지하는 교육경영, 모든 교육 환경 시설이나 자재 및 사업결정의 핵심적 역할을 하는 교육정책 등의 학문적 성격을 띠게 되었다.[1] (김남순, 1992) 그리고 이에 대한 내용을 교육재정의 영역에서 구체적으로 살펴본다.

나. 교육재정의 영역

교육재정은 교육과 재정의 의미가 포함되어 있다. 이는 교육을 하는 데 필요한 재원을 조달하고 관리하는 두 가지의 의미가 중복되어 있는데 교육재정은 이 중에서도 재원을 더 강조하는 입장에서 재정활동의 영역을 살펴볼 수 있다. 재정은 대개 공공재(public goods)와 사적재(private goods)로 구분한다. 김남순은 교육재정이 공공재 또는 사적재인가의 여부는 교육목적과 관련되는데 정규교육과 형식적인 교육활동을 위하여 사용되는 재정으로 공공단체에서 조달, 배분하여 사용되는 것이 공공재이고, 이와는 대조적으로 공공의 기관이 아닌 비공식적인 경제활동으로서 개인의 교육을 위하여 투입되는 사교육경비나 교육훈련비 등을 사적재로 취급한다고 말하고 있다(김남순, 1992).

교육재정의 영역으로서 알아보아야 할 재정으로 교육재정과 학교재정이 있다. 학교재정은 교육활동이 직접 일어나고 있는 일선 학교단위 현장에서 교육활동을 위하여 예산이 편성되고 활동되는 공공경비를 말하며 교육재정은 보다 넓은 의미로 일선학교 현장의 교육비는 물론 이를 지원하기 위하여 운영되는 일반 교육행정기관의 경비와 실업 및 직업교육 같은 일반교육에 사용되는 재원까지 모두 포함한다.

교육재정의 영역은 시대나 사회에 따라 조금씩 달라질 수 있기 때문에 현재 시점에서 앞으로 좀 더 포괄적으로 포함시켜야 할 교육재정의 영역은 교육과 재정 및 교육경제학, 교육행정학을 비롯하여 교육정책학의 영역까지 포괄하여 고려될 때보다 더 책임성 있는 교육과 이에 대한 재정지원이 될 것이며 효과 또한 크리라고 본다. 따라서 다음 장에서 우리나라의 교육이념과 교육예산의 구조 및 교육예산의 제도적 변화에 대하여 구체적으로 살펴본다.

---

[1] 김남순은 교육재정과 교육행정, 교육경영, 교육경제 등의 상호 교호적인 학문적 성격으로 설명하고 있다(김남순, 1992).

II. 교육예산의 편성방향과 제도적 변천

교육예산의 편성과 제도적 변화과정은 거시적 차원의 결정 속에서 미시적 차원과의 유기적 연계를 통해서 이루어진다고 할 수 있다.

먼저 국가 전체적인 정치와 경제 정책의 영향을 받는데 우리나라는 해방 당시 78%이던 문맹률을 낮추고자 보통교육체제를 수립하고 이 달성을 위해 국가의 총력을 다하였다. 그 결과 1946년에는 교육재정의 68%를 초등교육에 할당하였다. 그리고 이러한 보통교육은 온 국민의 적극적인 지지를 얻어 1947년에는 초등교육재정의 38.6%가 학부모의 찬조금으로 뒷받침이 될 정도였다(교육부: 1998).

한편 보통교육은 1950년에 들어 완전취학과 무상을 원칙으로 하는 의무교육을 통해 식민지 교육내용을 청산하고자 초·중등학교의 교과 편제와 교과별 시간배당 기준을 결정하여 교수요목을 제정하였다. 그러나 6·25전쟁으로 의무교육이 중단되었다가 1954년부터 다시 실행하게 되었다.

먼저 제1공화국과 제2공화국 시기에는 민주주의와 공산주의로 양단된 국토와 사상대립 등의 문제를 해결하고 국민정신 통합과 반공정신의 확립이라는 국가목표를 달성하고자 홍익인간의 이념을 실현하는 민주적 민족교육과 학도호국단을 창설하여 사상건설과 경제건설 및 애국정신을 함양하고자 하였다. 이 시기의 교육예산은 행정부비, 교육비, 문화사업비의 3개의 장에 구체적 款·項·目의 체계적 예산분류가 없었다. 그리고 제3공화국과 제4공화국 시기에는 국가의 최우선 정책이 경제발전을 우선과제로 두었기 때문에 경제발전의 기틀을 마련하기 위한 교육정책과 예산배분이 이루어졌다. 그리고 제5공화국 시기에는 정당성을 얻고 동시에 상류층과 소외된 국민계층과의 일체감을 형성하기 위한 교육정책이 이루어졌다. 그리고 문민정부에 들어서는 대통령의 공약사업인 GNP 5% 달성을 이루기 위한 정책들이 전개되면서 교육예산도 그러한 방향으로 편성되었다(교육부, 2003).

이렇게 우리나라의 교육예산은 거시적인 국가정책과 연계 속에서 미시적 차원의 초·중등교육의 의무교육의 완성과 교실 학급 수(교사 1인당 학생 수)확보 및 교실환경개선 등의 사업에 초점을 두어 예산편성과 배정이 이루어졌다. 그리고 고등교육은 초·중등교육을 우선순위로 편성하고 이어 다음 순위로 고려되도록 편성이 되어졌는데 이러한 예산편성은 국가정책과 제도와의 연계 속에서 이루어진 것을 알 수 있다.

따라서 먼저 우리나라의 교육예산의 배정과 편성방향에 대해 거시적 차원에서 영향을 준 요인인 교육이념과 정책변화 및 교육세와 관련된 조세제도 및 시험제도, 장관별 이념과 교육의 방향, 입시제도의 개혁 등을 먼저 살펴보고 이어 이러한 정책과 연계하여 교육예산이 어떻게 편성되었는지 살펴본다.

1. 교육의 이념 변화와 예산정책

가. 교육이념의 관점과 예산규모 변화

우리나라는 1945년 8월 15일 광복을 하게 됨에 따라 자치조직의 중앙기구인 건국준비위원회에서 조선총독부와 지방관청 기구를 접수하였고 이어 9월 중순 미군이 들어서면서 군정하에 들게 되었다.

먼저 자치위원회는 경성제국대학과 각 전문학교를 접수하였고 조선학술원은 교육개혁을 구상하고 실천하고자 교육임시대책요강을 확정하였는데 그 내용은 식민지 교육 청산을 위한 기본 방침을 천명하고 초 · 중등 및 사범학교의 교육과정 개혁안에 대한 기본 방침을 정하여 미군정청 학무국에 전달하였다. 그러나 미군은 미 군정청을 설치하고 한국의 건국준비위원회와 조선학술원과 대학 및 전문학교의 자치위원회의 교육개혁을 인정하지 않았다. 그리고 미 군정관리들은 식민지 교육 관료제를 그대로 유지한 상태에서 중앙 및 지방교육행정가를 미군이나 조선인으로 대체하였다. 오천석 박사를 조선인 최초로 학무국 관리로 임명하고 조선인 교육자 7명을 고문으로 선임하여 한국교육위원회를 조직(1945.9.16.)하고 학무국 업무의 자문 업무를 맡게 하였다. 이들은 각 시도 교육행정가와 전국 각급 학교 교장 등 주요 교육 관료의 인사에 영향력을 행사하였다. 한국교육위원회의 활동이 마무리되고 이어 1945년 11월에는 한국교육 재건을 위한 청사진을 제시하는 조선교육심의회가 조직되었다. 조선교육심의회는 전국 각지 교육지도자 100여 명이 참여하여 교육이념, 제도, 행정 등 10개 분과로 나뉘어 식민지 교육 청산과 새로운 국가교육체제 건설을 위한 기초 확립에 주도적 역할을 수행하였다. 특히 홍익인간의 교육이념과 기본학제 수립의 방향을 설정하였다. 동시에 당시 78%나 되는 문맹퇴치를 위해 성인교육위원회가 조직되었다. 미 군정기에서 가장 중요한 과제는 보통교육체제를 수립하기 위한 초등의무교육의 실현과 학제 개혁이었는데 전 국민적 호응을 얻었고 1946년에는 교육재정의 68%를 초등교육에 할당하였으며 1947년에는 초등교육재정의 38.6%가 학부모의 찬조금으로 뒷받침될 정도였다(문교부, 1974).

1948년 대한민국정부가 수립되고 초대 문교부장관인 안호상(1948.8.3~1950.5.3)은 홍익인간의 이념에 기초한 "민주주의 민족교육"과 "一民主義" 사상을 강조하여 국민정신의 통합과 반공정신의 확립 및 1인 1기 교육을 이루고자 "한밝 삶" 및 "민족통일, 세계일민, 만민공동, 인민제일"로서의 한 백성주의의 5개 원칙을 제시하였다. 또한 1949년 12월 교육법이 제정, 공포되어 제1조에 "교육은 홍익인간의 이념 아래 모든 국민으로 하여금 인격을 완성하고 자주적인 생활능력과 공민으로서의 자질을 구유하게 하여 민주국가 발전에 봉사하며 인류공영의 이상실현에 기여하게 함을 목적으로 하게 한다"고 규정하였다. 그러나 장관의 퇴임과 자유당 정권의 정치적 이용에 의해 "一民主義"는 구호에 그치고 말았다. 즉 이 시기의 교육정책과 교육이념은 중앙집권적인 체제 속에서 위로부터 아래로 하달되었으며 반공과 멸공이라는 명분하에 학도호국단을 하였으나 일민주의보다는 일본의 군국주의를 연상케 하여 반발이 일어났기 때문이다.

이어 1950년 5월 4일에 제2대 문교부장관에 취임한 백낙준 장관은 도의교육중시와 기술교육장려, 국방교육실시, 지식교육 철저를 교육의 목표로 내세우고 이상적인 인간상으로 자활인, 자유인, 평화인을 육성하고자 하였다. 그리고 1950년 6월 1일부터 완전취학과 무상을 원칙으로 하는 의무교육을 추진하였으며 초·중등학교의 교과편제와 교과별 시간배당 기준이 결정되어 6-3-3-4제가 확립되었다. 한편 전쟁 중이던 1953년에 UNESCO 내한을 계기로 중앙교육연구소가 설립되어 한국 교육의 이론과 실제를 본격적으로 연구하므로 교육이론의 정립과 교육의 과학화를 이루는 데 큰 역할을 하였다.

6·25 전쟁이 끝나고 1954년 4월 21일에 취임한 이선근 장관은 반공민주교육의 추진과 교육의 질적 향상, 생활문화의 모색화의 교육정책을 내세웠고, 제5대 최규남 장관은 교육의 질적 향상과 정상화, 도의교육의 진흥, 제6대 최재유 장관은 조국 혼과 자유민주정신의 교육, 교육의 질적 향상 도모, 의무교육과 과학기술교육의 적극 추진, 순미한 민족문화 발달의 촉진, 도의교육의 강화 정책을 내세웠다.

그러나 1960년 4월 19일 의거가 일어나 독재와 사회 부조리를 척결하고자 "민주주의 수호와 자유권의 신장" 및 "민족주의에 대한 관심 증대와 조국근대화를 통한 경제성장"을 꾀하고자 하였다. 4·19 의거를 통해 1960년 4월 28일, 문교부장관에 취임한 제7대 이병도 장관은 학생의거로 인해 혼란스러워진 당면 문제를 수습하고자 "학원의 정상화, 교육의 중립성, 사도 확립, 수업일수 확립, 교육자치제 확립"을 하여 교육 민주화를 이루고자 하였으며 경찰의 학원 간섭을 하지 못하도록 하고자 하였다.

1960년 8월, 교육부장관 오천석은 교육의 민주화를 실천하고자 하여 미 군정교육을 개혁하며, "정신운동과 도덕운동, 교육의 중립을 통한 자주성 확립, 혁명정신에 입각한 문교정책, 교육의 질적 향상, 국민문화의 진흥"을 실현하여 국민문화의 진흥을 이루려 하였다. 특히 오 장관은 4 · 19 혁명을 계기로 새로운 철학 위에 서야 된다는 신념 아래 "사람을 사람답게 만드는 일"을 강조하여 지식전달보다는 민주주의를 지키는 진보주의 철학적 배경을 갖고 있었다.

1961년 5년 16일, 군사혁명과 함께 경제성장을 중시하게 되었는데 이는 교육을 통해 경제발전을 이룩할 수 있다는 신념하에 한국적 민주주의 교육론(국적 있는 교육론)을 주장, 정치권이 오히려 앞장서게 되었다. 따라서 국가는 경제성장과 국가발전 지향의 교육, 한국적 민주교육론, 새마을 교육으로 강조되었다. 2년 8개월간의 군사정부를 거쳐 1963년 제3공화국이 시작되었는데 교육이념은 군사혁명 후의 교육과 같은 맥을 이어갔다. 반공정신과 빈곤타파 및 문화의 혁신을 위한 문교정책으로 인간과 사회의 개조에 주안점을 두었다.

고광만 교육부장관은 "자주정신의 확립을 통한 민주시민의 자질향상, 생산능력 배양과 과학 및 기술교육강화, 민족문화 발굴과 앙양"을 문교정책으로 제시하여 추진한다는 국가발전주의 교육이념이었다. 이 당시에는 경제개발 5개년 계획을 수립하여 추진하였기 때문에 교육은 이에 맞추어 종합적이고 장기적인 교육계획을 수립하여 추진되었다. 이어 1968년 11월 30일에는 국가 경제개발정책에 같이하고자 대통령령 제1651호를 통해 "장기종합교육계획 심의회 규정"을 제정, 구체적인 교육정책을 수립하여 근대화를 위한 교육과 생산교육의 방향으로 추진하였다. 이 당시 교육이 경제발전에 초점을 맞추다 보면 인간 부재의 교육이 되기 쉽다는 자성의 소리가 높아졌는데 권오병(1968년 5월) 문교부장관은 이를 의식하여 근대화를 위한 생산교육에 "새 국민상의 창조"를 첨가하였고 1969년 홍종철 문교부장관은 "교육의 질적 향상과 학교제도의 쇄신, 새 국민상의 창조"를 문교정책으로 내세웠다. 홍종철 장관 시기인 1968년 12월 5일에는 국민교육헌장이 선포되었는데 여기에서 "국토통일과 산업경제의 근대화 및 민족문화의 창달, 국가발전을 위한 국민상을 강조한 국적 있는 교육을 실현"하고자 하였다.

그리고 1970년 11월에 새마을 운동을 시작하였는데 이 또한 교육을 통해 향토민에게 새마을 정신을 고취시키고자 하였으며 이를 위해 1972년 3월 24일 경북 대구에서 교육자대회를 열어 새마을 교육을 통한 조국번영과 민족중흥에 앞장설 것을 다짐하는 등 1970년대에는 한국적 민주주의 교육을 국민교육헌장에 따른 민족주의, 그리고 10월 유신(1972)과 함께 새마을 교육을 강조하였다.

특히 1972년 10월 17일 유신헌법과 더불어 다방면의 개혁을 통해 국가는 한국적 민족주의 확립을 기본이념으로 내세워 정치적 목적을 달성하려 하였는데 이는 국민교육헌장과도 맥을 같이한다. 이 동안 장기종합교육계획심의회는 1969년부터 1972년에 걸쳐 심의활동 끝에 1972년~1986년까지 15년간의 장기종합교육계획안을 마련하였다(문교부, 1974).

1980년대에 들어 전두환 대통령에 의한 제5공화국이 들어서면서 교육혁신과 문화 창달을 강조하여 "전인교육, 정신교육, 과학교육, 평생교육"의 4대 원칙을 강조하였다. 제5공화국에서 특이한 것은 1980년의 7·30 교육개혁 조치를 들 수 있는데 과외교육의 병폐를 바로잡고자 한 조치를 통해 학교교육을 정상화하려고 하였다. 따라서 이를 위해 전인교육과 평생교육을 내세웠고 1985년 3월 7일, 교육개혁심의회가 발족하였으며 1988년 5월 31일에는 중앙교육심의회가 발족되었다.

교육개혁심의회에서는 새 시대의 인간상을 창조하고자 "자긍심을 심는 교육, 전인교육, 창의성 육성교육, 미래에 대비하는 교육, 수월성의 추구, 다양성의 조장, 자율성 신장, 교육환경의 인간화, 사회의 교육적 기능강화"를 강조하였다

그리고 제6공화국에서는 "교육의 본질 추구, 교육의 민주화 추진, 사회의 균형 있는 발전에 기여하는 교육기회의 확대"를 내세웠다. 제5공화국의 교육개혁심의회를 이어 가고자 1988년 5월, 중앙교육심의회를 발족하여 "교육본질의 추구, 교육 민주화, 사회균등발전에 기여하는 교육기회 확대를 통한 민주화와 평생교육의 이념을 강조"하였다. 특히 제6공화국에 들어 **평생교육**을 강조하여 "성인교육과 계속교육, 사회교육을 확장"하고자 하였는데 이는 영국의 계속교육의 영향을 받은 것이다. 그리고 평생교육 정착을 위해 의무교육을 확충하고자 1985년부터 중학교 의무교육을 제도화하였고, 1987년에는 산업체 부설학교와 방송통신고등학교, 방송통신대학 확충과 내실화 및 사회교육시설의 확충을 중점적으로 추진하였고 1990년 12월 27일에는 교육방송국을 개국하여 전담하도록 하였다.

1992년에 시작한 문민정부는 "21세기를 준비하는 교육, 정보화와 세계화시대를 준비하는 교육에 역점을 두어 사람다운 사람을 기르는 교육, 개성과 소질을 살리는 개별화교육, 미래에 대응하는 과학기술교육, 자율성 신장과 책무성의 제고, 질 높은 교육을 위한 기반조성"을 위한 교육방침을 내세웠다. 특히 문민정부에서는 열린 교육을 강조하여 1980년대의 사회교육의 의미가 있는 평생교육을 시간과 장소 및 교육기관과의 연계, 교육대상의 개방을 통한 연계적 의미의 열린 교육의 평생교육을 강조하였다. 또한 1995년 5월 31일, 교육개혁안을 수립하여

학교 학생은 물론 일반국민도 언제, 어디서나 정보기술을 이용할 수 있도록 정보화교육을 추진하여 2000년까지 학교를 작은 정보화 사회(Miniature Information Society)로 조성함은 물론 모든 교과시간에 정보기술을 적절히 활용할 수 있도록 멀티미디어 형태의 학습 자료를 개발하고 보급하기로 하였다(교육부, 2003).

그리고 무엇보다 대통령 후보 때부터 선거공약으로 약속한 교육재정 GNP 5% 확보를 위한 노력을 하였다.

해방 후 지금까지 교육재정의 확보율이 어떠하였는지 표로 정리하면 다음과 같다.

〈표 1〉GDP에 대한 교육예산 확보 비율

(단위: 10억)

연도	1948	1951	1954	1957	1960	1963	1965	1969	1970	1971	1972	1973	1974	1975	1976	1979	1980	1983
GNP			662	1515	2449	5029	8057	21552	26840	27539	33751	53785	75031	100923	138811	312287	372050	584284
교육예산	1.7	16	6	30	61	10	13	45	58	73	94	99	133	195	361	884	1150	2175
교육예산/GDP			0.9	2.0	2.5	0.2	0.16	0.2	0.2	0.29	0.27	0.18	0.18	0.2	0.26	0.28	0.3	0.37
연도	1986	1987	1988	1989	1990	1991	1992	1993	1994	1995	1996	1997	1998	1999	2000	2001	2002	2003
GDP	95736	112130	133134	149164	178796	216510	245699	277496	323407	377349	448596	491134	484102	529499	578664	622122	684263	721345
교육예산	2769	3123	3704	4344	5671	5569	6483	7415	8241	9763	10074	12282	12056	11476	12651	17801	18711	20709
교육예산/GDP	2.8	2.8	2.8	2.9	3.2	2.6	2.6	2.7	2.5	2.6	2.2	2.5	2.5	2.2	2.2	2.9	2.7	2.9

〈그림 1〉GDP에 대한 교육예산 확보 비율 그래프

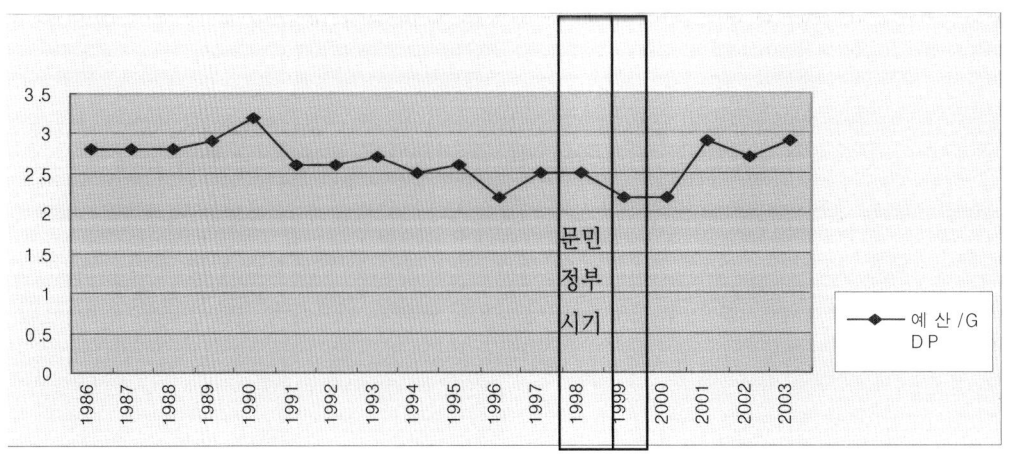

우리나라 교육재정 GDP 대비 예산확보 실태를 1952년까지는 GNP의 계산이 되어 있지 않다. GNP는 1953년부터 산출하기 시작하였는데 1954년에는 전쟁 후 복구문제로 인하여 교육예산은 GNP의 0.9%밖에 되지 않았으나 1957년 이후부터는 2%대에서 약간씩 증가와 감소를 보이다가 80년대 이후부터는 GDP 대비 2.8%를 넘어 3%대에 가깝게 증액되었다. 그리고 문민정부에서 좀 더 높은 비율로 예산확보가 이루어졌다가 IMF로 인하여 1999년까지 감소하였으나 그 이후 다시 증가하기 시작하였다(교육부, 1985~2003).

지금까지 각 정권별 우리나라의 정치·경제적 상황 속에서 교육에 대한 이념변화과정을 정부별 그리고 각 장관별로 구분하여 살펴보았는데 이상에서 살펴본 교육이념 변화를 시대적, 그리고 교육부 장관의 시기별로 요약하면 다음과 같다.

<표 2> 장관별 교육이념과 교육정책의 추진내용

대수	장관명	재임 기간	교육이념과 추진내용
1	안호상	48.8.3~50.5.3	교육방침: "민주적 민족교육"과 "一民主義" 사상을 강조: 한밝 삶으로서의 한백성주의, 백성통일로서의 한백성주의, 세계 한백성주의로서의 한백성주의, 만백성 다같이로서의 한백성주의, 일민주의로서의 한백성주의의 5개 원칙
2	백락준	50.5.4~52.10.29	홍익인간: 도의교육, 1인1기 기술교육장려, 국방교육실시, 지식교육 철저 인간상: 자활인, 자유인, 평화인
3	김법린	52.10.30~54.4.20	민족주의 교육, 도의교육, 생산교육 위한 과학기술교육 중앙교육연구소설립(1953)—UNESCO내한을 계기로 한국교육 이론 실제 연구—이론정립
4	이선근	54.4.21~56.6.7	반공민주교육, 교육의 질적 향상, 생활문화 모색화
5	최규남	56.6.8~57.11.26	질적 향상과 정상화, 도의교육의 진흥
6	최재유	57.11.27~60.4.27	조국혼과 자유민주정신교육, 교육 질적 향상, 의무교육과 과학기술교육, 민족문화, 도의교육
7	이병도	60.4.28~60.8.22	학원의 정상화, 교육의 중립성, 사도확립, 수업일수 확립, 교육자치제를 확립하여 교육 민주화, 수업일수 초·중고 230일 확보, 교육자치제 보호와 정치적 관여 배제—학원정상화
8	오천석	60.8.23~61.5.2	4·19혁명을 계기로 새로운 철학 위에서 교육은 사람답게 만드는 일. 교육의 민주화, 미 군정교육 개혁, 정신운동, 도덕운동, 교육의 중립을 통한 자주성 확립, 혁명정신에 입각한 문교정책, 국민문화진흥. 국가발전과 한국적 민주주의
9	윤택중	61.5.3~61.5.19	

대수	장관명	재임 기간	교육이념과 추진내용
10	문희석	61.5.20~62.1.8	교육개혁: 인간과 사회개조. 한국적 민주주의 교육론―경제성장과 국가발전 지향 교육, 한국적 민주교육론, 새마을 교육
11	김상협	62.1.9~62.10.14	생산인, 승공인
12	박일경	62.10.15~63.3.15	
13	이종우	63.3.16~63.12.16	간첩침략의 분쇄, 인간의 개조, 빈곤의 타파, 문화의 혁신
14	고광만	63.12.17~64.5.10	자주정신의 확립을 통한 민주시민의 자질향상, 생산능력 배양과 과학기술교육 강화, 민족문화 발굴과 앙양
15	윤천주	64.5.11~65.8.26	조국 근대화를 위한 전진교육
16	권오병	65.8.27~66.9.25	조국 근대화를 위한 전진교육
17	문홍주	66.9.26~68.5.20	근대화를 위한 인간교육과 생산교육
18	권오병	68.5.21~69.4.10	근대화를 위한 생산교육에 "새 국민상의 창조" **국가발전주의 교육이념**―1968년 11월 30일 대통령령 제1651호, **"장기종합교육계획 심의회"** 근대화를 위한 교육과 생산교육의 방향, 홍익인간이념(자아실현, 민주, 인류공영) 국민교육헌장(1968.12.5): 국적 있는 교육, 민족주체성교육, 민족문화창달
19	홍종철	69.4.11~71.6.3	교육의 질적 향상과 학교제도의 쇄신, 새 국민상의 창조
20	민관식	71.6.4~74.9.17	한국교육개발원(1972.8.30): 교육의 한국화와 사회화, 민주화 10월 유신(1972.10): 한국민주주의 토착화와 안정과 번영, 민족중흥
21	유기춘	74.9.18~76.12.3	74년 고교 평준화정책
22	황산덕	76.12.4~77.12.19	
23	박찬현	77.12.20~79.12.13	
24	김옥길	79.12.14~80.5.21	의무교육의 충실, 특수교육의 진흥, 사회교육·체육진흥, 문화진흥
25	이규호	80.5.22~83.10.14	제5공화국: 민주주의 토착화, 복지사회, 정의사회, 교육혁신과 문화 창달 교육의 본질추구, 교육의 민주화, 교육기회 확대 1980년 7월 30일: 교육개혁―사교육비가 문교예산의 30% 과외근절 1982년 3월 20일 개정된 교육법에서는 유아교육의 다양화를 추진하고자 유치원을 확충하고, 초등학교에 부설 유치원을 설치, 도시와 농촌 지역에는 새마을 유아원 설치, 개방대 설치
26	권이혁	83.10.15~85.2.18	1985년에는 교원대학교를 설립하였고 1986년에는 세무대학을 설립하였다.
27	손제석	85.2.19~87.7.13	교육개혁심의회(1985.3.7~873.12.31): 한국인상 수립, 자주적 인간, 창조적 인간, 도덕적 인간 육성, 평생교육 강조―다양성과 수월성 조장, 교육환경 인간화, 사회의 교육적 기능 강화 평생교육: 85년 중학의무교육 제도화, 87 산업체 부설학교, 90 교육방송
28	서명원	87.7.14~88.2.24	
29	김영식	88.2.25~88.12.04	중앙교육심의회 정의 복지사회, 평생교육 강조
30	정원식	88.12.05~90.12.26	

대수	장관명	재임 기간	교육이념과 추진내용
31	윤형섭	90.12.27~92.1.22	
32	조완규	92.1.23~93.2.25	열린교육 1992년부터 중학교 의무교육을 연차적으로 군지역까지 확대, 실시하였다.
33	오병문	93.2.26~93.12.21	신한국 창조, 인간중심주의 교육
34	김숙희	93.12.22~95.5.12	사람다운 사람을 기르는 교육, 개성과 소질을 살리는 교육, 미래에 대응하는 과학기술교육, 자율성 신장과 책무성 제고, 질 높은 교육을 위한 기반조성
35	박영식	95.5.16~95.12.20	
36	안병영	95.12.21~97.8.4	1996년에는 국민학교를 초등학교라고 개명하였고 열린교육을 강조
37	이명현	97.8.5~98.2.28	
38	이해찬	98.3.3~99.5.23	새 천년 새 희망의 국민화합, 신지식 사회
39	김덕중	99.5.24~00.1.14	지덕체의 전인교육, 지식·정보화 사회를 선도하는 교육, 고등교육 다양화와 특성화, 국민의 고통을 덜어주는 교육
40	문용린	00.1.15~00.8.7	초·중등교육 내실화, 전 국민 지식 정보화, 교원안전망 구축, 교육재정 확충
41	송 자	00.8.8~00.8.31	
42	이돈희	00.9.1~01.1.29	교육인적자원양성, 교육정보화
43	한완상	01.1.30~02.1.29	교육여건개선, 실업교육 육성방안, 교육정보화발전방안, 교원성과급제실시
44	이상주	02.1.30~03.3.6	국민과 함께하는 민주주의, 균형 있는 민주주의, 과학기술입국
45	윤덕홍	03.3.7~03.12.24	
46	안병영	03.12.25~05.1.4	국가발전을 선도, 국가균형발전, 교육복지
47	이기준	05.1.5~05.1.10	
48	김진표	05.1.27~현재	초·중등교육본질추구, 고등교육경쟁력강화, 평생직업교육, 인적자원개발

위 표에서 볼 수 있듯이 각 장관별 교육이념과 추진 중점 및 주요 시책이 국가의 정책과 정치현실에 부합되고 있으며 이러한 방향에 맞추어 예산도 편성되었다.

특히 제1공화국 시기에는 교육이 자유당 정부의 정책을 지지하거나 옹호하는 것에 이용되었으며 제3공화국 시기에는 국가발전의 기술과 인력 확보 및 과학기술 정책을 이룩하는 데 역할을 하였으며 제5공화국 이후 현재에 이르기까지 우리나라는 국가발전과 과학기술 및 대통령의 공약수행 등과 관련하여 예산이 편성되고 있다.

나. 학제의 변화

한 국가의 교육제도와 그를 통한 재정의 확보는 교육법을 통한 학제의 법제화 속에서 이루어지고 운영된다. 따라서 예산의 편성과 관련하여 그 근간이 되고 있는 학제의 변화과정을 살펴보면 다음과 같다.

학제의 해방 후 1945년 8월부터 1948년 8월까지 3년 동안 미 군정 통치하에서 우리나라의 교육은 미 군정청에 학무국을 두어 교육을 관장하였는데 1948년 8월 15일 문교부로 개편하면서 조선교육심의회는 미 군정청과 조정을 거쳐 국민학교 6년제(6세~13세 대상)와 중등학교 과정으로 ① 중학교 또는 실업중학교 6년제(12세~18세 대상)와 고급중학교 또는 고급실업중학교 3년제(16세~18세 대상)와 ② 사범학교 3년(16세~18세), 대학 및 대학교 4년제(19세~22세)의 학제를 1949년 12월 31일 발표하여 1950년 3월 10일까지 지속되었다(김남순. 1992).

1970년대에 들어서면서 문교부는 국민교육헌장의 이념을 계승하고 유신교육을 정착하고자 교육의 보편성과 수월성, 효율성을 위해 1970년 1월 1일 교육법(법률 제2175호로 공포)을 개정하여 실업계 고등전문학교를 고등학교와 연결되는 실업계 고등교육기관으로 변경하였다. 이로 인해 고등교육기관은 교육대학, 초급대학, 전문학교, 실업고등전문학교 등 네 계통이 존속하게 되었다.

〈표 3〉1970년대 이후 학제 변화

해방 후 학제(1951년)	1970년대 학제(1970년)		1980년대 학제(1982년)	1990년대 이후 현재
유치원	유치원		유치원	유치원
국민학교 6년제	국민학교		국민학교	초등학교(1996년)
중등교육기관	중학교		중학교 1985년부터 의무교육	중학교
·중학교 4년제				
·고등학교 3년제	고등학교		고등학교	고등학교
고등교육기관	단기고등교육기관		전문대학 * 1982년 개방대학	전문대학
·초급대학 2년	·교육대학			
·실업전문학교	·초급대학	전문대학 (1978년)		
·대학교 4년	·전문학교			
	·실업고등전문학교			
	대학교		대학교	대학교 ·개방대학 ·방송통신대(1992년-4년)

위에서 본 내용을 학제 그림으로 나타내면 다음과 같다.

〈그림 2〉1949년의 학제 도형

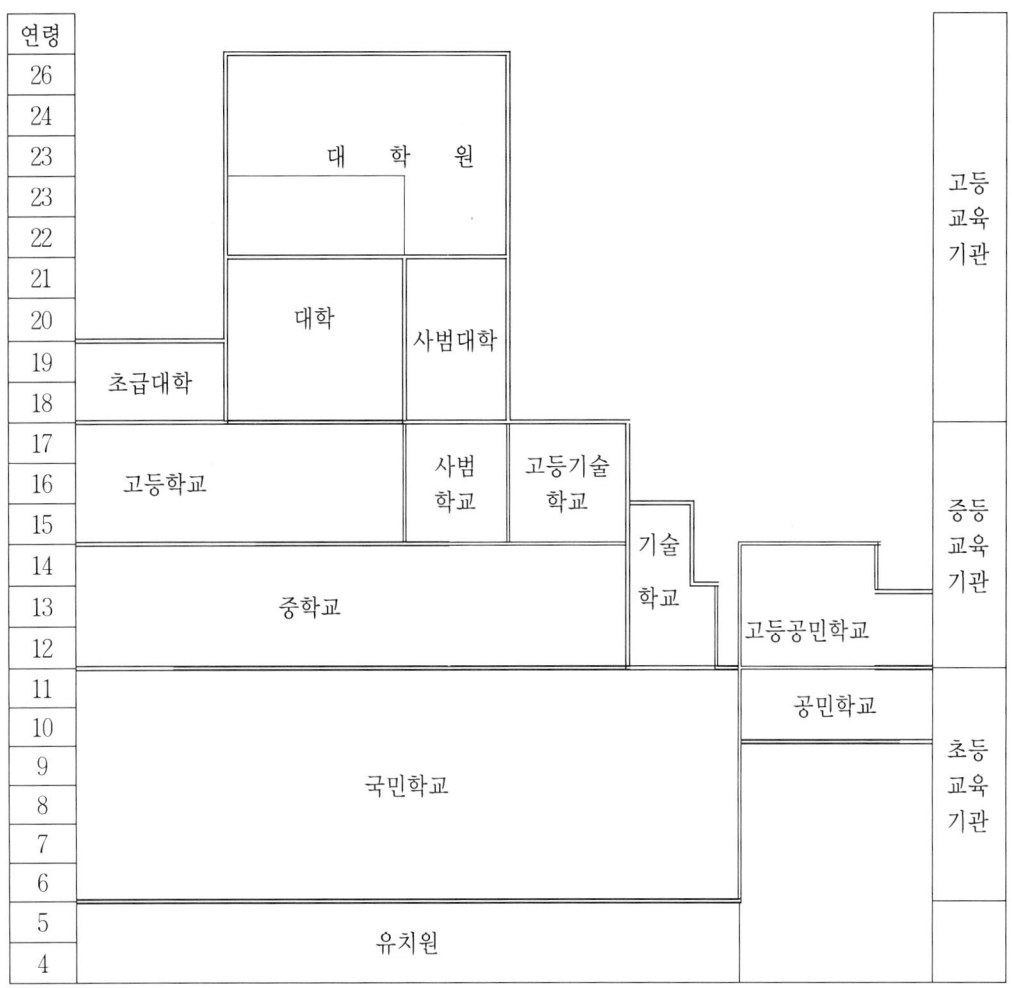

　1949년 12월 31일, 제정한 학제는 6-4-2-4제를 시행하려고 하였으나 문제점이 많아 1950년 3월 일부를 수정하여 위와 같은 6-3-3-4제를 확립하였다. 여기에서 국민학교는 6년으로 하고 중학교는 4년을 기조로 하였으나 3년 수료 후 고등학교나 사범학교에 진학할 수 있도록 하였다. 그리고 사범학교를 3년으로 연장하였고 고등기술학교의 입학자격도 3년제 기술학교 졸업자로 규정하였다. 그러나 중학교 졸업생이 고등기술학교에 진학할 경우 1년의 손해를 보게

되어 있는 문제점이 발견되어 1951년 교육법 개정을 시행하였다(손인수, 1994).

1960년대에 들어서서 조국근대화를 위한 학제개편 논의가 시작되었으나 기존의 6-3-3-4제를 변함없이 고수하면서 중학교 졸업자를 입학자격으로 하는 실업고등전문학교제를 창설하였고, 2년제 교육대학을 제도화하였다. 그리고 1970년대에 들어 교육의 보편성과 수월성, 효율성을 강조하면서 지금까지의 경제발전 체제에 치중하던 교육체제를 안정화하는 방향으로 변화를 시켰다. 따라서 5년제 실업고등전문학교를 5년제와 2~3년제 전문학교로 이원화하도록 하였다. 이때의 학제에서 학생들은 국민학교나 공민학교를 졸업한 학생들이 중학교나 고등기술학교 및 기술학교, 고등공민학교, 각종 학교에 진학할 수 있었다. 그리고 이들이 다시 고등학교나 고등기술학교 및 각종 학교에 진학하여 전문대학 및 대학, 각종 학교에 진학할 수 있었다. 그리고 1960년대의 학제를 그림으로 나타내면 다음과 같다.

〈그림 3〉1960년대의 학제 도형

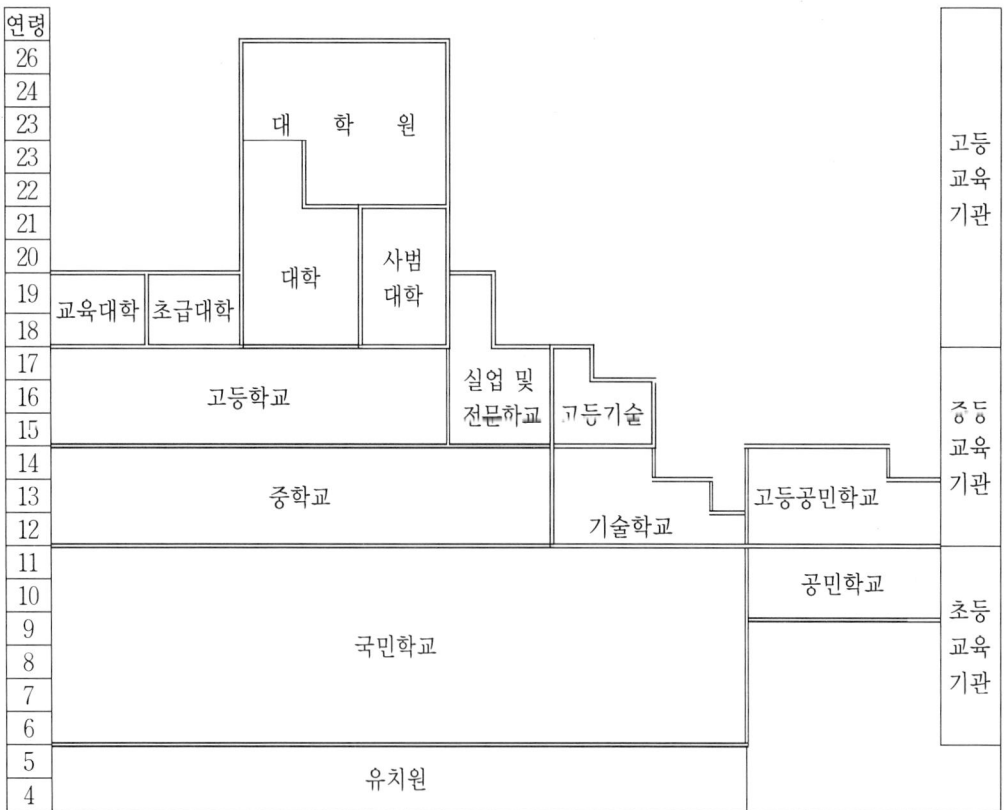

이어 1980년대 이후의 한국교육은 전인교육과 평생교육의 원리 아래 교육의 정상화를 추진하기 위한 교육개혁을 단행하였는데 학제는 6-3-3-4제를 기본으로 하면서 전문대학 2년~3년, 교육대학 2년, 방송통신대학 3년 및 공민학교 3년, 고등공민학교 3년, 기술학교 1년~3년의 학교를 두었다. 그리고 1981년 2월 13일 교육법 개정을 통해 교육대학을 4년, 방송통신대학을 5년으로 하도록 조치하였으며 1982년에는 개방대학을 신설하였다가 1984년 이를 다시 개정하여 학사과정으로 통합, 운영하였다(교육부, 2003).

그리고 1990년대와 2004년 현재의 학제를 그림으로 나타내면 다음과 같다.

<그림 4>1990년대 학제 도형

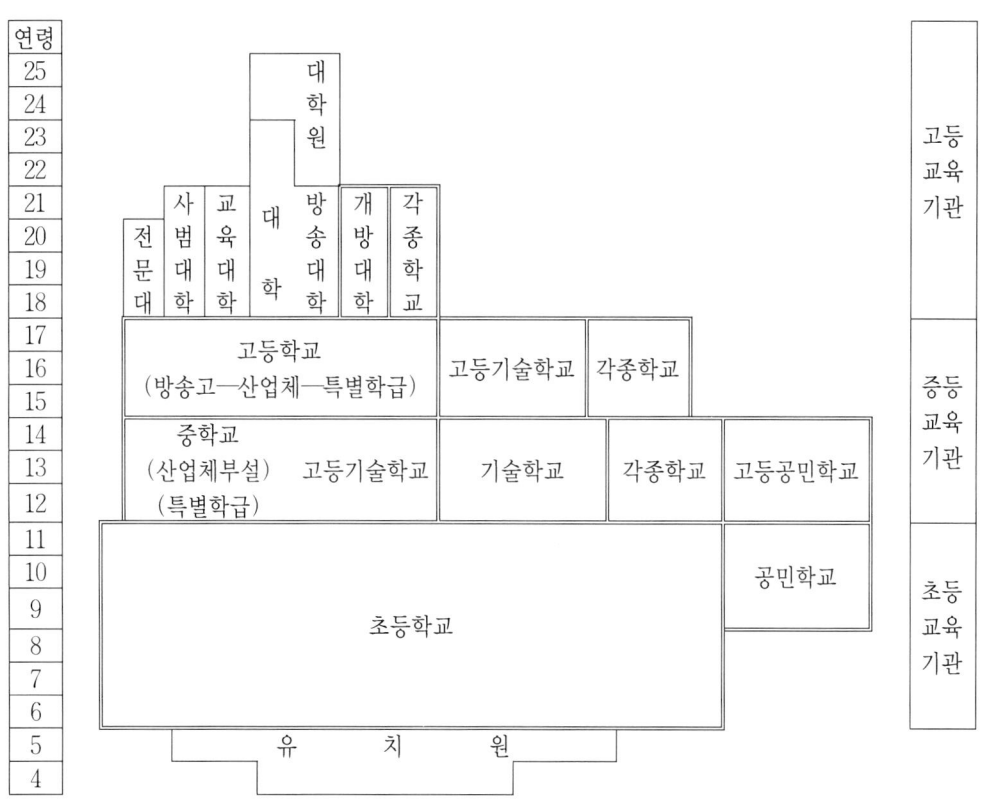

우리나라의 학제를 보면 1990년대에 들어 고등교육 쪽에서 그 변화가 큰 편이다. 1970년대에는 고등교육에서 전문학교이던 것이 1978년 이후 전문대학으로 되었으며 방송통신대학과 개방대학이 4년제 대학으로 학제가 변화되었다.

그리고 고등학교도 좀 더 세분화되어 있다. 2000년에 들어 우리나라의 학제는 좀 더 세분화되고 안정화된 모습을 갖추고 있는데 먼저 고등교육기관 중 4년~6년제의 대학교와 4년제의 산업대학 및 교육대학, 방송통신대학, 기술대학 그리고 4년~3년제의 원격대학과 전문대학, 사내대학, 각종 대학 등이 있다.

그리고 고등학교에도 일반 및 실업계, 방송통신고등학교, 산업체부설고등학교, 산업체특별학급, 고등기술학교, 각종 학교가 있다.

〈그림 5〉2004년 학제 도형

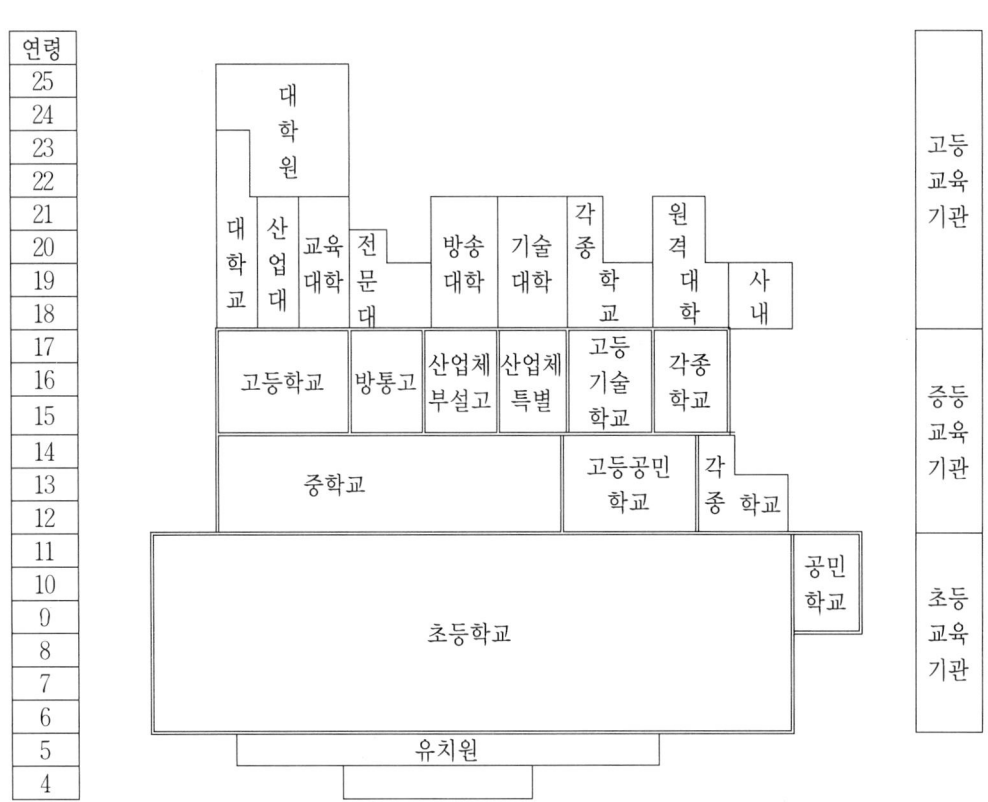

다. 교육개혁과 의무교육 예산

우리나라는 1950년 6월 1일을 기준으로 의무교육을 실시한다는 법령을 마련하였으나 한국전쟁으로 지연되었다가 1954년부터 실시하고자 하였다가 사정이 여의치 못해 1956년부터 형식적으로나마 의무교육을 실시하였다. 즉 정부 수립 당시 의무교육 취학률은 74.8%였으나 한국전쟁 기간인 1951년에는 69.8%로 떨어졌다가 1954년 이후 취학률이 급격히 증가하기 시작하여 이때부터 의무교육이 본격화되었다. 1954년부터 본격적으로 실시한 의무교육완성 5개년 계획에 의하면 목표연도 마지막 해인 1959년에는 전체 학생의 96%까지 취학률을 높이며 부족 교실을 신축하며 그에 대한 교육재정을 확보하고자 하였다. 당시 수립된 의무교육완성 6개년계획에 의하여 증가된 취학률을 보면 다음과 같다.

〈표 4〉제1차 의무교육완성 5개년 계획 시 취학률 추이

연도별	학령 아동 수	취학 아동 수	비 율(%)
1954	3,246,364	2,678,978	82.5
1955	3,289,865	2,947,436	89.5
1956	3,333,949	2,997,813	89.9
1957	3,480,225	3,170,891	91.1
1958	3,583,427	3,315,989	92.5
1959	3,799,690	3,558,142	96.4

위 표에서 보는 바와 같이 취학아동은 급격하게 증가하였는데 취학아동을 수용할 수 있는 능력이나 학교시설 등이 크게 부족하였다. 의무교육완성 6개년 계획에 따르면 제1차년도 계획한 교실 수는 5,924개였는데 실제는 457개 교실만 증설되었으며 1957년에는 6,269개 교실을 신축할 계획이었으나 2,923개밖에 신축하지 못하였다. 또 초등학교 수에 있어서도 의무교육완성 연도인 1959년에는 4,614개교를 목표로 설정하였으나 4,574개 학교만 증설되어 과밀학급 규모로 이어갈 수밖에 없었다.

1954년부터 1959년까지 1차 의무교육완성계획을 바탕으로 우리나라는 1962년부터 의무교육 시설확충 제1차 계획이 경제개발계획 5개년 계획과 맞물려 실행되었는데 이 기간 동안 우리나라는 총 90억 원을 투입하여 전국적으로 18,142개의 교실을 신축하고 4,715개의 노후 교실을 개수하기로 계획을 수립하였는데 그 내용을 보면 다음과 같다.

<표 5> 제1차 의무교육시설확충 5개년 계획

의무교육시설 확충 내용	1962	1963	1964	1965	1966	계
교실 건축(실)	5,129	—	2,304	2,229	6,515	18,412
교실 개축(실)	3,066	—	250	206	1,193	4,715
화장실(동)	471	—	—	—	487	958
급 수(개)	840	—	2	—	329	1,171
교지매입(천 평)	436	—	82	31	416	965
금 액(백만 원)	1,632	579	688	825	5,276	9,000

제1차 의무교육시설확충 5개년 계획 기간 동안 1962년과 1966년에 교육시설을 위한 집중투자가 있었는데 이는 경제개발과 더불어 소득세가 크게 신장되었고 그 밖에도 입장세 등이 신장됨으로 인하여 그에 대한 교부율도 같이 증가되었기 때문이다. 그리고 1967년부터 1971년까지 제2차 의무교육시설확충 5개년 계획을 수립하여 추진하였다. 제2차 의무교육시설확충 계획안의 주목표는 부족한 학교 시설의 완전한 해소와 노후 교실 시설의 개축 및 의무교육재정의 확보에 중점을 두었는데 그 내용을 보면 다음과 같다.

<표 6> 제2차 의무교육시설확충 5개년 계획 시 확충된 학교 수

연도별	학급 수	학교 수			학교당 평균 학급 수
		개 설	증 설	계	
1966	83,070	—	—	5,168	16
1967	87,655	5,168	102	5,270	17
1968	90,555	5,270	102	5,372	17
1969	93,749	5,372	102	5,474	17
1970	96,909	5,474	102	5,576	17
1971	99,328	5,576	102	5,678	17
계	468,196	27,860	510	27,370	17
평균	93,639	5,372	102	5,474	17

위 표에서 보는 바와 같이 제2차 의무교육시설확충 5개년 계획의 주목표는 부족한 학교 시설의 완전한 해소를 통해 학교의 과밀화와 대형화를 막고자 하는 것이었는데 1966년 급당 인원 62명에서 1971년도에는 급당인원을 58명으로 낮추는 것을 목표로 하여 272억 원의 재정이

투입되었다. 신축 및 개수된 교실 수의 변화에 대한 구체적인 내용을 보면 다음과 같다.

<표 7>제2차 의무교육시설확충 5개년 투자재원과 교실확충 계획

연도별	교실 신축 및 교실 개수						기타 시설 (백만 원)	총 소요액(백만)
	교실신축	가교실 개축	목조시설 개축	목조 중수	계	소요액 (백만 원)		
1967	6,338	450	628	916	8,322	5,241	477	5,718
1968	6,704	766	280	718	8,468	5,497	1,600	7,097
1969	6,997	765	280	718	8,760	5,688	1,376	7,064
1970	6,963	765	280	719	8,727	5,649	1,381	7,030
1971	6,221	765	336	719	8,041	5,195	1,817	7,012
계	33,223	3,511	1,804	3,790	42,328	27,270	6,651	33,921
평 균	6,644	702	361	758	8,465	5,454	1,330	6,784

제2차 의무교육시설확충 계획 시 총 272억 원의 재정을 투입하여 연평균 6,644개의 교실을 신축하였으며 702개의 가교실과 361개의 목조 노후 교실, 758개의 목조 교실 중수사업을 실시하여 총 42,328개의 교실을 신축 또는 개수하고자 계획을 수립하였으나 실제 추진결과는 이와 크게 달랐다. 따라서 그 추진결과 나타난 실적내용을 보면 다음과 같다.

<표 8>제2차 의무교육시설확충 5개년 실적

연도별	학교신설	교실 신축 및 교실 개수						총금액 (백만)
		교실건축	교실개축	화장실	숙직실	급수	교지매입(천 평)	
1967	144	6,458	3,068	624	18	471	152	6,271
1968	183	6,739	904	1,779	—	30	272	8,318
1969	209	7,263	1,836	1,189	201	254	336	11,830
1970	151	7,658	1,983	1,254	405	521	224	17,205
1971	124	7,196	5,130	1,177	202	206	429	21,354
계	811	35,314	312,921	5,623	916	1,482	1413	64,978

제2차 의무교육시설확충 5개년 계획에서 상기할 사항은 학급당 인원을 62명(1962년)에서 58명까지 낮추고자 추진하였는데 제2차 의무교육시설확충을 위한 시설계획비로 총 33억 9210백만 원을 책

정했던 예산이 실제 투입예산 64억 9780백만 원으로 약 191.6% 증가되었다. 그리고 학생들에게 교과서를 무상으로 지급하도록 하였는데 1971년에는 462만 명의 학생에게 무상으로 지급한 실적이 있다.

제2차 의무교육시설확충 계획 이후 우리나라는 국무총리산하에 장기종합교육계획심의회를 설치하여 1972년부터 1986년까지 15년간의 장기교육계획안을 마련하여 추진하였다. 이를 위해 한국교육개발원이 1978년에 「교육발전의 과제와 전망(1977년~1991년)」을 연구, 발표하였고 이어 1995년에는 「한국교육의 중·장기적 발전구상(1995년~2010년)」이라는 미래사회의 교육계획을 수립하고 국가교육발전을 위한 5대 목표와 11대 중점 정책과제를 설정하였다.

1980년대에는 국가보위비상대책위원회는 학교교육정상화 및 과열과외 해소를 위한 7·30교육개혁조치를 단행하여 이때까지 실시해 오던 예비고사와 본고사 제도를 수정하여 내신 성적이 반영(예비고사 성적 50%, 내신 성적 20%, 그 외는 대학 재량)된 입시 제도를 1981학년도부터 실시하였다(교육부, 2003).

그리고 1985년 3월 7일에 들어 교육개혁심의회 규정(대통령령 제11657호)을 제정·공포하여 교육개혁 10대 부문을 정리, 제시하였다. 이 안에 따르면 국민학교는 6년에서 5년제로 하고 고등학교는 4년제로 연장하며 중학교 완전 의무교육을 1997년도까지 완성하기로 되어 있다.

이어 제6공화국에 들어 교육부장관의 자문기구로 "중앙교육심의회"를 발족, 운영하여 교육의 생산성과 효율성을 높이고자 하였다. 이때 중앙교육심의회의 결정 내용을 보면 방송교육체제와 독학사 취득제도 및 초·중고등학교 교원 종합대책을 제안하였다.

문민정부에 들어 대통령 직속기구로 "교육개혁위원회"를 구성하여 신교육체제 구축을 위한 교육개혁으로 학습자중심의 교육, 교육의 다양화와 자율성 증대, 교육정보화, 질 높은 교육을 위해 1995년 5월 31일 제1차 교육개혁방안을 발표하고 이어 1996년 2월 9일 제2차 교육개혁방안, 1996년 8월 20일 제3차 교육개혁방안, 1997년 6월 2일 제4차 교육개혁방안을 발표하고 추진하였다.

먼저 제1차 교육개혁방안에서 추진된 내용은 48개 과제를 설정하였는데 열린교육사회 및 평생학습사회, 학점은행제 도입, 시간제 학생등록제의 도입, 수요자 중심의 교육을 추진하고 교육재정 GNP 5% 확보 방안 등이 주요 내용으로 되어 있다.

제2차 교육개혁방안에서는 직업교육체제를 구축하는 데 중점을 두고 특성화 고등학교 확대와 고등학교 교육과정의 통합 운영 및 실업계 고등학교 교육의 강화와 전문대학, 개방대학을 통한 직업·전문교육을 심화하고자 하였다.

제3차 교육개혁방안에서는 교육의 정보화 사업추진에 중점을 두어 지방교육자치제도의 개선과 사학의 자율책임을 강화시켰고, 교육대학의 체제 개혁과 교원현장연구비 지급 등을 추진하였다.

마지막 제4차 교육개혁방안에서는 민주시민교육을 위한 교육개혁으로 학교문화의 개혁과 민주시민교육 프로그램 개발 운영, 교원업무경감과 함께 학교교육의 개방화, 고등교육의 수월성과 지방화를 위한 지원 강화를 주요 쟁점으로 하고 있다(김재, 1976: 교육부, 2003).

해방 후 현재까지 우리나라에서 의무교육실시를 위해 추진된 계획내용을 간단히 표로 정리하면 다음과 같다.

〈표 9〉제2차 의무교육시설확충 5개년 계획

교육개혁 추진	추진내용	시기
의무교육완성 6개년 계획 (1954년~1959년)	의무취학률을 1954년 82.5%에서 1959년에는 96.4%로 올림 교실증설 1954년 457개, 1959년 4574개	제1공화국
제1차 의무교육시설확충 5개년 계획 (1962년~1966년)	90억 투자 • 교실건축과 개축 및 교지 매입 등 • 중학교 무시험입학	제3공화국
제2차 의무교육시설확충 5개년 계획 (1967년~1971년)	649억 7800만원 투자 • 학교신설과 교실 건축 및 개축, 교지 매입 등	제3공화국
장기교육계획안 (1972년~1986년)	최초의 교육개혁안	제3공화국
교육발전의 과제와 전망 (1977년~1991년)	산업발전에 따른 대책	제3공화국
한국교육의 중·장기적 발전구상 (1995년~2010년)	교육발전을 위한 5대 목표와 11대 중점 정책과제를 설정	제3공화국
7·30교육개혁 (1980년)	대입 내신성적 반영제—예비고사 성적 50%, 내신성적 20%, 그 외는 대학 재량, 1981년 교육대 4년으로 개편	제5공화국
교육개혁심의회 (1985년)	교육개혁 10대 부문제시: 국민학교는 5년제, 고등학교는 4년제, 완전의무교육을 1997년도까지 완성	제5공화국
6공 중앙교육심의회 (1985년)	방송교육체제와 독학사 취득제도 초·중·고등학교 교원 종합대책	제6공화국
"교육개혁위원회"를 구성 • 제1차 교육개혁방안 (1995. 5월) • 제2차 교육개혁방안. (1996. 2월) • 제3차 교육개혁방안 (1996. 8월) • 제4차 교육개혁방안 (1997. 6월)	제1차 : 48개 과제설정—열린교육사회 및 평생학습사회, 학점은행제 도입, 시간제 학생등록제의 도입, 수요자 중심의 교육, 교육재정 GNP 5% 확보 방안 제2차 : 직업교육체제 구축—특성화 고등학교 확대, 실업계 고등학교 교육 강화, 전문대학, 개방대학을 통한 직업·전문교육강화 제3차 : 교육의 정보화 사업추진, 사학의 자율책 강화, 교육대학의 체제 개혁, 교원현장연구비 지급 제4차 : 민주시민교육을 위한 교육개혁—학교문화 개혁, 민주시민교육 프로그램 개발 운영, 교원업무경감, 학교교육의 개방화, 고등교육의 수월성과 지방화 추진	문민 정부

위 표와 관련하여 우리나라의 교육에 대한 계획은 1954년 의무교육을 완성하기 위한 6년 계획이 수립되었고 이어 교육을 장기적 안목에서 종합 발전시키고자 1969년에 장기종합교육계획심의회가 구성되어 꾸준히 실천해오고 있다. 특히 장기종합교육계획심의회는 1969년부터 1972년에 이르기까지 5년에 걸쳐 심의활동을 벌인 끝에 1972년부터 1986년까지 15년간의 장기종합교육계획안을 마련하여 산업부문별, 기술계 인력 공급을 위한 이공계 대학 정원확대, 실업계 학교 증설, 과학기술교육 강화에 대한 대안을 마련하였다.

이어 1978년에 한국교육개발원이 주관하여 1978년부터 1991년까지 장기 14년 계획을 수립하여 학력별, 직종별 인력 수급계획을 수립을 통해 교육발전을 이루려 하였다.

1980년에 들어와 1980년 7월 30일에 교육개혁조치(국가보위 비상대책위원회)를 단행하여 학교교육의 정상화와 과열과외 해소 방안 등에 대한 대책을 수립, 추진하였다. 이때 예비고사 성적에 고교 내신 성적을 반영하여 학생을 선발하도록 하였고, 1988년도에는 선지원 후 시험 방식과 졸업정원제 실시 및 실험대학 확충, 지방대학 육성과 **시설확충**을 강화하였다.

2. 교육예산의 구조

가. 정부의 지원예산

1) 일반회계로 지원되는 예산

일반회계로 지원되는 예산으로는 인건비와 대학지원사업비, 기본운영비 및 시설비가 있다. 이들은 교육부 본부와 직속 산하 기관 및 대학에 사용되는 예산으로 2003년의 경우 3조 6010억 원에 해당된다(교육부, 2004).

2) 특별회계로 지원되는 예산

(가) 재정융자특별회계로 지원되는 예산

재정융자로 지원되는 예산에는 사학진흥기금과 국립대병원 지원금이 있는데 2003년의 경우 319억 원에 해당된다.

(나) 국유재산관리특별회계로 지원되는 예산

국유재산관리특별회계로 지원되는 예산에는 국립학교 이전 사업에 지원되는 예산인데 2003년의 경우 635억 원에 해당된다.

(다) 농·어촌세특별회계로 지원되는 예산

농·어촌세특별회계로 지원되는 예산에는 농·어촌 학생과 농·어촌 학교지원사업에 지원되는 예산인데 2003년의 경우 67억 원에 해당된다.

(라) 책임운영기관 특별회계로 지원되는 예산

책임운영기관특별회계로 지원되는 예산에는 국제교육진흥교육원 지원사업이 있는데 2003년의 경우 171억 원에 해당된다.

3) 지방교육재정(법정지원)을 통해 지원되는 예산

지방교육재정을 통해 법적으로 지원하도록 되어 있는 예산에는 봉급교부금과 내국세 총액의 13% 및 증액교부금, 지방교육양여금 등이 있다.

(가) 봉급교부금

봉급교부금에는 의무교육기관이 교원봉급과 이들의 기말 및 관리 수당, 정근수당, 교직수당 등 6개의 수당을 지원하도록 되어 있는데 2003년의 경우 4조 6737억 원에 해당된다.

(나) 내국세 지원금

내국세는 우리나라에서 국민들이 납입하는 세금액의 총액에서 13%를 공제하여 교육예산으로 지원되고 있는 예산인데 2003년의 경우 11조 2798억 원에 해당된다.

(다) 증액교부금

증액교부금은 저소득층 자녀들의 학비와 중학교 무상의무교육비에 지원되는 예산인데 2003년의 경우 6397억 원에 해당된다.

(라) 지방교육양여금

지방교육양여금은 국가가 목적세로 거둬들이는 교육세의 예산으로 2003년의 경우 4조 910억 원에 해당된다.

4) 지방정부의 지원 예산

(가) 지방교육세

지방정부의 지원 예산으로는 지방교육세가 있는데 2003년의 경우 3조 7150억 원에 해당된다.

이상에서 논의한 예산에 대한 포괄적 세입상황을 보면 다음과 같다.

〈표 10〉 연도별 교육세 징수 실적

(단위: 억 원)

구 분	'91	'92	'93	'94	'95	'96	'97	'98	'99	'00	'01	'02	'03	계
국세분	8,108	9,432	9,989	12,049	14,485	19,688	24,669	24,183	25,699	28,366	37,825	36,726	40,910	292,129
지방세분	7,161	8,791	10,800	13,347	15,446	21,554	29,316	27,848	27,270	29,617	32,633	34,397	37,150	295,330
이월금	0	1,851	2,341	0	0	0	0	0	0	0	0	0	0	4,192
합 계	15,269	20,074	23,130	25,396	29,931	41,242	53,985	52,031	52,969	57,983	70,458	71,123	78,060	591,651

자료: '99,2000,2001 교육부 '지방교육재정 운용편람' 및 재정부 조세개요 · 행자부지방세정 연감 재구성

(나) 지방자치단체 지원금

(1) 법정전입금

지방자치단체에서 지원되는 지원금에는 법정전입금과 비법정전입금이 있는데 이 중 법정전입금은 시와 도세 총액의 3.6%에 해당되는 금액을 지원하는데 2003년의 경우 5550억 원에 해당된다.

그리고 봉급전입금으로 중등교원의 봉급의 일부를 지원하는데 서울시의 경우에는 중등교원의 100% 봉급을 지원하고, 부산시는 50%를 지원하며 그 외 타 광역지방자치단체와 경기도의 경우에는 10%를 지원하는데 2003년의 경우 5835억 원에 해당된다.

마지막으로 담배소비세는 국가가 걷어서 지방자치단체로 양여하는 세금인데 서울특별시와 광역시의 경우 이때 전입되는 전입금의 45%를 지원하도록 되어 있는데 2003년의 경우 4931억 원에 해당된다.

(2) 비법정전입금

비법정전입금에는 다른 법령 등에 의해 지원되는 예산인데 도서관 운영비 등을 들 수 있다.

〈그림 6〉국가의 총 교육재정(2002)

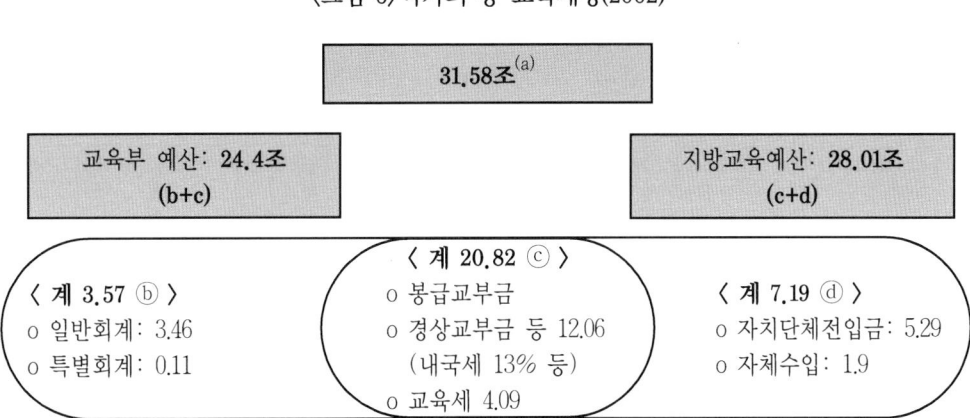

① "ⓐ"는(교육부예산+지방자치단체전입금+자체수입)
② "ⓑ"는 교육부 예산 중 본부 소관(본부+대학), "ⓒ"는 교육부 예산 중 지방교육재정
③ GDP대비: 4.40('97)⇒4.36('98)⇒4.22('99)⇒4.38(2000)⇒4.96(2001)⇒4.87(2002)⇒5.15(2003-612조)

3. 교육예산의 제도적 변화

가. 교육정책의 변화과정

교육의 정책은 최고정책결정자인 대통령의 국정운영방향과 시책 등에 의해 국가의 정책과 연관되어 설정된다. 특히 제1공화국 시기에는 교육이 자유당의 중앙집권적 정치수단에 적극 이용되었으며 제3공화국 시기에는 국가의 경제건설 정책을 적극 실현하면서 그에 알맞은 생산 기술자를 육성하도록 초점이 맞추어 졌는데 각 시기별(대통령별) 정책을 보면 다음과 같다.

<표 11> 대통령별 교육정책

정부구분	교육정책
제1공화국	국민도의의 앙양과 교육·과학 및 문화의 보급향상—문교의 충실과 과학기술진흥
제2공화국	학원의 정상화와 교육의 중립성 확보
제3공화국	경제성장과 국가발전 지향의 교육, 한국적 민주교육을 통한 인간과 사회개조
제4공화국	교육은 경제 발전의 원동력: 과학기술교육, 직업교육, 단기교육 기간 다양화
제5공화국	사회적 역기능 수정: 과열과외 금지, 졸업정원제, 방통대학 5년제, 교육대학 4년제, 교직수당신설
제6공화국	사회기능적: 교실개혁 추진
문민정부	신교육체제: 학습자 중심교육, 교육정보화, 자율과 다양화 교육
국민의 정부	교육재정 GNP의 6% 확보, 사교육비 경감, 대학선발제도 개선, 대학교육의 자율화와 특성화, 유아교육의 공교육화, 교원처우개선, 학교폭력 근절
참여정부	GDP 6%의 교육재정확보, 교원수급제도의 유연화, 대학운영체제의 개편, 고등교육재정 집중 투자, 인적자원개발, 초·중등 본질교육강화

1) 초·중등교육 정책과 예산편성

1945년 8월 15일 해방이 되고 이어 9월 9일 미육군사령관 하지(J.R. Hodge)는 아메노부유기(阿部信行) 조선총독으로부터 항복문서를 접수받고 전 영역에 걸친 대대적인 재정비 작업에 들어갔다. 이때 미 군정 학무담당자였던 락카드(E.N. Lockard)는 교육관계 업무의 재정비를 위한 교육자문기관인 한국교육의원회를 9월 16일 설치하였으며 이어 11월에 조선교육심의회를 설치하여 교육을 정상화하고자 노력하였다.

이러한 노력에서 가장 어려운 과제는 교육시설을 확보하고 교육재원을 마련하는 일이었다. 더구나 해방 후 정부의 문맹퇴치운동과 국민들의 교육에 대한 열의는 교육수요를 급격히 증대시켰고 상대적으로 심각한 교육재정난을 초래하였다. 1948년 정부수립이 되던 해의 교육예산은 정부예산의 8.9%에 불과하였으며 그 가운데에서 69.4%가 의무교육비로 사용되었다. 그리고 1949년에는 정부예산의 11.4%를 교육예산으로 증액하였고 이 중 71.6%를 의무교육비로 지출하였으나 공부담은 30% 미만이었고 70% 이상을 학부형이 부담하였다(문교부. 1974).

이 당시에는 시설에 관한 기준도 없었으며 임시 시설을 편법으로 활용하여 학교를 시작하고 학부형들의 기부금을 모아서 교실을 건축하였고, 입학금과 수업료 외에 후원회비를 거두어서 학교 경비로 충당하였다. 이와 같은 자유방임정책이 교육의 양적 팽창에 수반하여 교육

조건의 개선과 질적 향상을 보장하지 못하였으나 경제적인 인프라와 물가고로 혼란한 시기에 과도한 통제로 교육이 위축되지 않음은 다행한 일이었다.

1945년 당시 미 군정청이 추진한 정책은 일제의 잔재를 없애고 민주사회와 민족주의 바탕 위에서 홍익인간의 건국사상하에 민족적 독립자존의 기풍과 국제 우호·협조의 정신이 반영된 국민으로서 과학기술의 독창적 창의를 기르기 위해 새로운 학제와 교육법을 1949년 12월 31일자로 공포하였다.

그리고 초등의무교육(10년 6월 1일)의 완수와 실업교육의 진흥 및 도의교육을 중심으로 하고 당면정책을 문교의 충실·쇄신·과학기술의 진흥에 대한 11개의 중점사업목표를 정하였다.

이어 1950년대의 교육목표와 정책은 자유와 평등 및 협동·공정의 전인교육을 위한 건국문교, 교육을 통한 국방력 강화의 전시문교, 문화사업과 교육자치 진흥을 들 수 있다.

1960년대의 교육정책은 크게 1960년 4·19 이후 과도기 정부 시절의 교육정책과 1963년 박정희의 대통령 당선 이후로 구분할 수 있다. 1960년대는 4·19 이후 과도기 정부로서 선거 부정행위의 주요 음모자와 이승만 밑에서 불법적이고 강압적인 행동을 자행한 경찰요원들에 대한 처벌을 통해 4월 혁명의 여파를 극소화하는 것이 주목표였다. 따라서 이때의 교육정책은 학원 내에 있는 여러 모순을 배제하여 학생위주의 민주학원을 이룩하고 학생생활을 선도하여 도의 생활의 확립과 산업교육을 통한 생산기술을 체득케 하는 데 두었다. 그리고 1963년 박정희 대통령은 제3공화국을 시작으로 의무교육에 대해서는 명목과 형식에 그친 현재의 의무교육의 결핍을 시정하고 실효성 있는 의무교육을 실시하기 위하여 단계적인 장기계획의 수립을 내세웠다. 그리고 국민의 교육비 부담을 적응화하여 의무교육의 정상화를 위한 재원 확충을 기하며 부족교실의 충족방안을 모색하고 사립학교의 증설을 장려하는 시책을 폈다. 그리고 교육정책으로 과학·기술교육의 진흥을 통한 조국의 근대화를 촉진한다(손인수, 1983).

그리고 1968년 12월 5일에는 국민교육헌장이 선포되었는데 이로써 교육의 정책은 국민교육헌장의 기본 이념을 구현하고 진정한 민주교육의 발전을 위한 장기종합교육계획을 수립하였다. 그리고 중학입시제도를 폐지하고 중학교까지 9년제 의무교육제를 실시하도록 하는 정책을 수립하였다.

1970년대의 문교부가 추진한 정책은 국민교육 이념의 구현과 정신교육 강화, 안보교육 강화, 새마을 교육 추진, 과학·기술교육의 진흥, 특수교육의 진흥, 도서·벽지교육 강화, 방송통신교육의 강화 등을 들 수 있다.

1971년 3월에 대통령령 제5541호 교육법 시행령을 통해 도덕교과목을 첨가하였고 1973년에는 특수목적 고등학교를 지정, 운영하도록 하였다.

1980년대에는 전인교육과 평생교육의 원리 아래 교육의 정상화를 이룩하고 교육의 질을 높이고자 하였으며 사회의 불만요인이 되는 과외 금지 및 대학 본고사를 폐지하고 내신 성적을 반영하는 대학입시 개선대책을 추진하였다.

무엇보다 1985년부터 중학교 의무교육(compulsory education)이 부분적으로 시작하였고, 1980년부터 농업고등학교 교육이 농촌 발전에 선도역할을 하도록 강화하였다.

그러나 1986년 이후 중학교 의무교육 확대 문제는 답보상태를 면치 못하여 군 지역 중학교 의무교육을 위해 1992년 2월 1일 '중학교의무교육실시에 관한 규정'을 개정하여 1992년부터 단계적으로 실시하여 1994년에 읍·면 지역까지 전면 확대하기로 하였다. 2001년 4월 현재 우리나라의 중학교 의무교육률을 보면 시 지역은 총 중학생 882,736명 중 22,126명(2.5%)이 의무교육 혜택을 보고 있고, 도 지역 이하 학생들은 총 948,416명 중 328,416명(34.6%)이 받고 있어 평균 19.1%의 의무교육률을 이루고 있다. 1999년 현재 UNESCO 통계연감에 의하면 주요 국가의 의무교육 기간을 보면 다음과 같다.

〈표 12〉 주요 국가별 의무교육 기간

국가	한국	독일	영국	캐나다	일본	호주	프랑스	스웨덴	미국
기간	9년	12년	11년	10년	9년	10년	10년	9년	10년

현재 우리나라는 형편상 소요액 전부를 국가가 부담하는 것이 곤란하여 2004년까지 그 소요경비의 일부를 지방자치단체도 부담할 수 있도록 한시적 특례를 인정, '지방교육재정교부금법'과 '지방교육자치에 관한 법률'을 개정하여 운영하고 있는데 그에 관한 재정부담내역은 다음과 같다

〈표 13〉 의무교육비 부담내역

구분	부담내역	2002년	2003년	2004년
기존재원	자체 봉급교부금	840억	1,680억	2,159억
	지방교육재정 교부금	1,190억	2,380억	3,571억
추가재원	증액교부금(등록금 결손)	2,678억	5,328억	7,993억
	계	4,708억	9,388억	14,083억

이에 따라 종전 지방자치단체에서 부담하고 있는 공립 중학교 교원에 대한 봉급 전입금 2,519억 원은 2004년까지 계속 유지토록 하였고, 학부모 부담 수업료·입학금 및 교과서 대금 7,993억 원은 국가에서 전액 지원함으로써 중학교 무상 의무교육이 안정적으로 실현될 수 있도록 추진하였고 이어 지금까지 중학교 무상 의무교육 대상에서 제외되어 왔던 일반 시·광역시·특별시 지역 중학교 학생들이 2002학년도 신입생부터 순차적으로 무상교육 혜택을 받게 하였다. 이에 따라 기획예산처는 2004년에는 8천 700억 원을 투자, 전국의 도서벽지와 읍·면 지역은 물론 시 지역의 1~3학년 학생 모두에게 입학금과 수업료, 교과서대금을 면제하기로 되어 있다. 그리고 1990년대에는 초등학교에 교과전담제를 도입하여 1992년 3월부터 실시하였다.

2) 고등교육 정책과 예산편성

가) 고등교육기관의 양적 변화

우리나라의 고등교육은 광복 당시에는 일제의 한국인에 대한 교육기회 제한과 차별정책으로 인해 그 수준이 미비하였다. 따라서 현대적 의미에서 우리나라 고등교육은 광복 이후에 실현되었다고 할 수 있다. 우리나라의 고등교육은 1945년 당시 19개 교육기관에 7,819명의 학생이 재학하고 있었으나 1960년에는 85개교에 101,014명, 1965년에는 8.5배 이상 증가된 162개교에 학생 수는 무려 18배 이상이나 증가한 약 141,636명, 1970년에는 232개 학교에 1,120학과에서 201,436명의 학생이 재학하고 있다(교육부, 2003).

고등교육기관의 교원 수의 증가에 있어서도 학생 수의 증가 정도에 미치지는 못하지만 광복 당시 1,490명에 불과하던 것이 1965년에는 8,609명(국립 3,113명, 사립 5,496명)으로 증가하였고, 1970년에는 9,265명(국립 3,673명, 사립 5,592명)으로 증가하였다. 그리고 1980년에는 20,900명, 1990년에는 42,911명, 2000년에는 전문대학 158개 대학에 11,707명, 4년제 대학 172개교에 42,641명으로 크게 증가하였다.

현재 우리나라의 고등교육기관은 전문대학 및 대학, 그리고 개방대학과 방송통신대학, 대학원을 포함시키고 있다.

현재 우리나라의 고등교육비 규모 추이변화를 보면 꾸준히 증가하고 있다. 그러나 해마다 고등교육에 대한 양적인 팽창은 되고 있지만 대학교육에 대한 재정적인 측면의 지원 체제 및 지원 정책이 여전히 획기적으로 개선되지 못하고 있어 그 성과가 크게 가시화되지 못하고 있다. 여기에서 고등교육의 여건은 인적 여건과 물적 여건 그리고 연구풍토를 위해 지원되고 있는 연구비 등을 들 수 있는데 가장 가시적으로 알아보기 쉬운 것은 학교시설과 교수학생을 위한 후생 복지의 여건이라고 할 수 있다. 물론 1990년대 이후 대학 평가제도 도입으로 대학 교원을 대폭 확보하여 교수 1인당 학생 수가 크게 낮아지고 있는 추세이긴 하지만 아직도 미흡한 상태이다. 따라서 대학 교원 1인당 평균 학생 수와 1인당 교육비 변화추이를 보면 다음과 같다.

<표 14> 대학과 전문대학의 교수 1인당 학생 수와 1인당 교육비 변화추이

연도	전문대 교수 1인당 학생 수	대학 교수 1인당 학생 수	전체 교육예산에 대한 대학예산비(%)	전체 교육예산에 대한 실계대학예산비(%)	대학생 1인당 예산 (단위: 천 원)
1945		5.6			
1952		26.6			
1956		31.3			
1960		26.8			
1965	26.0	19.9			
1970	20.5	18.8			
1971	17.6	19.2	5.2	2.6	35
1975	13	20.7	6.3	4.5	71
1980	27.6	27.4	10.5	4.7	303
1985	37.8	35.6	7.9	3.5	214
1990	43.8	31	6.8	3.1	397
1991	45.1	29.7	6.4	2.5	461
1992	47.5	28.6	6.5	2.5	536
1993	50.5	27.5	6.8	2.1	629
1994	54.1	27.1	7.7	2.2	755
1995	63.5	26.3	8.5	2.5	927
1996	55.8	26.1	9.7	2.3	1221
1997	58.1	25.6	9.4	2	1288
1998	73.4	36.5	8.8	2.3	1103
1999	75.5	38.4	10.6	2.2	1236
2000	78	39.5	9.4	2.8	1144
2001	80.1	39.7	9.4	2.5	1204
2002	79.2	40	10	2.5	1271

위 표에서 대학의 경우 교수 1인당 학생비율은 1945년도에 5.6명이었으나 1952년에는 26.6명, 1960년에는 26.8명, 1965년도에는 19.9명으로 약간 감소하였다. 이어 1971년도에 19.2명, 1985년도에는 35.6명으로 크게 증가하였고 1995년도에는 26.3명으로 다시 약간 줄었다가 2002년도에 40명으로 증가하였다. 그리고 전문대의 경우에는 교수 1인당 학생비율이 1965년도에 26명, 1971년도에 17.6명이었으나 1985년도에는 37.8명으로 크게 증가하였으며 1995년도에는 63.5명으로 더욱 크게 증가하였고, 2002년도에는 79.2명으로 더 증가하여 교수 1인당 학생 수의 비율이 너무 높다.

또 예산액에 있어서는 1945년 대학비와 고등교육비 등을 합한 대학예산이 2억 5400만 원, 1952년에는 2억 9000만 원이었으나 1960년에 52억 4200만 원으로 크게 늘었다가 1965년에는 10억 3000만 원으로 줄었다.

그리고 1971년도에는 일반회계와 특별회계 예산을 모두 합한 고등교육예산의 교육예산에 대한 비율이 5.2%였으나 1985년도에는 7.9%로 크게 증가하였고, 1995년도에는 8.5%, 2002년도에는 10%로 계속 증가하고 있다.

전문대학의 경우에는 4년제 대학만큼 크게 증가하지는 않았어도 교육예산 전체에 대한 비율이 1971년도에 2.6%였으나 1985년도에는 3.5%로 증가하였으나 1995년도 이후부터 2002년도까지 2.5%대에서 증가하지 못하고 있는 실정이다.

이상의 대학의 예산을 1인당 경비로 환산하여 보면 다음과 같다. 전문대학의 경우에는 현재 우리나라에서 실업계교육으로 모두 합산하여 계산되므로 산정하기 어려워 4년제 대학의 경우만 계산하여 본 결과 1971년도에 3만 5천 원이었으나 1985년도에는 21만 원으로 크게 증가하였고 92만 원, 2002년도에는 127만 원으로 크게 증가하고 있는 추세이다.

시설 측면에서 대학은 1인당 교지 면적이 1965년에는 135.16m2였으나 1997년에는 55.7m2밖에 되지 못하고 있으며 전문대학은 대학보다 더 적은데 1980년 1인당 교지 면적 44.4m2(대학은 90.9m2), 1997년에는 41m2밖에 되지 않는다.

그리고 학문적 활동을 활발히 하기 위해 정보나 자료를 수집·확보하는 도서관이 매우 중요한데 대학과 전문대학의 도서관의 수와 보유 중인 장서의 수는 다음과 같다.

<표 15> 고등교육기관의 도서관과 장서 수

(단위: 권)

연도	도서관 수			학생 1인당 장서 수		
	전문대	대학	계	전문대	대학	평균
1975					30.7	15.4
1980	104	122	226	4.4	23.0	13.7
1985	126	131	257	5.9	16.6	11.3
1990	117	138	255	7.3	23.1	15.2
1995	140	164	304	6.3	30.0	18.2
1997	154	205	359	6.6	33.2	19.9
2000	178	287	465	7.6	35.6	43.2
2004	163	239	402	13.6	41.5	55.1

나) 고등교육정책의 변화

1960년대에는 대학인구가 급격히 팽창을 하자 국민소득에 비추어 대학에 대한 과다투자와 국가사회의 인력수요 재조정 및 정치적 혼란으로 인하여 대학정비정책이 단행되었다. 따라서 1961년 9월 1일 교육 임시특례법을 공포하여 대학입시의 국가관리 및 대학정비, 학사 고시제, 교수실적검사제 등의 정책을 수립, 관리하였다(문교부, 1974).

먼저 1961년의 대학정비안에 따르면 부정 및 분규대학을 정비하고 대학의 지역적 분산과 인문계를 감축하고 실업계를 증원하는 것을 주요 골자로 하되 사립대학의 경우 경상비 30% 의 재단 지출, 교수 60세 정년제와 교수연구실적제 및 대학입학자격 및 학사자격 국가고시제 를 실시히기로 히었다. 이어 1963년 8월 실업고등전문학교를 세우고 1969년에는 23개 실업고 등전문학교에 573학급이 인가되었다가 유인체제가 미흡하다는 판단하에 **1979년도부터 2년제** 전문대학으로 개편되었다.

그리고 4년제 대학의 경우 1971년 9월 10일 교육정책심의회 고등교육분과위원회의 활동에 의해 구체화되었는데 개별대학의 자율성을 인정하면서 점진적 학사개혁을 시도하기 위해 실 험대학을 설립, 운영하여 1979년 5월 총 84개 대학 중 39개 대학이 이에 참여하였다. 여기에 서 실험대학은 졸업학점 160점을 140학점으로 인하하고 대학별 학과 정원제에서 학부제나 계 열별 모집방식으로 전환하고 동시에 복수전공을 할 수 있도록 제도화하였다.

동시에 대학개혁의 일환으로 **1974년부터 교육재정의 효율적 활용과 함께 지방대학 육성 및**

산학협동의 촉진 등을 추진하였다. 이외에도 **1972년에 방송통신대학**을 개교하여 교육의 기회를 넓힘으로써 교육수준을 향상시키고 국가발전에 이바지하도록 하였으며 **1981년도에는 학사과정으로 인가**하였다.

1980년 7 · 30개혁조치에서 고등교육에 대한 개혁내용을 보면 본고사 폐지와 내신 성적을 통한 학생 입학을 실시하였고, 졸업정원제를 1981학년도 신입생부터 실시하여 130% 학생의 입학을 허가하였으며 방송통신대학을 확대, 운영하고 **교육대학을 1993년부터 4년제로 연장**하였다.

1980년대 제5공화국 시기에는 대통령직속기구인 교육개혁심의회의 주관하에 1985년부터 1987년에 걸쳐 42개의 정책과제를 설정하였고 이를 통합 조정하여 10대 교육개혁방안을 마련하였다. 이때 고등교육기관에 해당되는 개혁내용으로는 대학별 독자적 입학전형을 실시하고 대학 도서관 시설의 확충과 현대화, 대학의 기초과학 연구체제 확립 및 대학교육의 수월성 추구를 통해 연구지원체제를 확립하고자 하였다.

1980년대 말 제6공화국 시기의 교육개혁은 교육부의 중앙교육심의회와 대통령 직속기구인 교육정책자문회의를 동하여 교육개혁이 추진되었는데 이 중 고등교육기관에 대한 개혁을 보면 다음과 같다.

독학 학사취득제도를 도입하고 대학유형의 다양화와 특성화 및 대학교육위원회 설치 등을 추진하였다.

1990년대에는 문민정부에서 교육의 국제화와 개방화 및 정보화를 모토로 고등교육개혁을 실시하였다. 주요 내용을 보면 교육의 수요자 중심의 대학운영을 확대하고 다양화와 특성화를 확대하도록 하였다. 아울러 대학의 개혁이 차별화될 수 있도록 하기 위해 다양화와 특성화를 추진하여 우수 대학에 300억을 차등 지원하도록 하였다. 이외에도 대학교육과 연구의 세계화 및 첨단화를 위해 외국석학과의 공동연구에 25억을 지원하도록 하였다.

대학교육에 있어 고등교육의 이념과 교육목표의 변화과정을 보면 다음과 같다.

해방 이후 1948년에는 대학은 국가와 인류사회발전에 필요한 학술의 심오한 이론과 그 광범위한 응용방법을 교수 · 연구하며 지도적 인격을 도야하는 것을 목적으로 한다고 정하였다.

그러나 1960년에 들어서면서 고등교육 국가발전을 수행할 고급인력의 공급에 두고 인류의 위대한 지적 유산을 계승하고 대학의 전문교육이 특수한 직업훈련의 성격을 띠어서는 안 되며 사회 · 문화적 변화의 진로를 예상할 수 있도록 질적 향상을 꾀해야 한다고 정하고 있다.

1970년대에는 실험대학을 통한 개혁과 특성화 대학을 추진하였고, 1989년 이후에는 각 대학이 교수와 연구 및 사회봉사 기능을 수행하되 대학의 특성에 맞는 교수기능에 중점을 두도록 하였고 국내외 대학 간의 교류를 활성화하여 경쟁력을 강화하도록 하였다(교육부, 2003).

그리고 1990년대에는 세계화와 국제화 및 교육정보화를 통한 신교육체제를 수립하기 위해 대학별 자율화와 다양화를 강조하였다.

이상에서 대학교육 이념의 변화와 함께 대학 입학전형제도의 변화를 정리하면 다음과 같다.

〈표 16〉고등교육기관의 입학제도와 정원정책

연대	주요 이념	입학제도의 변화	대학 정원정책
1948년	인류사회발전에 필요한 학술 연구 인격도야	입시관리 전반이 대학 자율 필답고사와 신체검사 및 면접고사	자유방임기
1960년대	국가발전을 수행할 고급인력의 공급 사회문화적 변화 대신	1962년~1963년 국가고시제 실시 1964년~1968년 대학별 단독 시험 시 1969년~1980년 대학 예비고사제	1961~1987 통제·감독기 국가인력수요와 설립자의 경비부담능력 고려 ―1980년 후반 입학정원제 ―1988년 입학정원제
1970년대	실험대학을 통한 개혁과 특성화 대학		
1980년대	교수·연구 및 사회봉사 기능 수행 대학간 경쟁력 강화	1981년~1987년 대학본고사 폐지 후 대학입학학력고사와 내신 1988년~1993년 학력고사와 내신, 면접 병행	
1990년대	신교육체제를 통한 교육 정보화 대학교육의 다양화와 특성화	1994년 이후 대학수학능력 시험과 고교내신 및 대학별 고사 병행	1988년 이후 자율 김영삼 대통령 공약사업
2000년대	대학교육정보화, 연구능력 강화	고교내신 및 대학고사 병행하되 내신 상향	

나. 교육재정 관련법의 변화

해방 후 우리나라의 교육재정은 초등교육의 경우 미 군정의 보조에 의해 이루어졌고, 중등교육 이상 고등교육의 재정은 설립자 및 수익자 부담에 의해 이루어졌다.

그러던 것이 초·중등교육에 소요되는 교육재원을 조달하기 위한 법률로 1951년 9월 임시 토지수득세법이 제정되어 지방교육을 지원하기 위한 국세환부제도가 도입되었는데 이는 국가 경제의 불안정을 조정하기 위하여 토지수익에 대한 조세를 주로 물납으로 통합한 세금이었다.

미 군정기에 제정된 호별세는 1953년 7월, 의무교육 6개년 계획을 수립하고 교육세를 호별 세부가금과 특별부과금을 하나로 일원화하여 교육세로 징수하였다. 미 군정시기의 교육재정제도는 지방세법(미 군정령 제109호)과 지세령(미 군정력 제202호)을 근거로 이루어졌다. 먼저 지방세법에 의하면 호별세에 부과지수당 30원이었는데 각 소득등급에 대한 부과지수는 각 도에서 일률적으로 이루어졌다. 그리고 지세령은 도와 지방관청 및 학교 등의 세입조정과 조선농회에 납입되는 지세할당의 폐지, 소지주에 대한 면세 및 조선 내 인플레이션의 억제 등을 규정함을 목적으로 개정함을 목적으로 하였는데 국고보조금에서 교육비로 정리하기 위해 모든 지세로 징수된 세금은 국민학교 보조금기금으로 인정하도록 하였다.

1958년 8월 28일에는 교육세법이 제정되었고 1958년 12월 29일 의무교육재정교부금법이 제정되었다. 그리고 1963년에는 중등교육에 대한 국고지원책으로 지방교육교부세법이 제정되었는데 이는 의무교육재정교부금법과 1981년 12월 5일 통합되어 지방교육재정교부금법이 제정되어 현재에 이르고 있다.

그리고 1989년 12월 21일 교육환경개선특별회계법이 제정되어 3년간 운용되다가 중지되었으며 다시 1996년부터 2000년까지 운용되었다. 이상에서 개괄적으로 설명한 교육과 관련된 법을 구체적으로 살펴보면 다음과 같다(문교부. 1980).

1) 호별세 부가금과 특별부과금

미 군정기에 제정된 호별세는 1953년 7월 의무교육 6개년 계획을 수립하고 교육세를 호별세부가금과 특별부과금을 하나로 일원화하여 교육세로 징수하였다. 이때 교육세는 소득세법에 규정된 개인 또는 법인의 소득액을 표준으로 부과하였고 국세의 이자소득, 근로소득, 양도소득, 잡소득 등에 부과 징수되었으며 징수액의 8/100은 징수 지방단체에 교부하였다.

2) 토지수득세 환부금

법률 제220호로 제정된 임시 토지수득세법은 1961년 5·16혁명 직후까지 활용되다가 폐지된 법률인데 동법 제49조와 50조 항목의 내용을 살펴보면 "6·25사변으로 인한 국사재정을 조절하기 위하여 토지수득에 대한 조세를 주로 물납으로 통합함으로써 통화팽창을 억제하고 양곡정책에 기여하기 위하여 제정된 것"이었다.

이러한 토지수득세는 1종과 2종으로 구성되어 있으며 1종 토지수득세는 전답에서 얻은 수익에 부과하도록 하고 이리힌 1종의 토지수득세가 부과된 토지 소득에 대해서는 호별세 부과금과 특별부과금을 부과치 못하도록 했다. 토지수득세는 국세로서 1종 토지수득세의 일정한 비율을 지방자치단체에 환불하도록 하고 지방자치단체에 환불되는 몫 중 거의가 초등의무교육을 위한 재원으로 활용되었다. 따라서 시(특별시)교육위원회나 각 교육구는 문교부장관으로부터 호별세 부과금과 특별부과금에 상당한 액(1951년의 경우 1000분의 64, 1952년의 경우는 1000분의 142 그리고 1954년의 경우에는 1000분의 182)을 환부 받아 활용했는데 징수율이 늘 미달되어 50% 정도에 불과하였다.

3) 교육세

1853년 7월 휴전 이후 국민생활이 안정되어 감에 따라 의무교육을 완성하기 위해 의무교육완성 6개년 계획이 수립되어 추진하였으나 호별세 부과금과 특별부과금의 징수가 50% 미만에 달하자 이를 일원화하여 교육세로 통합하여 1958년에 법률 제496호로 제정되었는데 구체적인 내용은 다음과 같다.

가) 교육세 제정(1958.8.28일)

(1) 교육세 제정 목적

현행 교육비 조달방법은 일부 국고 부담과 호별세 부과금, 특별부과금 등의 징수와 학부형의 직접 부담으로 충당되고 있는 바 이러한 지방세 의존에서 탈피하여 의무교육제도의 건전한 육성 발전을 도모하기 위하여 정상적인 조달방안으로 독립세로서의 교육세를 제정하기 위함이었다.

(2) 제정 내용

(가) 의무교육제도의 건전한 운영을 기하기 위한 교육세를 부과함으로써 의무교육비의 정상적인 조달을 목적으로 한다.

(나) 교육세는 국세인 교육세와 지방세인 교육세의 2종으로 한다.

(다) 국세, 교육세는 부동산·배당이자·갑종사업소득·양도소득 및 잡소득, 을종사업소득, 갑종근로소득, 을종근로소득, 법인의 유보소득 등에 소득금액에 따라 3~15%씩 부과한다.

(라) 지방교육세는 근로소득금액의 2/100, 근로소득 이외의 소득금액의 5/100를 부과한다.

(마) 읍·면장은 소관 지방교육세의 납세의무자에 대한 과세표준금액을 조사하여 각 분기

의 납세액 보고를 각 분기 개시 30일 전에 소관 교육감에게 제출한다.

(바) 이 법이 규정하는 것 외에는 국민학교 아동 또는 학부형으로부터 여하한 명목의 부담금도 징수할 수 없도록 한다.

나) 교육세 폐지

1958년 제정되었던 교육세가 1961년 12월 8일, 소득세법에 의거 폐지되었다.

다) 교육세 제정(81.12.5.)

(1) 교육세 제정 목적

학교교육의 정상화를 기하는 데 필요한 재원을 확보하기 위하여 교육세를 다시 신설하였다.

(2) 제정 내용

(가) 교육세의 세율은 이자배당소득금액의 5%, 주세액의 10%, 담배 매도가격의 10%, 금융·보험업자의 수익금의 0.5%를 부과한다.

(나) 1982년부터 1986년까지 시한부로 운용한다.

라) 교육세 개정(86.12.26.)

(1) 교육세 개정 목적

교육환경 개선사업의 지속적인 추진을 위하여 교육세법의 운용시한을 연장하고 아울러 현행규정의 운영상에 나타난 미비점을 보완하고자 개정하였다.

(2) 개정 내용

(가) 교육세법의 운용시한을 1986년 12월 31일까지에서 1991년 12월 31일까지로 5년 연장하였다.

(나) 내·외국인 구분 없이 수입 외국산 제조담배를 판매하게 됨에 따라 외국인에게 판매할 목적으로 수입한 외국산 제조 담배에 대한 비과세 규정을 삭제한다.

(다) 환매조건부 외화자금 매각거래(스왑프거래)의 특수성을 감안하여 동 거래에 대한 교

육세액의 한도를 설정하는 등 과세방법을 개선한다.

마) 교육세 개정(88.12.26.)

(1) 교육세 개정 목적개정
지방세법 중 개정법률 부칙규정에 의거하여 개정하였다.

(2) 개정 내용
(가) 담배판매세를 소득세에서 제외시켰다.

바) 교육세 개정(90.12.31.)

(1) 교육세 개정 목적
교육재원을 지속적이고 안정적으로 확보함으로써 교육정상화의 재정적 기틀을 마련하기 위하여 현행 교육세법의 적용시한을 폐지하는 동시에 교육세 과세 대상을 확대하고자 하였다.

(2) 개정 내용
(가) 특별소비세액의 30%, 균등할 주민세액의 10%(인구 50만 이상인 도시의 경우 25%), 등록세·마권세·재산세·종합토지세액의 20%, 자동차세액의 30%)를 부과한다.
(나) 교육세의 적용시한을 폐지하여 영구세로 전환한다.

사) 교육세 개정(93.12.31.)

(1) 교육세 개정 목적
우리나라와 구주 공동체 간의 주류관련 협상 결과를 반영하여 소주에 대해서 교육세를 부과하고 금융·보험업자의 납세지를 조정하여 이들의 납세편의를 높이려 하였다.

(2) 개정 내용
(가) 경륜(競輪)과 경정(競艇)이 도입됨에 따라 경륜과 경정의 승자투표권(勝者投票權)에 대해

서도 과세할 수 있도록 지방세법상 마권세가 경주 마권세로 개정된 것을 반영하여 용어를 개정한다.

(나) 소주에 대한 교육세 부과는 1995년 1월 1일부터 시행하도록 한다.

아) 교육세 개정(95.12.29.)

(1) 교육세 개정 목적

교육투자재원을 지속적이고 안정적으로 확보함으로써 교육개혁을 성공적으로 추진하기 위한 재정적 기틀을 마련하기 위하여 한시적으로 현행 교육세의 과세대상을 확대하고 기존 지방세분 교육세 중 일부에 대하여 세율을 조정하고자 하였다.

(2) 개정 내용

(가) 교육세의 납세의무자의 범위에 등유에 대한 특별소비세의 납세의무자와 교통세 및 담배소비세의 납세의무자를 각각 추가하고 그 과세 표준과 세율을 다음과 같이 조정하였다.

- 등유에 대한 특별소비세액의 15%

- 교통세액의 15%

- 담배소비세액의 40%

(나) 경주·마권에 대한 교육세의 세율을 현행 100분의 20에서 100분의 50으로 인상한다.

(다) 본 세에 부과되는 교육세의 세율을 30%의 범위 안에서 탄력적으로 운용할 수 있도록 한다.

(라) 이 법은 1996년 7월 1일부터 시행한다.

(마) 적용시한: ㉮ 제5조 제1항 제2호 단서의 규정과 동항 제3호 및 제11호의 개정규정은 2000년 12월 31일까지 효력을 가지며, ㉯ 제5조 제1항 제6호(종전의 제5호)의 개정규정은 2000년 12월 31일까지 효력을 가지며, 2001년 1월 1일부터는 종전의 세율(100분의 20)로 환원한다.

자) 교육세 개정(98.12.28.)

(1) 교육세 개정 목적

조세특례제한법(법률 제5584호)부칙에 의거하여 개정한다.

(2) 개정 내용

(가) 등록세 중 자동차의 등록에 대한 등록세를 교육세 과세 표준에서 제외한다.

이상에서 살펴본 교육세법의 변천과정을 요약하면 다음과 같다.

<표 17>교육세법의 변천과정

연혁	제정 또는 개정이유	주요 골자
제정 (58.8.28.)	조달방법은 일부 국고 부담과 호별세 부가금, 특별부과금의 징수와 학부형의 직접 부담에서 탈피 의무교육제도를 도모하기 위한 독립세로서의 교육세를 제정코자 함	ㅇ교육세는 국세인 교육세와 지방세인 교육세의 2종으로 함 ㅇ국세 : 교육세는 부동산·배당이자·갑종사업소득·양도소득 및 잡소득, 을종사업소득, 갑종근로소득, 을종근로소득, 법인의 유보소득 등에 소득금액에 따라 3~15%씩 부과 ㅇ지방교육세: 근로소득금액의 2/100, 근로소득 이외의 소득금액의 5/100를 부과 ㅇ읍·면장은 납세의무자의 과세표준금액을 조사하여 각 분기 개시 30일 전에 소관 교육감에게 제출
폐지 (61.12.8)	ㅇ소득세법에 의거 폐지	
제정 (81.12.5)	ㅇ학교교육의 정상화를 위해 재원 확보코자 신설	ㅇ교육세의 세율은 이자배당소득금액의 5%, 주세액의 10%, 담배 매도가격의 10%, 금융·보험업자의 수익금의 0.5% ㅇ1982년부터 1986년까지 시한부로 운용
개정 (86.12.26)	ㅇ교육환경개선사업을 위하여 운용시한 연장	ㅇ교육세법의 운용시한을 1991년 12월 31일까지 5년 연장 ㅇ내·외국인 구분 없이 수입한 외국산 제조 담배에 대한 비과세 규정 삭제
개정 (88.12.26)		ㅇ담배판매세 제외
개정 (90.12.31)	ㅇ교육세의 영구세	ㅇ특별소비세액의 30%, 균등할주민세액의 10%(인구 50만 이상인 도시의 경우 25%), 등록세·마권세·재산세·종합토지세액의 20%, 자동차세액의 30%) ㅇ교육세를 영구세로 전환
개정 (93.12.31)	ㅇ주류에 교육세 부과	ㅇ경륜(競輪)과 경정(競艇)의 승자투표권에 과세하여 마권세를 경주마권세로 개정 ㅇ1995년 1월 1일부터 소주에 교육세 부과
개정 (95.12.29)	ㅇ재정적 기틀을 마련코자 한시적으로 현행 교육세 과세대상을 확대·조정	ㅇ교육세에 등유 및 교통세, 담배소비세를 추가 ─등유에 대한 특별소비세액의 15% ─교통세액의 15% ─담배소비세액의 40% ㅇ경주·마권에 대한 교육세의 세율을 현행 100분의 20에서 100분의 50으로 인상함. ㅇ교육세의 세율을 30% 범위 안에서 탄력 운용 ㅇ이 법은 1996년 7월 1일부터 시행함.
개정 (98.12.28)	ㅇ조세특례제한법 개정	ㅇ자동차에 대한 등록세를 교육세에서 제외함.

4) 의무교육재정교부금

1958년에 의무교육재정교부금법이 제정되어 1959년 1월부터 시행하였는데 이는 의무교육비의 재원이 부족한 교육구에 필요 재원을 교부함으로써 의무교육의 정상운영을 꾀하도록 하였는데 그 구체적인 내용과 과정을 보면 다음과 같다.

가) 의무교육재정교부금 제정(1958.12.29.)
(1) 의무교육재정교부금 제정 목적

의무교육재정의 부족액을 국고에서 보조하도록 되어 있으나 재정수입액과 재정수요액의 산출기준에 관한 법적 근거가 없어 정부의 재정형편에 따라 감액당하는 불안정한 상태였다. 따라서 이를 시정하기 위하여 재정수입액과 재정수요액의 산출기준을 법령으로 규정하여 재정부족액을 확실히 파악하게 하고 균형 있는 국고보조를 시행함으로써 의무교육의 건전한 발전을 도모하고자 하였다. 이로 인한 의무교육재정교부금의 재원은 종래의 지방 교육세 수입과 국세 교육세 환부금 및 제1종 토지수득세환부금, 입장세환부금 등에서 소득세의 420/1000과 입장세환부금의 30/100으로 대체되었다.

(2) 의무교육재정교부금 제정 내용
(가) 교부금은 보통교부금과 특별교부금으로 구분한다.
① 보통교부금: 각 교육구의 기준재정수요액이 기준재정수입액을 초과하는 금액의 합산액으로 한다.
② 특별교부금: 총 기준재정수요액 중 기본급여(제수당 포함)를 제한 금액의 100분의 30 이내의 금액으로 한다.
(나) 기준재정수입액의 산정방법: 지방교육세 수입의 70/100, 국세교육세액의 300/1000, 제1종 토지수득세액의 182/1000, 입장세액의 50/100(당해 교육구 내에 징수된 금액을 환부), 기타 수입액으로 정한다.

나) 의무교육재정교부금 개정(1962.4.24.)
(1) 의무교육재정교부금 개정 목적

교육세와 제1종 토지수득세가 폐지되고 소득세와 지방세인 농지세로 흡수됨으로 인하여 개정을 하였다.

(2) 의무교육재정교부금 개정 내용

(가) 보통교부금: 소득세의 1000분의 420, 기준재정수요액에서 기준재정수입액과 소득세의 20/1000을 합산한 액을 제한 금액으로 한다.

(나) 특별교부금: 기준재정수요액 중 기본급여(제수당 포함)를 감한, 금액의 30/100 이내로 한다.

(다) 기준재정수입액의 산정방법: 입장세액의 30/100에 해당하는 환부금과 기타 수입으로 한다.

다) 의무교육재정교부금 개정(1963.10.28.)

(1) 의무교육재정교부금 개정 목적

교육법의 개정으로 종래의 의무교육사무담당기관인 특별시, 시 및 군이 교육구로 변경됨에 따라 개정한다.

(2) 의무교육재정교부금 개정 내용

(가) 교부금이 초과 교부되었을 때 연도 말에는 결산 후 국고에 반납하던 것을 익년도 교부금에서 감액하도록 (연도 도중에는 차기 교부금에서 감액)한다.

라) 의무교육재정교부금 개정(1965.12.20.)

(1) 의무교육재정교부금 개정 목적

예산편성상 환부금 제도의 폐지로 인하여 개정한다. 즉 일반세 환부금제도를 폐지하고 그 환부금에 해당하는 금액을 교부금의 일부로 교부하도록 조정되었다.

(2) 의무교육재정교부금 개정 내용

(가) 보통교부금: 당해 연도 소득세액의 50/100, 당해 연도 입장세액의 50/100, 당해 연도 국민학교 교원봉급(제수당 포함)진액, 기준재정수요액에 무속한 금액으로 한다.

(나) 특별교부금: 소득세·입장세액의 50%의 10% 해당액으로 한다.

(다) 기준재정수입액의 산정: 의무교육비에 속하는 수입액의 90/100에 해당하는 금액으로 한다.

마) 의무교육재정교부금 개정(1966.12.27.)

(1) 의무교육재정교부금 개정 목적

의무교육재원인 소득세와 입장세의 부가세재원 흡수와 세수증대로 인하여 개정한다.

(2) 의무교육재정교부금 개정 내용

(가) 소득세와 입장세의 교부율 50/100을 40/100 이상 50/100 이하로 한다.

바) 의무교육재정교부금 개정(1968.7.19.)

(1) 의무교육재정교부금 개정 목적

소득세와 입장세의 100분의 40 이상 50 이하의 해당액을 우선 충당하고 이 재원이 수요에 미달될 때 일반재원에서 보충토록 규정하고 있으나 사실상 하한선인 40% 해당액만 책정하고 있으며, 재원의 모세가 특정세인 관계로 매년 세입 추계와 예산편성 과정에서 논란의 대상이 되고 있어 내국세 총액과 연계 산출토록 개정하였다.

(2) 의무교육재정교부금 개정 내용

(가) 보통교부금: 내국세의 10.5%로 한다.

(나) 특별교부금: 내국세의 1.05%로 한다.

(다) 내국세 예산액과 결산액과의 차액으로 인한 교부금의 차액은 정산토록 한다.

사) 의무교육재정교부금법 폐지(1971.12.18.)

(1) 의무교육재정교부금 폐지 목적

지방교육재정교부금법에 의무교육재정교부금을 통합한다.

이상에서 설명한 의무교육재정교부금법의 변천과정을 요약하면 다음과 같다.

<표 18> 의무교육재정교부금법의 변천과정

연혁	제정 또는 개정이유	주요 골자
제정 (58.12.29.)	o 의무교육재정 부족액의 국고 보조를 법령 규정	o 교부금은 보통교부금과 특별교부금 o 기준재정수요액의 산정방법: 대통령령으로 정함 o 기준재정수입액의 산정방법: 지방교육세 수입의 70/100, 국세교육세액의 300/1000, 제1종 토지수득세액의 182/1000, 입장세액의 50/100, 기타 수입액
개정 (68.7.19.)	o 소득세와 입장세의 100분의 40 이상 50 이하의 해당액을 내국세 총액과 연계 산출토록 개정	o 보통교부금: 내국세의 10.5% o 특별교부금: 내국세의 1.05% o 내국세 예산액과 결산액과의 차액으로 인한 교부금의 차액은 정산토록 함
폐지 (71.12.18.)	o 지방교육재정교부금법에 통합	

5) 지방교육교부세

지방교육교부세는 1963년에 제정되어 1964년부터 시행되었는데 지방교육의 건전하고 균형 있는 발전을 기하는 것을 목적으로 국가가 재정적 결함이 생기는 시와 도에 교부하는 금액으로 중등교육비의 주요 재원이 되었다. 즉 지방자치단체가 부담해오던 중등학교 교직원 봉급의 전 입금 해당액을 국가에서 교부하는 제도를 마련하였는데 그 구체적인 내용을 보면 다음과 같다.

가) 지방교육교부세 제정(1963.12.5.)

(1) 지방교육교부세 제정 목적

1963년 12월 5일, 공포된 지방교육 교부세법(법률 제1459호)은 중등교육재정(중등학교 교 직원 봉급의 전입금 해당액을 국가에서 교부)을 확보하고자 하는 노력의 하나였다. 지방교육 교부세 제도는 동법 제2조에 명시되어 있는 바와 같이 서울특별시, 부산직할시 및 각 도에 교부하는 금액을 말하는데 크게 보통교육 교부세와 특별교육 교부세로 나누며 보통교육 교부 세의 재원은 "당해 연도의 주세 중 탁주, 약주세액의 42/100에 해당하는 재원과 입장세 세액 의 40/100에 해당하는 금액으로 하며 특별교육 교부세는 보통교육 교부세의 10/100에 해당하 는 재원으로 하도록 했다. 또 동법 제5조에 국가는 본 법규정에 의하여 교부세를 국가예산에 계산하도록 하고 단, 추가경정예산에 의하여 교부세의 재원인 국세에 증감이 있을 경우에는 지방교육 교부세도 함께 증감하도록 규정하고 있다.

보통교육 교부세의 교부는 매년도 설정하는 기준재정 수입액의 기준재정 수요액에 미달하 는 지방자치단체에 대하여 그 미달액을 기초로 교부하며 특별교육 교부세는 동법 9조의 내용 에 따라,

첫째, 기준재정수요액 산정방법으로 추적할 수 없는 특별 재정 수요가 있을 때

둘째, 보통교육 교부세의 산정기일 이후에 발행한 재해로 인하여 특별한 재정 수요가 있거 나 재정 수입의 감소가 있을 때

셋째, 교육위원회의 청사 또는 교육 학예시설의 신축, 복구, 확장, 보수 등의 사유로 인하여 특별한 재정적 수요가 있을 때 교부하도록 되어 있다.

(2) 지방교육교부세 제정 내용

(가) 교육교부세는 보통교육교부세와 특별교육교부세로 구분한다.

(나) 보통교부세는 입장세액의 100분의 40, 주세 중 탁주·약주세액의 100분의 42에 해당하는 금액으로 한다.

(다) 특별교육교부세는 보통교육교부세액의 100분의 10의 해당액으로 한다.

나) 지방교육교부세 개정(1968.7.19.)

(1) 지방교육교부세 개정 목적

교육교부세는 입장세와 탁·약주세를 그 재원으로 하고 있어서 세입추계와 예산편성 면에서 혼란을 초래하고 있으므로 내국세 총액과 연계하며 동시에 중등교육인구의 증가에 따른 중등교육시설 확충재원 확보와 공무원 처우 개선비 부담률의 증액 등으로 발생한 막대한 재정결함을 보진하고자 하였다.

(2) 지방교육교부세 개정 내용

(가) 교부세 재원을 내국세 총액으로 하여 보통교육교부세의 교부율을 내국세 총액의 1.3%(특별교육교부세 0.13%)로 한다.

(나) 내국세 예산액과 결산액의 차액으로 인한 교부세 차액을 정산하도록 규정한다.

다) 지방교육교부세 폐지(1971.12.28.)

(1) 지방교육교부세 폐지 목적

지방교육교부세를 지방교육재정교부금법에 통합시켰다.

이상에서 설명한 지방교육교부세법의 변천과정을 요약하면 다음과 같다.

<표 19> 지방교육교부세법의 변천과정

연혁	제정 또는 개정이유	주요 골자
제정 (63.12.5.)	o 지방자치단체가 부담하던 중등학교 교직원 봉급을 국가에서 교부	o 기준재정수입액이 기준재정수요액에 미달되는 경우에 교육교부세를 교부 o 보통교부세는 입장세액의 100분의 40, 주세 중 탁주·약주세액의 100분의 42의 해당액 o 특별교육교부세는 보통교육교부세액의 100분의 10의 해당액
개정 (68.7.19.)	o 교육교부세는 입장세와 탁·약주세를 재원으로 하되 내국세 총액과 연계 o 중등교원 처우개선비 부담의 재정결함(1,462백만 원) 보진	o 보통교육교부세 교부율을 내국세 총액의 1.3%(특별교육교부세 0.13%)로 함.
폐지 (71.12.28.)	o 지방교육재정교부금법에 통합	

6) 지방교육재정교부금

지방교육재정 교부세법은 주로 중등교육에 필요한 재원을 확보하기 위한 재정 법규였다. 따라서 지금까지의 재정법규는 크게 이원화된 초등교육과 중등교육재정법으로 나뉘어져 활용됨으로써 복잡한 절차를 가지고 운영되었다.

이러한 법규를 통폐합한 법규정이 곧 1971년 12월 28일 재정 공포된 법률 제2330호의 지방교육재정 교부금법이다.

본 제도는 지방자치단체가 당해 지역의 교육 및 교육행정기관을 설치, 경영함에 필요한 재정의 전부를 혹은 일부를 국가가 교부하여 교육의 균형 있는 발전을 도모하기 위하여 제정한 것이다.

가) 지방교육재정교부금 제정

(1) 지방교육재정교부금 제정 목적

지방재정교부금법은 지방자치단체가 교육기관 및 교육행정기관을 설치, 경영함에 필요한 재정의 전부 또는 일부를 국가가 교부하여 교육의 균형 있는 발전을 도모하고자 제정되었는데 이는 종래의 의무교육재정교부금제도와 지방교육교부세제도를 통합한 법률이다.

(2) 지방교육재정교부금 제정 내용

(가) 지방교육재정교부금은 보통교부금과 특별교부금으로 구분한다.

(나) 보통교부금은 의무교육기관에 종사하는 교원의 제수당을 포함한 봉급 전액과 서울시를 제외한 공립학교 교원의 봉급 반액에 해당하는 액 및 당해 연도 내국세 총액의 118/1000에 해당하는 금액으로 정하였다.

(다) 특별교부금은 보통교부금의 10/100에 해당되는 금액으로 하였다. 여기에서 특별교부금은 보통교부금의 산정기일 후에 발생한 사건이나 재해로 인하여 특별 재정수요가 발생하거나 재정수입의 감소가 있거나 교육과 학예에 필요한 시설의 신축 및 복구확장 등에 재정수요가 있을 때 교부하도록 되어 있었다.

그러나 지방교육재정교부금은 1972년 8·3긴급조치로 효력이 정지되었다가 1973년 1월부터 1981년까지 지방교육재정교부금법의 규정에 관계없이 국가예산이 정하는 대로 따르도록 하였다.

지방교육재정교부금을 제정할 당시의 교부금의 변화규모 추이를 보면 다음과 같다.

〈표 20〉 지방교육재정교부금의 변화

(단위: 억)

연도	내국세	법정교부세	실제교부액	실제교부율	감손액
1973	4312	559	487	11.29	−72
1974	7179	931	515	7.17	−416
1975	9916	1287	807	8.14	−480
1976	13478	1749	1166	8.65	−583
1977	17097	2219	1510	8.83	−709
1978	21922	2845	1889	8.62	−956
1979	29292	3802	2289	10.2	−813
1980	36556	4744	4744	11.82	−422
1981	45834	5949	5949	12.64	−154

나) 지방교육재정교부금 개정(1988.12.31.)

(1) 지방교육재정교부금 개정 목적

담배 관련 제세가 지방세인 담배소비세로 통합되어 지방자치단체에 이양됨에 따라 종전에 담배에 부과되던 교육세만큼 지방교육재정교부금이 결손 되어 그 결손액을 당해 지방자치단체의 담배소비세에서 보전하도록 하려고 개정하였다.

(2) 지방교육재정교부금 개정 내용

(가) 서울특별시와 직할시는 담배소비세의 30%에 해당하는 금액을 교육비 특별회계로 전출하고, 담배소비세의 예산액과 결산액의 차액으로 인한 전출금의 차액은 늦어도 후년까지 정산하도록 한다.

(나) 일반회계에서 교육비특별회계로 전입된 담배소비세 해당액은 자치구의 의무교육 외의 경비부족액에 우선 충당한다.

다) 지방교육재정교부금 개정(1990.12.31.)

(1) 지방교육재정교부금 개정 목적

국세와 지방세의 조정 등에 관한 법률이 개정되어 교육세 수입액이 지방교육양여금의 재원으로 됨에 따라 관련사항을 정비하고자 하였다.

(2) 지방교육재정교부금 개정 내용

(가) 보통교부금에서 교육세에 해당하는 금액을 제외한다.

(나) 의무교육기관 교원봉급 교부조항에 봉급액을 기준으로 지급액이 산정되는 수당을 포함하며, 기타의 수당 중 경제기획원장관과 교육부장관이 협의하여 정하는 수당을 포함할 수 있게 하였다.

(다) 경상교부금 규모를 내국세 총액의 11.8%의 10/11으로 하고 1/11은 특별교부금으로 교부한다.

(라) 국가예산이 하는 바에 의하여 증액, 교부할 수 있도록 한다.

라) 지방교육재정교부금 개정(1995.12.29.)

(1) 지방교육재정교부금 개정 목적

교육개혁에 소요되는 부족한 교육재정을 확보하기 위하여 서울특별시, 광역시 및 도세 총액의 일정비율을 교육비특별회계로 전출하도록 하고, 당해 전입금으로 충당되는 세출예산을 편성하는 때에는 당해 지방자치단체의 장의 의견이 반영될 수 있도록 하기 위하여 개정하였다.

(2) 지방교육재정교부금 개정 내용

(가) 지방교육재정의 확충을 위하여 서울특별시, 광역시 및 도는 시 · 도세 총액의 1,000분의 26에 해당되는 금액을 새로이 교육비특별회계로 전출하도록 하되, 1999년도 이후의 비율은 다시 조정하도록 하였다.

(나) 특별시, 광역시 및 도의 교육행정기관의장은 일반회계 전입금으로 충당되는 세출예산을 편성하는 때에는 당해 지방자치단체의 장과 협의하도록 하고, 협의하여 편성된 세출예산을 교육위원회가 감액하고자 하는 경우에는 미리 당해 교육행정기관의장 및 지방자치단체의 장과 협의하도록 하여 교육에 관한 세출예산의 편성에 교육재정을 일부 부담하는 지방자치단체의장의 의견이 반영될 수 있도록 하였다.

(다) 시, 군 및 지방자치단체인 구는 특별시장, 광역시장 또는 도지사의 승인을 얻어 대통령령이 정하는 바에 따라 관할 구역 안에 있는 고등학교 이하 각급 학교의 교육비의 일부를 보조할 수 있도록 한다.

(라) 교육비특별회계로의 전출비율에 관한 특례: 제11조 제2항의 개정규정에 규정된 1,000분의 26의 비율은 1998회계 연도 이후의 적용비율은 특별시세, 광역시세 및 도세 수입액의 증감에 따라 교육부장관과 내무부장관이 협의하여 법률로 정하도록 하였다.

마) 지방교육재정교부금 개정(1999.1.21.)

(1) 지방교육재정교부금 개정 목적

특별시, 광역시 및 도는 1998회계 연도까지 시 · 도세 총액의 1,000분의 26에 해당하는 금액을 교육비특별회계로 전출하도록 하고 1999회계 연도 이후의 비율은 다시 정하도록 하였으나, 2000회계 연도까지는 동 비율을 계속 적용하도록 하고, 2001회계 연도 이후의 비율은 세제개편의 결과에 따라 다시 조정하여 정하도록 하고자 개정하였다.

(2) 지방교육재정교부금 개정 내용

특별시, 광역시 및 도는 총액의 1,000분의 26에 해당하는 금액을 2000회계 연도까지 교육비특별회계로 전출하도록 하고, 2001회계 연도 이후의 비율은 세제개편의 결과에 따라 다시 조정하여 정하도록 하였다.

바) 지방교육재정교부금 개정(2006.12.30.)

(1) 지방교육재정교부금 개정 목적

지방자치단체가 교육기관 및 교육행정기관을 설치·경영함에 필요한 재원의 전부 또는 일부를 국가가 교부하여 교육의 균형 있는 발전을 도모하고자 개정하였다.

(2) 지방교육재정교부금 개정 내용

2007년 현재 지방교육재정교부금은 당해 연도의 내국세(목적세, 종합부동산세 및 다른 법률에 의하여 특별회계의 재원으로 사용되는 세목의 당해 금액을 제외) 총액의 1천분의 194에 해당하는 금액과 당해 연도의 교육세법에 의한 교육세 세입액 전액에 해당하는 금액으로 정하고 있다. 그리고 보통교부금의 재원은 내국세 총액의 1천분의 194에 해당하는 금액의 100분의 96에 해당하는 금액을 합한 금액으로 하고, 특별교부금의 재원은 100분의 4에 해당하는 금액으로 한다.

〈표 21〉교육재정에 대한 국고부담과 지방부담내역

(단위: 백만 원)

연도	국고부담					지방부담			합계
	교부금	지방양여금	교육환경 개선금	보조금	계	자체수입	전입금	계	
1973	97726			1364	99,090	51791	3852	55,643	154733
1974	100035			0.3	100,035.3	29924	4295	34,219	134254
1975	163360			428	163,788	49924	6360	56,284	220072
1976	289562			1502	291,064	91272	9480	100,752	391816
1977	361,121			4699	366690	97956	11618	109,574	476264
1978	468069			9252	477,321	134096	14806	148,902	626223
1979	643682			9814	653,496	149015	20464	169,479	822975
1980	833668			11601	845,269	203249	25643	228,892	1074161
1981	1102698			11624	1,114,322	289733	28174	317,907	1432229

연도	국고부담					지방부담			합계
	교부금	지방양여금	교육환경 개선금	보조금	계	자체수입	전입금	계	
1982	1465456			8952	1,474,408	474721	32356	507,077	1981485
1983	1629068			266	1,629,334	564312	48424	612,736	2242070
1984	1709581			3680	1,713,261	607889	45387	653,276	2366537
1985	1948608			780	1,949,388	640484	54987	695,471	2644859
1986	2212512			2551	2,215,063	677000	63997	740,997	2956060
1987	2442407			2836	2,445,243	709911	71580	781,491	3226734
1988	2835997			4001	2,839,998	779656	86335	865,991	3705989
1989	3136907			9724	3,146,631	861863	311823	1,173,686	4320317
1990	3792743			4354	3,797,097	891107	325283	1,216,390	5023487
1991	4046623	1438237		2821	5,487,681	786681	386136	1,172,817	6660498
1992	5001605	1770384		15869	6,787,858	769568	420492	1,190,060	7977919
1993	5434122	2377329		—	7,811,451	1114037	420031	1,534,068	9345519
1994	6285277	2566118		9622	8,861,017	1188690	625480	1,814,170	10675187
1995	7208983	2986982		73401	10,269,366	1298387	683668	1,982,055	12251421
1996	8480085	4113634		104800	12,698,519	1541700	1060800	2,602,500	15302019
1997	9960854	5271765		111100	15,343,719	1605100	1099600	2,704,700	18048419
1998	9024048	5518625	700000	173635	15,416,308	1512314	1193430	2,705,744	18122052
1999	7661732	4617935	693505	62792	13,035,964	1566038	1056212	2,622,250	15658214
2000	8571416	5161800	700000	80577	14,513,793	3691122	1113181	4,804,303	19518096
2001	11977852	3624401	1	126508	15,728,762	1901962	4571829	6,473,791	22202553
2002	12762224	3718400	1	140294	16,620,919	1941255	4853985	6,795,240	23416159
2003	14453179	4108208		108905	18,670,292	1908282	5275530	7,183,812	25854104
2004	16868323	4238600		145261	21,252,184	1702786	6012867	7,715,653	29057837

아울러 위에서 설명한 지방교육재정교부금법의 변천과정을 요약하면 다음과 같다.

〈표 22〉지방교육재정교부금법의 변천과정

연혁	제정 또는 개정이유	주요 골자
제정 (71.12.28.)	○ 중학교 의무교육의 재정수요를 위해 의무교육재정교부금과 지방교육교부세를 통합	○ 보통교부금: 의무교육경비, 기타 경비 ○ 특별교부금: 특정수요가 있을 때 교부 ○ 의무교육경비: 의무교육기관의 교원봉급전액과 의무교육기관 설치·경영에 관한 경비전액 ○ 기타 경비: 공립학교 교원봉급(서울 제외) 반액과 기준재정 수요액에 미달하는 경우 그 미달액 ○ 보통교부금: 당해 연도 의무교육기관 교원의 봉급(제수당 포함) 전액, 당해 연도 공립의 각급 학교 교원(서울시 교원 제외)봉급의 반액, 당해 연도 내국세 총액의 11.8% 해당액 ○ 특별교부금: 내국세의 1.18%
개정 (82.3.20.)	○ 체육부 신설로 개정	○ 국민체육 진흥을 위해 지방자치단체에 교부하는 교부금의 범위에 체육을 포함
개정 (82.4.3.)	○ 교육투자에 미치지 못하는 지방교육재정 안정확보	○ 보통교부금의 재정규모에 당해 연도 교육세에 해당 금액을 추가 ○ 중등교원 봉급교부금중 봉급액 기준 제수당 포함
개정 (88.12.31.)	○ 지방교육재정교부금 결손 보전	○ 서울시와 직할시는 담배소비세의 30%를 특별회계로 전출 ○ 일반회계에서 교육비특별회계로 전입된 담배소비세 해당액은 의무교육외의 경비부족액에 우선 충당
개정 (90.12.31.)	○ 국세와 지방세의 조정으로 교육세 액이 지방교육양여금재원으로 됨	○ 보통교부금에서 교육세에 해당하는 금액을 제외 ○ 경상교부금은 내국세 총액의 11.8%의 10/11로 하고 1/11은 특별교부금으로 교부
개정 (95.12.29.)	○ 교육개혁에 소요 재정 확보하고자 서울시, 광역시, 도세 총액의 일정 비율을 교육비특별회계로 전출	○ 서울시, 광역시 및 도는 시·도세 총액의 1,000분의 26을 새로이 교육비특별회계로 전출
개정 (99.1.21.)	○ 특별시, 광역시 두는 1998 회계 연도까지 시·도세 총 액의 26/1,000을 교육비특별 회계로 전출 ○ 2001년 이후 비율재조정	○ 특별시, 광역시 및 도는 총액의 26/1,000을 2000회계 연도까지 교육비특별회계로 전출하도록 하고, 2001회계 연도 이후의 비율은 세제개편의 결과에 따라 다시 조정
개정 (00.1.28)	○ 교부율 11.8%를 13%로 상향 조정	○ 지방교육재정교부금의 내국세 교부율 11.8%를 2001년부터 13%로 상향 조정―봉급교부금+교원수당 추가
입법예고	○ 지방교육양여금을 폐지하여 교부금 재원으로 하며 지방교육재정교부금의 법정교부율을 상향 조정	○ 지방교육재정 지원구조를 단순·투명화하고, 중학교 의무교육에 따른 국가의 지방교육재정 지원구조를 재조정 ○ 지방교육양여금을 폐지하여 이를 교부금의 재원으로 하되, 지방교육재정교부금의 법정교부율을 현행 내국세총액의 13 퍼센트에서 19.32퍼센트로 상향조정을 주 내용으로 함

7) 교육환경개선 특별회계

교육환경개선 특별회계법은 1989년 12월 21일 법률 제4140호로 설치되었는데 이는 1990년부터 1992년까지 3년간 3700억을 운용하기로 하였고 1993년부터 중단되었다. 주 세입원은 일반회계로부터 전입금 및 예수금, 기타 수입금으로 충당하기로 하되 각급 학교의 교무실과 교원의 휴게실 및 노후교실 및 책걸상 개선, 학교 교실의 난방 및 화장실 개선, 각급 학교 행정장비 확충에 사용되도록 하였는데 그 구체적 제정 및 개정과정을 보면 다음과 같다.

가) 교육환경개선특별회계법 제정(1989.12.21.)

(1) 교육환경개선특별회계법 제정 목적
초등학교, 중학교, 고등학교 및 특수학교의 노후시설의 개체와 교원편의시설의 확충을 위해 제정되었다.

(2) 교육환경개선특별회계법 제정 내용
회계는 교육부장관이 관리 운용하고 인 사업규모를 3,700억 원으로 한다.
회계의 세입: 일반회계 및 타회계전출금으로부터의 전입금과 예수금 및 기타 수입금으로 한다.
회계의 세출: 각급 학교의 교무실, 휴게실 등의 확충과 노후교실 및 책걸상의 개체, 교실난방 및 화장실 등 기타 부속시설 개선 및 행정 장비 등의 확충에 지출한다.
국가는 매 회계 연도마다 교육세액의 50%에 해당하는 금액을 포함한 연간 소요예산을 일반회계로부터 전입토록 한다.
회계의 효율적 운용을 위하여 당해 회계 연도 예산을 지방자치단체의 교육행정기관의장에게 교부금으로 교부토록 한다.
1990회계 연도부터 1992회계 연도까지 적용한다.

나) 교육환경개선특별회계법 개정(1990.12.31.)

(1) 교육환경개선특별회계법 개정 목적
지방교육재정교부금법(90.12.31.)부칙에 의한 개정을 하고자 한다.

(2) 교육환경개선특별회계법 제정 내용

국가 일반회계로부터의 전입금은 교부금재원에서 충당한다.

다) 교육환경개선특별회계법 제정(1992.12.31.)

(1) 교육환경개선특별회계법 제정 목적

한시적 법률이기 때문에 시기가 되어 폐지하였다.

라) 교육환경개선특별회계법 제정(1995.12.29.)

(1) 교육환경개선특별회계법 제정 목적

각급 학교의 노후시설의 개선과 교원편의시설의 확충 등을 위하여 교육세 중 일정금액과 일반회계 전입금을 재원으로 하는 교육환경개선특별회계를 2000년까지 한시적으로 설치, 운용하기 위해 다시 제정하였다.

각급 학교의 노후시설의 개선과 교원편의시설의 확충 등을 위하여 교육환경개선특별회계를 설치한다.

(2) 교육환경개선특별회계법 제정 내용

(가) 이 법은 1996년 7월 1일부터 시행한다.

(나) 국세와 지방세의 조정 등에 관한 법률 제5조 제2항을 "국가는 제2조에 규정된 교육세의 수입 중 교육환경개선특별회계법 제3조 제1호의 규정에 의하여 교육환경개선특별회계의 세입이 되는 금액을 제외한 전액을 교육세법 제1조에 규정된 목적에 사용하기 위하여 지방자치단체에 양여한다"로 개정한다.

(다) 이 법은 2000년 12월 31일까지 효력을 가지며 교육인적자원부장관이 관리한다.

이상에서 설명한 교육환경개선특별회계법의 변천과정을 요약하면 다음과 같다.

<표 23> 교육환경개선 특별법의 변천과정

연혁	제정 또는 개정이유	주요 골자
제정 (89.12.21.)	○ 초등학교, 중학교, 고등학교 및 특수학교의 노후시설의 개체와 교원 편의시설의 확충	○ 재원: 일반회계 및 타 회계로부터의 전입금과 예수금 및 기타 수입금 ○ 세출: 각 학교 교무실, 휴게실 등의 확충과 노후교실 및 책·걸상 개체, 교실난방 및 화장실 등 확충 ○ 교육세액의 50%를 일반회계로부터 전입 ○ 1990회계 연도부터 1992회계 연도까지 적용
개정 (90.12.31.)	○ 지방교육재정교부금법 (90.12.31.)부칙에 의한 개정	○ 국가 일반회계에서 전입금은 교부금재원에서 충당
폐지 (92.12.31.)		
제정 (95.12.29.)	○ 각급 학교의 노후시설 개선과 교원편의시설의 확충	○ 각급 학교의 노후시설 개선과 교원편의시설 확충을 위하여 교육환경개선특별회계를 1996년 7월 1일부터 설치함 ○ 이 법은 2000년 12월 31일까지 효력을 가짐

8) 지방교육양여금

지방교육양여금법은 1990년 12월 31일 국세의 일부를 지방자치단체에 양여하기 위하여 법률 제4301호로 설치되었는데 그 제정과 개정의 내용을 보면 다음과 같다.

가) 지방교육양여금법 제정(1990.12.31.)

(1) 지방교육양여금법 제정 목적

지방교육양여금법은 국세와 지방세의 조정 등에 관한 법률 제5조 제2항의 규정에 의하여 국세의 일부를 지방자치단체에 양여하기 위한 양여 기준 등 필요한 사항을 규정하기 위해 제정되었다. 여기에서 "지방교육양여금"이라 함은 특별시·광역시 및 도(이하 시·도)의 교육행정기관에 양여하는 금액을 말한다.

(2) 지방교육양여금법 제정 내용

(가) 지방교육양여금 재원은 국세와 지방세의 조정 등에 관한 법률 제5조 제2항의 규정에 의하여 양여되는 금액으로 하되 당해 연도의 전전년도 11월 1일 현재의 시·도의 인구비율에 따라 양여한다.

나) 지방교육양여금법 폐지(2004.12.30.)

(1) 지방교육양여금법 폐지 목적

교육재정의 일원화와 투명성을 확보하기 위해 2005년 1월 1일부터 폐지하였다.

〈표 24〉지방교육양여금법의 변천과정

연혁	제정 또는 개정이유	주요 골자
제정 (90.12.31.)	○ 국세 일부를 지방으로 이양	○ 지방교육양여금의 재원은 교육세 수입전액으로 하되 전전년도 11월 1일 현재 시·도 인구비율에 따라 양여
폐지 (04.12.30.)	○ 교육재정 일원화와 투명성 확보	○ 지방교육양여금을 폐지하여 이를 교부금의 재원으로 일원화함

4. 교육예산의 편성방향

교육예산의 편성은 거시적 측면에서 국가의 정책 방향과 정치적 여건 변화 및 이를 실현하기 위해 제정된 교육재정관계법의 범위 내에서 미시적으로 변화가 있다. 미시적 변화과정은 현재 우리나라 교육예산편성에 있어 크게 일반회계와 특별회계로 구분할 수 있다. 그리고 일반회계는 다시 첫째, 초·중등교육, 둘째, 대학교육, 셋째, 특수교육, 넷째, 문화예술, 다섯째, 사회교육, 여섯째, 교육행정, 일곱째, 실업교육, 여덟째, 보건 및 생활환경개선으로 구분되며 특별회계는 첫째, 재정융자특별회계, 둘째, 지방교육양여금관리 특별회계, 셋째, 국유재산관리특별회계, 넷째, 농특세관리특별회계, 다섯째, 교육환경개선특별회계 등으로 구분되어 편성된다.

이제 미시적 차원에서 교육예산의 편성방향을 일반회계와 특별회계로 구분한 다음 일반회계 내에서 각 예산이 어떻게 편성되었는지 구체적으로 살펴본다.

가. 일반회계의 편성방향

일반회계는 교육에 관한 고유사무와 고유의 기본적 수행을 위해 사용되는 예산인데 장—관—항—세항—목으로 구분되어 있다. 2005년 현재에는 장이 백 자리 수의 10단위(예, 교육 및

인적자원: 310)로 분류되고, 관은 백 자리 수의 1단위(예, 초중등교육: 311)로 분류된다. 그리고 항은 천 자리 수의 백 단위(예, 초중등교육: 1300)로 분류되고, 세항은 천 자리 수의 십의 1단위(예, 학교정책총괄과 기본사업비: 1311)로 코드(code)화되어 구분된다. 그러나 1948년 정부수립 시부터 1969년도까지는 구체적인 예산의 코드 없이 장·관·항·세항 모두 1부터 시작하는 자연수 순서로 부여되어 있고 오직 목 단위만 백 자리 수의 1단위로 코드화되어 있을 뿐이다. 그리고 1970년부터 1976년까지는 장·관은 십 단위, 항은 천 자리 수의 백 단위, 세항은 천 자리 수의 10단위로 코드화되었다가 1977년부터 현재의 코드로 사용되고 있다.[2]

또한 1948년부터 1951년까지는 일반회계가 세출경상비와 세출임시비로 구분되어 예산이 지출되었고 1952년부터는 세출임시비가 폐지되었다.

1948년 당시 문교부의 예산은 장이 없이 세출경상비에 1관: 문교부본부, 2관: 국립서울대학교, 3관: 서울대의대, 4관: 대구사범대, 5관: 국립도서관, 6관: 국립관상대, 7관: 국립박물관, 8관: 국립과학박물관, 9관: 국립민족박물관, 10관: 국사관, 11관: 국립맹아학교, 12관: 제지출금의 12개 款이 있었고, 세출임시비에 1관: 문교본부, 2관: 서울대학교, 3관: 서울대의대, 4관: 청년—민심수습제도비의 4개 款이 있었다. 그리고 1963년에는 각 국립대학예산을 款으로 분류하던 코드를 지양하고 항으로 분류하였다.

1970년에는 款이 의무교육예산, 중등교육예산, 대학교육예산, 특수교육예산 및 문화예술예산, 사회교육 및 체육예산, 행정기타예산, 실업교육예산 8개로 구분되었으나 2003년 현재에는 款이 초·중등교육예산, 대학교육예산, 특수교육예산, 교육행정예산, 사회교육예산, 실업교육예산 6개로 구분되어 편성되고 있다.

현재 우리나라의 예산은 장—관—항—세항—목으로 구분하고 있는데 이 중 장—관—항은 입법과목, 세항—목은 행정과목으로 불리고 있다. 위에서 본 교육부 예산의 6개 항목은 장—관—항—세항—목 중에서 '관'에 해당하는 것으로 다음과 같이 분류하고 있다(경제기획원, 1961~1990).

이제 각 시기별로 예산에 대한 분류를 구체적으로 살펴본다.

먼저 1948년 당시 예산에 대한 전체적 분류는 다음과 같다.

---

2) 1977년 당시 장)인 교육 및 문화는 코드번호가 130으로 분류되었으나 1978년 이후 지금까지 310으로 변화가 있었다.

1. 세출경상비

가. 문교부 본부(1관)

나. 국립서울대학교(2관)

다. 서울대의대(3관)

라. 대구사범대(4관)

마. 국립도서관(5관)

바. 국립관상대(6관)

사. 국립박물관(7관)

아. 국립과학박물관(8관)

자. 국립민족박물관(9관)

차. 국사관(10관)

카. 국립맹아학교(11관)

타. 제지출금(12관)

2. 세출임시비

가. 문교본부(1관)

나. 서울대학교(2관)

다. 서울대의대(3관)

라. 청년―민심수습제도비(4관)

그리고 2005년 현재의 예산분류는 다음과 같다.

1. 교육 및 문화(장, 310)

가. 초·중등교육(관, 311)

  1) 지방교육(항, 1300)

  2) 교육대학 운영(항, 1400)

나. 대학교육(관, 312)

  1) 대학교육(항, 1700)

  2) 대학운영(항, 1800)

　다. 특수교육(관, 313)

　　1) 특수교육(항, 2200)

　라. 문화예술(관, 314)

　　1) 학술기관운영(항, 2600)

　마. 사회교육 및 체육(관, 315)

　　1) 평생교육 및 국제교육(항, 2400)

　바. 교육행정(관, 316)

　　1) 교육행정(항, 1100)

2. 인력개발 및 연구계획(장, 320)

　가. 실업교육(관, 321)

　　1) 실업교육진흥(항, 2800)

　　2) 산업대학운영(항, 2900)

　　3) 전문대학운영(항, 3200)

　　4) 실업공고운영(항, 3300)

3. 보건 및 생활환경개선(장, 330)

　가. 보건(관, 331)

　　1) 병원관리(항, 3500)

　이런 예산 분류적 관점에서 볼 때 현재 우리 교육예산을 '관' 중심으로 분류하여 1948년 이후 2003년까지의 일반회계 예산의 편성항목별 변화 내용을 분석하여 제시하면 다음과 같다.

일반회계
(경상경비)
(1948년)

1. 문교부 본부: 사무비, 위원회비, 편수비, 특별판공비
2. 국립서울대학교
3. 서울대의대
4. 대구사범대
5. 국립도서관: 사무비
6. 국립관상대: 사무비
7. 국립박물관: 사무비
8. 국립과학박물관: 사무비
9. 국립민족박물관: 사무비
10. 국사관: 사무비
11. 국립맹아학교: 사무비
12. 제지출금: 제지출금

(임시경비)

학공업
기술원양

1. 문교본부: 훈련비, 초등학교 경상비보조, 국민학교 신영비보조, 사범학교 경상비보조, 사범학교 신영비 보조, 임시중등교원 양성비보조, 임시초등교 양성비보조, 교원재교육보조, 고적 수리비보조, 교화사무비보조, 기술원보조, 교통기술원양성비보조, 체신기술원양성비보조, 전기성비보조, 연초기술원양성비보조, 직업기술원양성비보조
2. 서울대학교
3. 서울대의대
4. 청년─민심수습계도비: 훈련비, 의류비, 민심수습계도비 부조

일반회계 (경상경비) (1949년)	1. 문교부 본부: 봉급, 사무비, 검정비, 편수비, 특별판공비
	2. 국립서울대학교
	3. 서울대의대
	4. 대구사범대
	5. 대구농과대학
	6. 부산수산대학교
	7. 국립부산대학
	8. 사범학교
	9. 국립맹아학교: 봉급, 사무비
	10. 국립도서: 봉급, 사무비
	11. 중앙상대: 봉급, 사무비
	12. 국립박물관: 봉급, 사무비
	13. 국립과학관: 봉급, 사무비
	14. 국립민족박물관: 봉급, 사무비
	15. 국사편찬위원회: 봉급, 사무비
	17. 제지출금: 제지출금
(임시경비)	1. 초등교육비 :일반경비보조
	2. 기술교육비: 기술원양성비
	3. 교화사업비: 전릉수호비보조, 구왕궁아악부경비보조, 문화단체경비보조, 　　　　　　　특수교육비보조
	4. 성인교육비: 사업비, 성인교육비보조
	5. 학도호국단경비: 사업비, 학도호국단경비보조
	6. 교사양성비: 중등인문교사, 중등과학교사양성비, 초등교사양성비
	9. 대한청년단경비: 대한청년단경비보조
	10. 교과서발행비: 실업교과서발행보조비,
	국보급고적보존비: 국보급고적수리비보조
	13. 대한기술원: 대한기술원경비보조
	14. 과학교육진흥비: 과학도서관설치비, 과학기술보급비, 외국도서구입비, 　　　　　　　　교육용기계설치비보조
	15. 과학교육시설확충비: 농과대학과학교육시설확충비, 공과대학과학교육시설확충비, 　　　　　　　　　수산과대학과학교육시설확충비, 의과대학과학교육시설확 　　　　　　　　　충비, 수산과대학과학교육시설확충비, 의과대학과학교육 　　　　　　　　　시설확충비, 중등학교과학교육시설확충비
	32. 구왕궁재산 관리비: 구왕국재산관리비보조

일반회계
(경상경비)
(1950년~
1951년)

1. 문교부본부: 봉급, 사무비, 검정비, 편집비, (국유재산정리비, 회관비) 계몽
　　　　교화비, 특별판공비

2관 국립서울대학교

3관 서울대의대

4관 대구사범대

5관 대구농과대학

6관 부산수산대학교

7관 국립부산대학

8관 공주사범

9관 사범학교

10관 국립맹아학교: 봉급, 사무비, 보전비

11관 국립도서관: 봉급, 사무비

12관 국립중앙관상대: 봉급, 사무비

13관 국립박물관: 봉급, 사무비

14관 국립과학관: 봉급 사무비

15관 국사편찬위원회: 봉급, 사무비

16관 국립국악원: 봉급, 사무비

17관 제지출금: 제지출금, 임시비

(임시경비)

1관 교육비: 초등학교사봉급보조, 중등학교교사봉급보조, 고등학교교사봉급보
　　　조, 피난학교경비

2관 성인교육비: 사업비, 성인교육비보조

3관 교화사업비: 전릉수호비보조, 체육장려비보조, 문화단체경비보조, 교수교
　　　육비보조

4관 학도호국단경비: 사업비, 학도호국단경비보조

5관 교사양성비: 중등인문교사양성비, 중등과학교사양성비, 초등교사양성비

23관 구왕궁재산 관리비: 구왕국재산관리비보조

24관 국민사상지도비: 봉급, 사무비

25관 고적보존비: 남대문수리비

* (　)안의 항은 51년도에 없어짐

일반회계
(1952년)

제1장 행정부비

1. 문교부본부: 봉급, 사무비, 검정비, 편집비, 국유재산정리비, 회관비, 계몽교화비, 특별판공비

제2장 교육비

1관 서울대학교

2관 서울대의대

3관 경북대학교

4관 전북대학교

5관 전남대학교

6관 부산수산대학교

7관 부산대학

8관 공주사범

9관 사범학교

10관 맹아학교: 봉급, 교비

11관 초등교육비: 교원봉급보조, 정부부족보고, 피난학교경비보조

12관 중등교육비: 교원봉급보조

13관 고등교육비: 교원봉급보조

14관교사양성비: 중등인문교사양성비, 중등교사양성비, 초등교사양성비

15관 성인교육비: 사업비, 성인교육보조

16관 기술교육비: 기술원양성비

3장 문화사업비

1관 국립도서관: 봉급, 사무비

2관 국립중앙관상대: 봉급, 사무비

3관 국립박물관: 봉급, 사무비

5관 국사편찬위원회: 봉급, 사무비

6관 국립국악원: 봉급, 사무비

7관 국민사상지도원: 봉급, 사무비

8관 계몽교화비: 사업비, 전릉수호비, 체육장려비, 문화단체경비, 특수교육비

9관 학도호국단경비: 학도호국단경비

10관 국보고적보존비: 국보고적보존비

제4장 제지출금

1관 제지출금: 제지출금

일반회계
(1953년)

제1장 행정부비

1. 문교부본부: 사무비, 검정비, 편집비, 외국도서 번역비, 국유재산정리비,
　　　　　　회의비, 특별판공비

제2장 교육비

1관 서울대학교	2관 서울대의대 부속병원
3관 경북대학교	4관 경북대의대 부속병원
5관 전북대학교	6관 전남대학교
7관 전남대의대 부속병원	8관 부산수산대학교
9관 부산대학	10관 공주사범

11관 사범학교(17개 사범)

12관 맹아학교: 맹아학교비, 보도비

13관 초등교육비: 교원봉급보조, 재정부족경비보조, 피난학교경비보조

14관 중등교육비: 교원봉급보조

15관 고등교육비: 고등교육비

16관 교사양성비: 중등인문교사양성비, 중등(과학)교사양성비, 초등교사양성비

17관 성인교육비: 사업비, 성인교육보조

18관 기술교육비: 기술원양성비

19관 교사재교육비: 중등교사재교육비, 초등교사재교육비

20관 특수교육비: 재외류학생파견비, 영어학교경비보조, 대구맹아학교경비보조

21관 사립학교경비보조: 사립학교경비보조

3장 문화사업비

1관 국립도서관: 사업비	2관 국립중앙관상대: 사업비
3관 국립박물관: 사업비	4관 국립과학관: 사업비
5관 국사편찬위원회: 사업비	6관 국립국악원: 사업비
7관 국사사상연구원: 사업비	8관 학술원: 사업비

9관 예술원: 사무비

10관 계몽교화비: 사업비, 전릉수호비, 체육장려비, 문화단체경비,
　　　　　　　중앙교육연구소경비, 유네스코문화기구위원회경비

12관 학도호국단경비보조: 학도호국단경비보조

11관 국보고적보존비: 국보고적보존비

제4장 제지출금

1관 제지출금: 제지출금

일반회계
(1954년)

1관 문교부 본부: 사무비, 검정비, 편집비, 장학지도비, 중앙교육위원회비, 외국도서번역비, 동식물제작비, 전람회비, 국유재산정리비, 회의비, 특별판공비

제2장 교육비

1관 서울대학교	2관 서울대의대 부속병원
3관 경북대학교	4관 경북대 의대 부속병원
5관 전북대학교	6관 전남대학교
7관 전남대의대 부속병원	8관 부산수산대학교
9관 부산대학	10관 공주사범
11관 춘천농대	12관 사범학교(17개 사범)

13관 맹아학교: 맹아학교비, 보도비

14관 초등교육비: 교원봉급보조, 재정부족경비보조

15관 중등교육비: 교원봉급보조

16관 고등교육비: 고등교원봉급보조, 고등기술학교봉급보조

17관 교사양성비: 중등인문교사양성비, 중등(과학)교사양성비

18관 성인교육비: 사업비, 성인교육보조

19관 기술교육비: 사업비, 기술원양성비

20관 교사재교육비: 중등교사재교육비, 초등교사재교육비

21관 특수교육비: 재외교육파견비, 재외유학생파견비, 영어학교경비보조, 대구맹아학교경비보조

22관 사범교육비: 제주사범학교경비보조

23관 사립학교경비보조: 사립학교경비보조

24관 광주사범대학: 광주사범대학

25관 부산사범대학: 부산사범대학

3장 문화사업비

1관 국립도서관: 사업비

2관 국립중앙관상대: 사업비

3관 국립박물관: 사업비

4관 국립과학관: 사업비

5관 국사편찬위원회: 사업비

6관 국립국악원: 사업비

7관 국사사상연구원: 사업비

8관 학술원: 사업비

9관 예술원: 사무비

일반회계
(1954년)

- 10관 계몽교화비: 사업비, 전릉수호비, 체육장려비, 문화단체경비,
  중앙교육연구소경비, 유네스코문화기구위원회경비
- 12관 학도호국단경비보조: 학도호국단경비보조
- 11관 국보고적보존비: 국보고적보존비
- 제4장 제지출금
- 1관 제제출금: 제지출금
- 제5장 38이북 수복지구
- 1관 초등교육비: 초등교원봉급보조, 재정부족보조
- 2관 중등교육비: 중등교원봉급보조   3관 고등교육비: 고등교원봉급보조
- 4관 교사양성비: 초등교사양성비
- 5관 성인교육비: 사업비, 성인교육비보조
- 7관 교사재교육비: 수복지구보조

일반회계
(1957년~
1958년)

- 제1장 행정부비
- 1관 문교부 본부
- 제2장 교육비
- 1관 서울대학교   2관 서울대의대 부속병원
- 3관 경북대학교   4관 경북대의대 부속병원
- 5관 전북대학교   6관 전남대학교
- 7관 전남대의대 부속병원   8관 부산대학
- 9관 부산대의대 부속병원   10관 부산수산대학교
- 11관 공주사대   12관 춘천농대
- 13관 광주사범대학   14관 부산사범대학
- 15관 한국해양대학   16관 사범학교(18개 사범)
- 17관 맹아학교   18관 목포해양고등학교
- 19관 교사양성비   20관 사회교육비
- 21관 기술교육비   22관 교사재교육비
- 23관 섭외교육비   24관 연구학교경비보조
- 25관 사립학교경비보조
- 제3장 문화사업비
- 1관 국립도서관   2관 국립중앙관상대
- 3관 국립박물관   4관 국립과학관

	5관 국사편찬위원회	6관 국립국악원
일반회계 (1957년~ 1958년)	7관 학술원	8관 예술원
	9관 국립극장	10관 계몽교화비
	11관 국보고적보존비	
	제4장 지방재정비10관 계몽교화비	
	1관 의무교육비	2관 교육구 및 시교육위원회
	3관 교실신영비	4관 중등교육비
	5관 고등교육비	6관 긴급국고채무부담교실신영비

	제1장 일반행정비	
	1관 행정부비	
일반회계 (1960년)	제2장 교육문화과학비	
	1관 서울대학교	2관 경북대학교
	3관 전북대학교	4관 전남대학교
	5관 부산대학	
	6관 기타 대학	
	7관 사범학교(18개 사범)	
	10관 교육문화사업비	
	제3장 의무교육비	
	1관 의무교육비	
	2관 중등교육비	
	3관 고등교육비	
	0 태풍피해복구	

80

제1장 일반행정비

1관 문교본부

　1항 본부사무비

　2항 장학지도비(부활)

　3항 보통교육비

　4항 고등교육비

　5항 편수비

　6항 문예체육비

0 연구조성

0 교원연구수당승급단축

제2장 교육문화사업비

1관 교육기관

일반회계 (1963년)

　1항 대학비

　2항 교육대학(14개 교대)

　3항 기타 학교(해양, 맹, 농, 제주사범)

　4항 부속병원(5개 대학병원)

2관 문화기관

　1항 도서관

　2항 박물관

　3항 과학관

　4항 국사편찬위원회

　5항 시청각교육원

　6항 학술원

　7항 예술원

장 폐 지

3관 지방재정비

　1항 도교육행정비

　2항 의무교육비

　3항 중등교육비

　4항 고등교육비

　5항 지방교육교부세

일반회계
(1967년~
1968년)

제1장 일반행정비

1관 문교본부

　1항 사무관리비

　2항 교육관리비

　3항 기술교육관리비

2관 교육기관비

　1항 대학기관 운영비

　2항 교육대학기관운영비(15개)

　3항 특수학교(해양, 맹아, 농아, 부산직업)

　4항 국립이관학교

3관 문화기관

　1항 국립도서관

　2항 사서관리비

　3항 국립박물관

　4항 국립과학관

　5항 국사편찬위원회

　6항 중앙시청각교육원

　7항 학술원

　8항 예술원

제2장 지방교육재정비

1관 지방교육재정비

　1항 지방교육재정비

82

일반회계
(1970년)

25 교육문화(장)

26 보통교육행정(관)

1200 의무교육행정(항)

1800 교육대학운영(항)

2600 의무교육교원봉급(항)

2700 지방교육재정(항)

1300 중등교육행정(항)

28 대학교육(관)

1400 대학교육행정(항)

1900 대학운영(항)

29 특수교육(관)

2300 특수교육기관(항)

30 문화예술(관)

2000 학예술기관운영(항)

32 사회교육 및 체육(관)

1700 사회교육 및 체육(항)

33 행정기타(관)

1100 문교행정(항)

35 과학기술(관)

36 실업교육(관)

1500 실업교육진흥(항)

2200 실업계대학운영(항)

2400 실업계전문학교(항)

2500 기타 실업학교 운영(항)

일반회계
(1971년)

- 1. 의무교육: 의무교육행정, 교육대학운영, 의무교육재정교부금
- 2. 중등교육: 중등교육행정, 지방교육재정
- 3. 대학교육: 대학교육행정, 대학운영
- 4. 특수교육: 특수교육기관
- 5. 문화예술: 학·예술기관운영
- 6. 사회교육 및 체육: 사회교육 및 체육
- 7. 행정기타: 문교행정
- 8. 실업교육: 실업교육진흥, 실업계대학운영, 실업전문학교운영, 기타 실업학교

일반회계
(1972년~
1976년)

- 1. 보통교육: **보통교육행정**, 교육대학운영, **지방교육재정**
- 2. 대학교육: 대학교육행정, 대학운영
- 3. 특수교육: 특수교육기관
- 4. 문화예술: 학·예술기관운영
- 5. 사회교육 및 체육: 사회교육 및 체육
- 6. 행정기타: 문교행정
- 7. 실업교육: 실업교육진흥, 실업계대학운영, 실업전문학교운영, 기타 실업학교

일반회계
(1977년)

- 1. 보통교육: 보통교육행정, 교육대학운영, **지방교육재정**
- 2. 대학교육: 대학교육행정, 대학운영, **대학시설**
- 3. 특수교육: 특수교육기관, **특수학교시설**
- 4. 문화예술: 학·예술기관운영
- 5. 체위향상: 사회교육관리, 체육진흥
- 6. 행정기타: 문교행정
- 7. 실업교육: 실업교육진흥, 실업계대학운영, 실업계대학시설, 실업전문학교운영, 실업계 전문학교시설, 기타 실업학교운영, 기타 실업학교시설.

일반회계
(1978년)

1. 초·중등교육: 보통교육행정, 교육대학운영, **지방교육행정**
2. 대학교육: 대학교육행정, 대학운영, **대학시설**
3. 특수교육: 특수교육
4. 문화예술: 학·예술기관운영
5. 사회교육 및 체육: 사회교육 및 체육
6. 기타행정: 문교행정
7. 실업교육: 실업교육진흥, 실업계대학운영, 실업계대학시설, 기타 실업학교운영, 기타 실업학교시설

일반회계
(1979년)

1. 초·중등교육: 보통교육행정, 교육대학운영, **지방교육행정**
2. 대학교육: 대학교육행정, 대학운영, **대학시설**
3. 특수교육: 특수교육
4. 문화예술: 학·예술기관운영
5. 사회교육 및 체육: 사회교육 및 체육
6. **문교행정:** 문교행정
7. 실업교육: 실업교육진흥, 실업계대학운영, 실업계대학시설, **전문대학운영, 전문대학시설, 실업공업고등학교교육**
8. 보건 및 예방: 타회계전출금

일반회계
(1980년~
1988년)

1. 초·중등교육: 보통교육행정, 교육대학운영, **지방교육행정**
2. 대학교육: 대학교육행정, 대학운영, **대학시설**
3. 특수교육: 특수교육
4. 문화예술: 학·예술기관운영
5. 사회교육 및 체육: 사회교육 및 체육
6. **문교행정:** 문교행정
7. 실업교육 :실업교육진흥, 실업계대학운영, 실업계대학시설, **전문대학운영, 전문대학시설, 실업공업고등학교교육**
8. 보건 및 예방: 병원관리, 타회계전출금

일반회계
(1989년)

1. 초·중등교육: 보통교육행정, 교육대학운영, **지방교육행정, 교육지원기관**
2. 대학교육: 대학교육행정, 대학운영, **대학시설**
3. 특수교육: 특수교육
4. 문화예술: 학·예술기관운영
5. **사회교육: 사회교육**
6. **문교행정:** 문교행정, **교육훈련기관**
7. 실업교육: 실업교육진흥, 실업계대학운영, 실업계대학시설, **전문대학운영,**
   전문대학시설, 실업공업고등학교교육
8. 보건 및 생활환경개선: 병원관리, 타회계전출금

일반회계
(1990년~
1992년)

1. 초·중등교육: 보통교육행정, 교육대학운영, **지방교육행정, 교육지원기관,**
   타회계전출금
2. 대학교육: 대학교육행정, 대학운영
3. 특수교육: 특수교육
4. 문화예술: 학·예술기관운영, **교육훈련기관**
5. **사회교육: 사회교육**
6. **교육행정: 교육행정**
7. 실업교육: 실업교육진흥, 실업계대학운영, **전문대학운영, 실업공고운영**
8. 보건 및 생활환경개선: 병원관리, 타회계전출금

일반회계
(1993년~
1994년)

1. 초·중등교육: 보통교육행정, 교육대학운영, **지방교육행정, 교육지원기관**
2. 대학교육: 대학교육행정, 대학운영
3. 특수교육: 특수교육
4. 문화예술: 학·예술기관운영, **교육훈련기관**
5. **사회교육: 사회교육**
6. **교육행정: 교육행정**
7. 실업교육: 실업교육진흥, 실업계대학운영, **전문대학운영, 실업공고운영.**
8. 보건 및 생활환경개선: 병원관리, 타회계전출금

일반회계
(1995년)

1. 초·중등교육: **지방교육행정, 교육대학운영, 지방교육재정, 교육지원기관**
2. 대학교육: 대학교육행정, 대학운영
3. 특수교육: 특수교육
4. 문화예술: 학·예술기관운영, **교육훈련기관**
5. **사회교육: 사회교육**
6. **교육행정: 교육행정**
7. 실업교육: 실업교육진흥, 실업계대학운영, **전문대학운영, 실업공고운영,**
8. 보건 및 생활환경개선: 병원관리, 타회계전출금

일반회계
(1996년)

1. 초·중등교육: 지방교육, 교육대학운영, 지방교육재정, 교육지원기관, 타회계전출
2. 대학교육: 대학교육행정, 대학운영
3. 특수교육: 특수교육
4. 문화예술: 학·예술기관운영, **교육훈련기관**
5. **사회교육: 사회교육**
6. **교육행정: 교육행정**
7. 실업교육: 실업교육진흥, 실업계대학운영, **전문대학운영, 실업공고운영,**
8. 보건 및 생활환경개전: 병원관리

일반회계
(1997년)

1. 초·중등교육: 지방교육, 교육대학운영, 지방교육재정, 교육지원기관, 타회계전출
2. 대학교육: 대학교육행정, 대학우영
3. 특수교육: 특수교육
4. 문화예술: 학·예술기관운영, **교육훈련기관**
5. **사회교육: 사회교육**
6. **교육행정: 교육행정**
7. 실업교육: 실업교육진흥, **산업대학운영, 전문대학운영, 실업공고운영**
8. 보건 및 생활환경개전: 병원관리

일반회계
(1998년~
2000년)

- 1. 초·중등교육: **지방교육**, 교육대학운영, **지방교육재정교부금**
- 2. 대학교육: 대학교육행정, 대학운영
- 3. 특수교육: 특수교육
- 4. 문화예술: 학·예술기관운영, **교육훈련기관**
- 5. **사회교육: 사회교육**
- 6. **교육행정: 교육행정**
- 7. 실업교육: 실업교육진흥, **산업대학운영, 전문대학운영, 실업공고운영**
- 8. **보건:** 병원관리

일반회계
(2001년~
2003년)

- 1. 초·중등교육: **지방교육**, 교육대학운영, **지방교육재정교부금**
- 2. 대학교육: 대학교육행정, 대학운영, **병원관리, 전대차관상환**
- 3. 특수교육: 특수교육
- 4. **교육행정: 교육행정**
- 5. **사회교육: 평생교육 및 국제교육, 학술기관운영, 타회계전출**
- 6. 실업교육: 실업교육진흥, **산업대학운영, 전문대학운영, 실업공고운영, 전대차관**

이상에서 일반회계의 연도별 변화과정을 살펴보았는데 이를 간단히 요약하면 다음과 같다.

〈표 25〉일반회계 편성 항목 개요

장	관	1948	1950	1951	1952(후)	1954	1955	1957	1958	1959
행정부비	문교부본부	○	○	○	○	○	○	○	○	○
교육비	서울대학교	○	○	○	○	○	○	○	○	○
	서울의대병원	○	○	○	○	○	○	○	○	○
	경북대학교	—	—	—	○	○	○	○	○	○
	경북의대병원	—	—	—	—	○	○	○	○	○
	전북대학교	—	—	—	○	○	○	○	○	○
	전남대학교	—	—	—	○	○	○	○	○	○
	전남의대병원	—	—	—	—	○	○	○	○	○
	대구사범대	○	○	○	○	—	—	—	—	—
	대구농과대학	○	○	○	—	—	—	—	—	—
	부산대학	—	○	○	○	○	○	○	○	○
	부산의대병원	—	—	—	—	—	○	○	○	○
	부산수산대학	—	○	○	○	○	○	○	○	○
	공주사범	—	○	○	○	○	○	○	○	○

장	관	1948	1950	1951	1952(章)	1954	1955	1957	1958	1959
교육비	춘천농대	—	—	—	—	○	○	○	○	—
	한국해양대학	—	—	—	—	—	○	○	○	○
	사범학교	—	○	○	○	○	○	○	○	○
	맹아학교	○	○	○	○	○	○	○	○	○
	농아학교	—	—	—	—	—	—	—	—	○
	목포 해양고	—	—	—	—	—	○	○	○	○
	신생활교육비	—	—	—	—	—	—	—	—	○
	초등교육비	—	—	—	○	○	○	○	○	—
	중등교육비	—	—	—	○	○	○	—	—	—
	고등교육비	—	—	—	○	○	○	—	—	—
	교사양성비	—	—	—	○	○	○	○	○	—
	성인교육비	—	—	—	○	○	○	사회교육	○	○
	기술교육비	—	—	—	○	○	○	○	○	○
	교사재교육비	—	—	—	—	○	○	○	○	○
	섭외교육비	—	—	—	—	—	—	○	○	○
	특수교육비	—	—	—	—	○	○	—	—	—
	연구학교경비	—	—	—	—	—	○	○	○	—
	사범교육비	—	—	—	—	○				
	사립학교보조	—	—	—	○	○	○	○	○	○
	광주사범대학	—	—	—	—	○	○	○	○	○
	부산사범대학	—	—	—	—	○	○	○	○	○
문화사업	국립도서관	○	○	○	○	○	○	○	○	○
	국립중앙관상대	○	○	○	○	○	○	○	○	○
	국립박물관	○	○	○	○	○	○	○	○	○
	국립과학관	○	○	○	○	○	○	○	○	○
	국립민족박물관	○	○	—	—	—	—	—	—	—
	국사편찬위원회	국사관(○)	○	○	○	○	○	○	○	○
	국립국악원	—	—	○	○	○	○	○	○	○
	국민사상연구원	—	—	—	사상지도원(○)	○	○	—	—	—
	학술원	—	—	—	—	○	○	○	○	○
	예술원	—	—	—	—	○	○	○	○	○
	계몽교화비	—	—	—	○	○	○	○	○	○
	학도호국단보조	—	—	—	○	○	—	—	—	—
	국보고적보존비	—	—	—	○	○	○	○	○	○
	방송비	—	—	—	—	—	○	—	—	—
	특수방송비	—	—	—	—	—	○	—	—	—
	국립극장	—	—	—	—	—	—	○	○	○
제지출금	제지출금	○	○	○	○	○	—	—	—	—

장	관	1948	1950	1951	1952(章)	1954	1955	1957	1958	1959
38이북 수복지구	초등교육비	—	—	—	—	○	—	—	—	—
	중등교육비	—	—	—	—	○	—	—	—	—
	고등교육비	—	—	—	—	○	—	—	—	—
	교사양성비	—	—	—	—	○	—	—	—	—
	성인교육비	—	—	—	—	○	—	—	—	—
	교사재교육비	—	—	—	—	○	—	—	—	—
교부금	교부환부금	—	—	—	—	—	○	—	—	—
지방재정 지방재정)	의무교육비	—	—	—	—	—	—	○	○	○
	교육구, 시교위	—	—	—	—	—	—	○	○	—
	교실신영비	—	—	—	—	—	—	—	○	—
	초등교육비	—	—	—	—	○	—	○	—	—
	중등교육비	—	—	—	—	○	—	○	○	○
	고등교육비	—	—	—	—	○	—	○	○	○
	긴급국고채무	—	—	—	—	—	—	—	○	—
태풍복구비	태풍재해복구비	—	—	—				—	—	○

〈표 26〉일반회계 편성 항목 개요(임시비)

관	1948	1950	1951	1952	1954	1955	1957	1958	1959
문교부본부	○	—	—						
서울대학교	○	—	—						
서울의대병원	○	—	—						
청년민심수습계도비	○	—	국민사상지도비(○)						
초등교육비	—	○	교육비(○)						
기술교육비	—	○							
교화사업비	—	○	○						
성인교육비	—	○	○						
학도호국단비	—	○	○						
교사양성비	—	○	○						
대한청년단비	—	○	—						
교과서발행비	—	○	—						
국보고적보존비	—	○	○						
대한기술원	—	○	—						
과학교육진흥비	—	○	—						
과학교육시설	—	○	—						
구왕국재산관리	—	○	○						

〈표 26〉일반회계 편성 항목 개요

장	관	1960	관	항	1963	항	1964	1968	1969	1970
일반 행정비 (67년부터 교육 및 기술진흥비)	행정부비부	○	문교본부	본부사무비 (67년 사무 관리비)	○	사무관리비	○	○	○	○
				학사지도비	○	학사지도비	○			
				학교관리비	○					
				체육진흥비	○	문화체육비	문체비			
				문예장려비	○					
						편수비	○			
						보통교육비	○			
						고등교육비	○			
						*연구조성	○			
						*연구수당승급	○			
						교육관리비		○	○	
						기술교육관리비		○	○	
교육문화 과학비 (63년부터 교육문화 사업비)	서울대학교	○	교육기관	서울대학교	○	대학비 (67부터 대학기관 운영비)	(각 대학별 세항으로 구분) ○	○	○	○
				서울대병원	○					
				서울대치대	○					
				충남대병원	○					
	경북대학교	○		경북대학교	○					
				경북대병원	○					
	전북대학교	○		전북대	○					
	전남대학교	○		전남대	○					
	교육문화사업비	○		전남대병원	○					
	부산대학교	○		부산대학교	○					
				부산대병원	○					
				부산수산대	○					
				공주사대	○					
				춘천농과대	○					
				한국해양대	○					
				제주대학	○					
				충북대학	○					
	사범학교	○		교육대학	○	교육대학	○	○	○	
	기타 대학교	○								
	특수학교	○		기타 학교	○	기타 학교(특)	○	○	○	
				연구조성비	○	대학부속병원				
						국립이관학교		○	○	

장	관	1960	관	항	1963	항	1964	1968	1969	1970
교육문화 과학비 (63년부터 교육문화 사업비)			문화기관	도서관	○	도서관		○	○	
				박물관	○	박물관		○		
				과학관	○	과학관		○		
				국사편찬위	○	국사편찬		○	○	
				시청각교육	○	시청각교육		○	○	
				학술원	○	학술원		○	○	
				예술원	○	예술원		○	○	
						사서관리비		○	○	
의무교육비 (67년 지방 교육재정)			지방교육 재정비 (63년)	도교육행정	○			67년부터 지방교육 재정	○	○
	의무교육비	○		의무교육비	○	의무교육재				
	중등교육비	○		중등교육비	○	중등교육				
	고등교육비	○		고등교육비	○	고등교육	○			
				지방교육 교부세	○	지방교부세	○			
	*태풍피해복구	○								

* 1955년에 章: 교부금 및 환부금으로 시작하여 1957년부터 1962년까지 지방재정비(章), 1963년부터 1967년까지 款: 지방교육재정
비로 되었다가 1968년부터 1969년까지 다시 章1으로 되었다가 1970년부터 項: 지방교육재정으로 됨.

* 기타 학교는 1964년부터 특수학교로 됨. 국립이관학교가 고등전문학교

1971	1972~1976	1977	1978	1979~1988	1989	1990~1997	1998~2000	2001~2003
의무교육	· 의무교육행정보통교육 · 교육대학운영 · 의무교육재정 교부금				초·중등교육			
중등교육								
대학교육	대학교육							
특수교육	특수교육							
문화예술	문화예술							폐지됨
사회교육 및 체육	사회교육 및 체육	체위향상	사회교육 및 체육			사회교육		
행정기타	행정기타		기타 행정	문교행정		교육행정		
실업교육	실업교육							
—			보건 및 예방	보건 및 생활환경개선			보건	폐지됨

그리고 〈표 26〉을 세부 항목에 따라 구체적으로 제시하면 다음과 같다.

〈표 27〉일반회계 편성 항목의 구체적 변화과정

1971	1972~1976	1977	.	1979
0 의무교육 ·의무교육행정 ·교육대학운영 ·의무교육재정 교부금 0 중등교육 ·중등교육행정 ·**지방교육재정**	0 보통교육 ·보통교육행정 ·교육대학운영 ·**지방교육재정 교부금**			0 초·중등교육 ·보통교육행정 ·교육대학운영 ·지방교육행정
0 대학교육 ·대학교육행정 ·대학교육	0 대학교육 ·대학교육행정 ·대학운영	0 대학교육 ·대학교육행정 ·대학운영 ·대학시설		
0 특수교육 ·특수교육기관		0 특수교육 ·특수교육기관 ·특수학교시설		0 특수교육 ·특수교육
	0 문화예술 ·학·예술기관운영			
0 사회교육 및 체육 ·사회교육 및 체육	0 사회교육 및 체육 ·사회교육 및 체육 ·체육진흥			0 사회교육 및 체육 ·사회교육 및 체육
	0 행정 기타 ·문교행정			0 문교행정 ·문교행정
0 실업교육 ·실업교육진흥 ·실업계대학운영 ·실업전문학교운영 ·기타 실업학교	0 실업교육 ·실업교육진흥 ·실업계대학운영 ·실업계대학시설 ·실업전문학교운영 ·실업계 전문학교시설 ·기타 실업학교운영 ·기타 실업학교시설			0 실업교육 ·실업교육진흥 ·실업계대학운영 ·실업계대학시설 ·**전문대학**운영 ·**전문대학** 시설 ·**실업공업고등학교교육**
				0 보건 및 예방 (신설) ·타회계전출금

1980~1988	1989	1990~1992	1993~1995	1996
0 초·중등교육 ·보통교육행정 ·교육대학운영 ·지방교육행정	0 초·중등교육 ·보통교육행정 ·교육대학운영 ·지방교육행정 ·교육지원기관	0 초·중등교육 ·보통교육행정 ·교육대학운영 ·지방교육행정 ·교육지원기관 ·타회계전출금	0 초·중등교육 ·보통교육행정 ·교육대학운영 ·지방교육행정 ·교육지원기관	0 초·중등교육 ·지방교육 ·교육대학운영 ·지방교육재정 ·교육지원기관 ·타회계전출금

1980~1988	1989	1990~1992	1993~1995	1996
0 대학교육 ·대학교육행정 ·대학운영 ·대학시설			0 대학교육 ·대학교육행정 ·대학운영	
0 특수교육 ·특수교육				
0 문화예술 ·학·예술기관운영			0 문화예술 ·학·예술기관운영 ·교육훈련기관	
0 사회교육 및 체육 ·사회교육 및 체육		0 사회교육 ·사회교육		
0 문교행정 ·문교행정	0 문교행정 ·문교행정 ·교육훈련기관	0 교육행정 ·교육행정		
0 실업교육 ·실업교육진흥 ·실업계대학운영 ·실업계대학시설 ·**전문대학**운영 ·**전문대학**시설 ·**실업공업고등학교교육**		0 실업교육 ·실업교육진흥 ·실업계대학운영 ·**전문대학**운영 ·**실업공고운영**		
0 보건 및 예방 (신설) ·병원관리 ·타회계전출금		0 보건 및 생활환경 ·병원관리 ·타회계전출금		

1997	1998~2000	2001~2003
0 초·중등교육 ·지방교육 ·교육대학운영 ·지방교육재정 ·교육지원기관 ·타회계전출금	0 초·중등교육 ·지방교육 ·교육대학운영 ·지방교육재정교부금	0 초·중등교육 ·지방교육 ·교육대학운영 ·지방교육재정교부금
0 대학교육 ·학교육행정 ·대학운영		0 대학교육 ·대학교육행정 ·대학운영 ·병원관리 ·전대차관상환

1997	1998~2000	2001~2003
○ 특수교육 · 특수교육		
○ 문화예술 · 학·예술기관운영 · 교육훈련기관		폐 지
○ 사회교육 · 사회교육		○ 사회교육 · 평생교육 및 국제교육 · 학술기관운영 · 타회계전출
○ 교육행정 · 교육행정		○ 교육행정 · 교육행정
○ 실업교육 · 실업교육진흥 · **산업대학운영** · **전문대학**운영 · **실업공업고등학교교육**		
○ 보건 및 생활환경개선 · 병원관리	○ 보건 · 병원관리	폐 지

위 표에서 보는 바와 같이 1948년부터 1951년까지 4년 동안에는 일반회계예산은 경상비와 임시비로 구분되어 예산을 편성하였다. 그리고 章이 없이 관·항으로만 분류하여 사용하였고 코드화되어 있지도 않았다. 오직 순서에 따라 순서를 붙여서 사용하였으며 目은 봉급, 임금, 여비, 운반비 등 22개로 구성되어 있었다.[3] 4948년 당시에는 경상비의 경우 총 12개의 관, 임시비의 경우 4개의 관으로 구성되었다. 여기에서 임시비는 매년 일정 기간(분기)미다 지출되는 경비가 아닌 일시적으로 지출되는 임시비용의 성격을 띠는 비용을 말하는데 새 정부 수립 후 그에 관련된 많은 임시비용의 지출에 대비하여 분류하여 사용하였으나 예산의 편성과 지출에 일정한 패턴이 생긴 1952년부터 임시비용을 없앴다. 우리나라 예산편성에서 처음으로 章이 등장한 것은 1952년이었는데 당시 행정부비와 교육비, 문화사업비, 제지출금의 4개의 章이 있었다. 또한 1948년부터 1962년까지는 예산이 款중심으로 편성되고 지출되었으며 1963년에 이르러 좀 더 예산이 구체화되어 項과 細項중심으로 편성되었다.

해방 후 우리나라는 교육에 대한 국가의 초점은 의무교육이었는데 교육에 대한 거의 대부

---

3) 1948년 당시 예산은 장—관—항—목—절로 구분하되 절은 봉급(목)의 경우 세비, 공무원급, 제급여의 3개 절, 임금(목)은 급료, 제급여, 노임의 3개 절, 여비(목)는 국내여비와 국외여비 2개의 절로 분류하였다.

분의 예산을 이에 할당하였다. 이 중에서도 지방교육재정교부금은 1955년에 교부금 및 환부금(章)을 시작으로 1957년부터 1962년까지 지방재정비(章), 1963년부터 1967년까지는 지방교육재정비(款)로 되었다가 1968년부터 1969년까지 다시 章으로 되었다가 1970년부터 지방교육재정(項)으로 되었다가 오늘에 이르고 있다.

1971년에 들어 우리나라는 예산의 분류가 장·관은 십 단위, 항은 천 자리 수의 백 단위, 세항은 천 자리 수의 10단위로 코드화되어 초·중등교육, 대학교육, 특수교육, 문화예술, 사회교육, 교육행정, 실업교육, 보건 및 생활환경개선으로 구분되어 편성되었다. 우선 1971년대에는 초·중등교육예산이 의무교육과 중등교육예산으로 편성되었다. 1972년에 들어 의무교육과 중등교육예산을 통합하여 초·중등교육예산으로 편성하였는데 이 예산에는 보통교육행정과 교육대학운영 및 지방교육행정 및 지방교육재정교부금이 포함되어 있고, 1990년~1992년 및 1996년~1997년에는 타 회계로 빠져나갈 전출금이 포함되어 있다.

둘째, 대학교육예산은 1971년 이래 2003년 현재까지 큰 변화 없이 지속되어 오고 있는데 대학운영비와 대학교육행정비 및 대학시설비와 병원관리, 전대차관관리비가 포함되어 있다. 여기에서 대학시설은 1977년에서 1989년까지 13년 동안 지원을 하기 위해 지원되었으며 2001년에 들어서면서 특별회계 항목의 재정융자특별회계에 있던 병원관리비용이 일반회계에서 예산에 책정되어 있다.

셋째, 특수교육예산은 1971년 이후 2003년 현재까지 항목에 큰 변화 없이 운영되어 오고 있는데 특히 시설 면에서 지원이 있었던 것은 1977년이다.

넷째, 교육예산 중 문화예술예산은 1979년까지는 학·예술기관비로 책정되어 운용되어 오던 것이 1990년부터는 교육훈련기관예산까지 확대하여 배정되어 운영되었으나 2001년부터는 폐지하였다.

다섯째, 사회교육 및 체육예산은 사회교육 및 체육예산과 체육진흥예산으로 구분되어 운영해 오고 있으며 1989년부터는 체육예산을 뺀 사회교육예산으로 축소시켜 배정운용하면서 2001년에 들어 학술기관운영과 타회계전출금 및 국제교육비까지 포괄적으로 사용하고 있다. 이는 특히 2001년 문화예술 예산배정 항목이 없어지면서 이 부분의 예산이 사회교육예산에 포함되어 편성되고 있다.

여섯째, 행정 및 기타 예산은 주로 교육부의 교육행정에 관련된 예산으로 현재까지 변함없이 편성, 운영되고 있으나 특별회계에서는 일부 체계적으로 각 자금 관리 특별회계별로 반영이 되고 있다.

마지막으로 실업교육예산은 실업교육진흥과 실업계대학운영 및 실업전문대학운영, 기타 실업학교예산으로 배정하여 운용하고 있다. 특히 이 분야의 예산은 우리나라가 1961년 이후 경제발전을 국가의 제일목표로 하면서 경제개발 5개년 계획을 수립하는 과정에서 고급 기술인력을 양성하고자 예산에 직접적으로 반영된 사례가 많은 부분이다. 이때에는 앞의 제Ⅲ장 "다"절의 교육개혁 의무교육 예산에서 살펴보았듯이 제2차 의무교육시설확충 계획 이후 1972년부터 1986년까지의 15년간 장기교육계획안에 근거한 노력을 실천하는 과정으로서 편성되었다. 따라서 1977년부터는 각 학교에 교육시설비를 1989년에 이르기까지 무려 13년을 꾸준히 지속적으로 증액, 배정해 왔다. 그리고 초기에 실업전문대학으로 운영하던 것이 1979년에는 고급기술인력을 양성하고자 전문대학으로 승격, 운영하였고 동시에 실업공업고등학교 교육에 더 관심을 가지고 운영하였으며 실업계대학 또한 1997년부터 산업대학운영체제로 개편하여 예산지원을 해오고 있다. 이는 1972년~1986년까지의 장기교육개획안과 1996년의 제2차 교육개혁방안 및 제3차 교육개혁방안 등의 국가정책 반영에 의해 예산이 배정되었다.

각 영역별 구체 항목별 예산의 편성내용은 다음절에서 논의한다.

나. 특별회계의 편성방향

특별회계는 특정한 목적을 위해 세입과 세출을 별도로 계리하는 예산인데 국가에서 특정한 사업을 운영하거나 특정한 자금을 보유하여 운용, 기타 특정한 세입으로 특정한 세출에 충당하기 위하여 운용된다. 이 중에서 교육재정은 특정한 세입으로 특정한 세출에 충당하고자 설치된 회계인데 목적세를 통해 걷어 들이는 재정수입이다. 우리나라에 문교부 특별회계로 최초 등장한 회계는 1952년 국립극장 특별회계이고 이어 1953년에 경제부흥특별회계(현재 경제개발특별회계)이다. 그리고 2004년 현새에는 재성융자특별회계, 초기 경제개발특별회계에 속하였던 의무교육재정교부금이 바뀌어 운용되는 지방교육양여금관리특별회계 그리고 국유재산관리특별회계, 농·어촌관리특별회계, 책임운영기관특별회계 등 5개 회계가 있다.

다음은 1948년 이후 2004년까지의 특별회계 예산 결산서상의 관·항별 변화 내용을 분석한 것이다.

특별회계(1952년~1953년)─국립극장: 사업비, 제지출금

특별회계 ┌ 국립극장: 사업비, 제지출금
(1954년) └ 경제부흥특회 ┌ 시설복구비: 교실복구비, 직업보도소비
           └ 교육진흥비: 교사훈련비, 외국어연구보조, 스위스의료단지

특별회계 ┌ 국립극장: 사업비, 제지출금
(1955년) └ 경제부흥특회 ┌ 시설복구비: 교실복구비, 직업보도소비, 도서관복구비
         ├ 교육진흥비: 교사훈련비, 서울대기술원조, 농촌지도자훈련비,
              외국어연구보조, 스위스의료단비
         ├ 도입물자 인수비
         └ 물자취급비

특별회계: 경제부흥특회 ┌ 시설복구비: 교실복구비, 도서관복구비
(1957년~1958년)   ├ 교육진흥비: 직업교육비, 교사훈련비, 서울대기술원조,
             농촌지도자훈련비, 스위스의료단비
         ├ 도입물자 인수비
         └ 물자취급비

특별회계: 경제부흥특회 ┌ 시설복구비: 교실복구비, 고등교육시설비, 직업교육시설비,
(1959년)   사범교육시설비, 중앙관상대시설비, 문화시설비
         └ 교육진흥비: 직업교육비, 교사훈련비, 행정대학원기술원조,
            해양대기술원조, 시청각기술원조, 간호교육기술원조,
            신행활훈련원, 스위스의료단비

특별회계: 경제부흥특회 ┌ 고등교육비: 서울대학교, 해양대학시설비
(1960년)   ├ 사법교육비: 사범교육비
        ├ 기술교육비: 직업교육시설, 직업교사제교육비, 중등교육비,
            시청각교육비, 간호교육비, 신생활교육비
        ├ 교실복구비: 교실복구비
        └ 중앙관상대: 중앙관상대시설비

특별회계: 경제부흥특회 ┌ 고등교육비: 서울대학교, 해양대학시설비, 경영행정기술원,
(1961년) │   외국어학원
          │ 사범교육비: 사범교육비
          │ 기술교육비: 직업교육시설, 직업교사제교육비, 중등교육비,
          │   시청각교육비, 간호교육비, 농촌지도자훈련비
          └ 교실복구비: 교실복구비
            중앙관상대: 중앙관상대시설비

특별회계: 경제부흥특회 ┌ 경상계정 ┌ 고등교육비: 어학훈련원
(1962년)   │   └ 기술교육비: 직업교육비
                      │
                      └ 자본계정 ┌ 교육문화사업비: 실업기술교육비, 시청각교육비
                                 │ 교실건축비: 교실건축비설비
                                 │ 고등교육비: 서울대학교, 해양대학
                                 └ 사범학교비: 사범학교비

특별회계(1963년)─경제부흥특회─공익사업비: 실업기술진흥비, 대학시설비, 교육대학시설비,
                                           기타 학교시설비, 문화기관시설비, 의무교육시
                                           설비, 부속병원시설비

특별회계 ┌ 과학기술진흥비: 실업계학교, 서울대학교공대, 과학정보센터, 연습선건조비,
(1964년) │   임해시험징싱지비
         └ 공익사업비: 대학시설비, 교육대학시설비, 기타 학교시설비, 문화기관시설비,
                       의무교육시설비, 부속병원시설비

특별회계 ┌ 과학기술진흥비: 실업계학교, 서울대학교공대, 서울농과대, 과학정보센터,
(1965년) │   실습선건조비, 임해시험장설치비, 국립과학관
         └ 공익사업비: 의무교육시설비, 국립학교시설비, 문화기관시설비, 부속병원시설비

특별회계
(1966년
~1968년)
- 국립대병원특회
  - 대학부속병원: 서울의대, 전남의대, 경북의대, 부산의대, 서울대치대
  - 예비비
- 경제부흥특회
  - 과학기술진흥비: 실업계학교, 서울대학공대, 수산 및 해양교육, 국립과학관
  - 공익사업비: 의무교육재정교부금, 국립학교시설비, 문화기관시설비

특별회계
(1969년)
- 국립대병원특회
  - 대학부속병원: 서울의대, 전남의대, 경북의대, 부산의대, 서울대치대
  - 예비비
- 경제부흥특회
  - 과학기술진흥비: 산업중학시설비, 고등학교시설비, 실업계전문학교시설비, 대학시설비, 차관사업부담시설비
  - 공익사업비: 의무교육재정교부금, 국립학교시설비, 문화기관시설비

특별회계
(1970년)
- 1. 경제개발특회
  - 과학기술진흥비: 실업중학교시설, 고등학교시설, 실업전문학교시설, 대학교시설, 차관사업시설
  - 공익사업비: 의무교육재정교부금, 국립학교
- 2. 국립대학교 부속병원특별회계: 서울의대, 전남의대, 경북의대, 부산대의대, 서울대 치대
- 3. 서울대시설확충특별회계: 서울대학교시설, 예비비

특별회계
(1971년)
- 1. 경제개발특회
  - 의무교육: 교육대학운영, 의무교육재정교부금
  - 대학교육: 대학운영
  - 특수교육: 특수교육기관운영
  - 실업교육: 실업계대학, 실업전문학교, 기타 실업학교, 실업학교지원
- 2. 국립대학교 부속병원특별회계: 보건위생, 예비비
- 3. 서울대시설확충특별회계: 대학교육 이전, 예비비
- 4. 청구권자금특별회계: 실업교육, 실업학교지원

특별회계
(1972년~
1975년)
- 1. 경제개발특회
  - 보통교육: 교육대학운영, **지방교육재정**
  - 대학교육: 대학운영
  - 특수교육: 특수교육기관운영
  - 실업교육: 실업계대학, 실업전문학교, 기타 실업학교, 실업학교지원
- 2. 국립대학교 부속병원특별회계: 보건위생, 예비비
- 3. 서울대시설확충특별회계: 대학교육 이전, 예비비
- 4. 청구권자금특별회계: 실업교육, 실업학교지원

특별회계
(1976년)
- 1. 경제개발특회
  - 보통교육: 교육대학운영, **지방교육재정**
  - 대학교육: 대학운영
  - 특수교육: 특수교육기관운영
  - 교육개발원: 교육개발연구
  - 실업교육: 실업계대학, 실업전문학교, 기타 실업학교, 실업학교지원
- 2. 국립대학교 부속병원특별회계: 보건위생, 예비비
- 3. 서울대시설확충특별회계: 대학교육 이전, 예비비

특별회계
(1977년~1988년)
- 1. 국립대학부속병원특회
  - **보건위생: 국립대학부속병원**
  - **예비비: 예비비**

특별회계
(1989년)
- 1. 국립대학부속병원특회
  - 보건 및 생활환경개선
  - 예비비
- 2. 재정투융자특별회계
  - 초·중등교육: 보통교육행정
  - 사회교육: 사회교육

특별회계
(1990년)
- 1. 국립대학부속병원특회
  - 보건 및 생활환경개선
  - 예비비
- 2. 재정투융자특별회계
  - 초·중등교육
  - 사회교육
- 3. **교육환경개선특별회계:** 초·중등교육──국립교육기관시설, 보통교육행정지방교육재

특별회계
(1991년)
 1. 국립대학부속병원특회 ⎡ 보건 및 생활환경개선
                        ⎣ 예비비
 2. 재정투융자특별회계 ⎡ 초·중등교육: 보통교육행정
                     ⎣ 사회교육
 3. **교육환경개선특별회계:** 초·중등교육—국립교육기관시설, 보통교육행정지방교육재
 4. **지방교육양여금관리특별회계:** 초·중등교육—지방교육양여금

특별회계
(1992년)
 1. 국립대학부속병원특회 ⎡ 보건 및 생활환경개선
                        ⎣ 예비비
 2. 재정투융자특별회계 ⎡ 초·중등교육: 보통교육행정
                     ⎢ 사회교육
                     ⎣ **교육행정**
 3. **교육환경개선특별회계:** 초·중등교육—국립교육기관시설, 보통교육행정지방교육재
 4. **지방교육양여금관리특별회계:** 초·중등교육—지방교육양여금

특별회계
(1993년)
 1. 국립대학부속병원특회 ⎡ 보건 및 생활환경개선
                        ⎣ 예비비
 2. 재정투융자특별회계 ⎡ 초·중등교육: 보통교육행정
                     ⎢ 사회교육: 사회교육
                     ⎢ **병원 및 생활환경개선: 병원관리**
                     ⎣ **과학교육: 과학교육**
 3. **지방교육양여금관리특별회계:** 지방자치단체에 대한 양여금

특별회계
(1994년)
 1. 국립대학부속병원특회: 보건 및 생활환경개선(국립대학병원)
 2. 재정투융자특별회계 ⎡ 초·중등교육: 지방교육행정
                     ⎢ 사회교육: 사회교육
                     ⎣ **보건 및 생활환경개선: 보건**
 3. **지방교육양여금관리특별회계:** 지방자치단체에 대한 양여금
 4. **국유재산관리특별회계: 실업계대학운영, 대학운영**
 5. **농특세관리특별회계: 사회교육**

특별회계
(1995년)
- 1. 재정투융자특별회계
  - 초·중등교육: 지방교육행정
  - 사회교육: 사회교육
  - **보건 및 생활환경개선: 보건**
- 2. **지방교육양여금관리특별회계:** 지방자치단체에 대한 양여금
- 3. **국유재산관리특별회계: 실업계대학운영, 대학운영**
- 4. **농특세관리특별회계: 사회교육, 지방교육행정, 대학교육행정**

특별회계
(1996년)
- 1. 재정투융자특별회계
  - 초·중등교육: 지방교육
  - 사회교육: 사회교육
  - **보건 및 생활환경개선: 보건**
- 2. **지방교육양여금관리특별회계:** 지방자치단체에 대한 양여금
- 3. **국유재산관리특별회계: 실업계대학운영, 대학운영**
- 4. **농특세관리특별회계: 사회교육, 지방교육, 대학교육**
- 5. **교육환경개선특별회계: 지방자치단체에 대한 교부금**

특별회계
(1997년)
- 1. 재정투융자특별회계
  - 초·중등교육: 지방교육
  - **보건: 병원관리**
- 2. **지방교육양여금관리특별회계:** 지방교육양여금
- 3. **국유재산관리특별회계: 실업계대학운영, 대학운영**
- 4. **농특세관리특별회계: 사회교육, 지방교육, 대학교육**
- 5. **교육환경개선특별회계: 지방교육재정**

특별회계
(1998년)
- 1. 재정투융자특별회계
  - 초·중등교육: 지방교육
  - **보건: 병원관리**
- 2. **지방교육양여금관리특별회계:** 지방교육양여금
- 3. **국유재산관리특별회계: 실업계대학운영, 대학운영**
- 4. **농특세관리특별회계: 사회교육, 지방교육, 대학교육**
- 5. **교육환경개선특별회계: 지방교육재정**

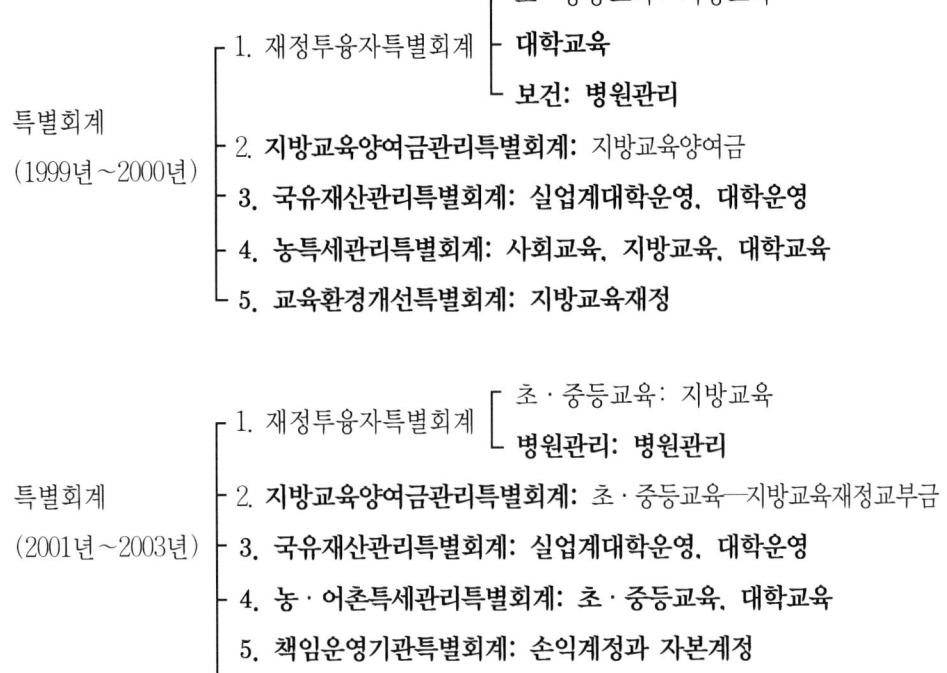

특별회계
(1999년～2000년)

1. 재정투융자특별회계
  - 초·중등교육: 지방교육
  - **대학교육**
  - **보건: 병원관리**
2. **지방교육양여금관리특별회계:** 지방교육양여금
3. **국유재산관리특별회계: 실업계대학운영, 대학운영**
4. **농특세관리특별회계: 사회교육, 지방교육, 대학교육**
5. **교육환경개선특별회계: 지방교육재정**

특별회계
(2001년～2003년)

1. 재정투융자특별회계
  - 초·중등교육: 지방교육
  - **병원관리: 병원관리**
2. **지방교육양여금관리특별회계:** 초·중등교육―지방교육재정교부금
3. **국유재산관리특별회계: 실업계대학운영, 대학운영**
4. **농·어촌특세관리특별회계: 초·중등교육, 대학교육**
5. **책임운영기관특별회계: 손익계정과 자본계정**

이상에서 특별회계의 연도별 변화과정을 살펴보았는데 이를 간단히 요약하면 다음과 같다.

<표 28>특별회계 편성 항목 개요

1952～1953	1954～1955	1957-1965	1966～1970
국립극장		―	
―	경제부흥특회		
―		국립병원특회	

1970	1971～1975	1976	1977-1988	1989	1990	1991	1992	1993	1994	1995	1996
경제개발특회			―								
국립대학교 부속병원특회			국립대부속병원특회								
서울대시설확충특회			―								
―	청구권자금특회		―								
―			재정투융자특회								
―			교육환경개선특회							―	교육환경개선특회
―						지방교육양여금관리특회					

1970	1971~1975	1976	1977-1988	1989	1990	1991	1992	1993	1994	1995	1996
—									국유재산관리특회		
—									농어촌특별세관리특회		

1997	1998	1999	2001~2003
재정융자특회			
교육환경개선특회			—
지방교육양여금관리특회			
국유재산관리특회			
농어촌특별세관리특회			
		책임운영기관특회	

그리고 〈표 28〉을 세부 항목에 따라 구체적으로 제시하면 다음과 같다.

〈표 29〉특별회계 편성 항목의 구체적 변화과정

1952~1953	1954~1955	1957-1961			
○국립극장특회 · 사업비 · 제지출금		—			
—	○ 경제부흥특회 · 시설복구비 · 교육진흥비	○ 경제부흥특회 (1954년~1957년) ● 1장 교육문화비 · 시설복구비 · 교육진흥비 ● 2장 도입물자 취급 도입물자인수대금 · 물자취급비	○ 경제부흥특회 (1959년) ● 1장 부흥비 · 시설복구비 · 교육진흥비	○ 경제부흥특회 (1960년) ● 1장 부흥비 · 고등교육비 · 사범교육비 · 기술교육비 · 교실복구비 · 중앙관상대	○ 경제부흥특회(1961년) ● 1장 교육문화과학비 · 고등교육비 · 사범교육비 · 기술교육비 · 교실복구비

1962	1963	1964~1970
0 경제부흥특회 **경상계정** ● 1장 교육문화비 ·고등교육비 ·기술교육비 **자본계정** ● 1장 교육문화비 ·교육문화사업비 ·교실건축비 ·고등교육비 ·사범교육비	0 경제부흥특회 ·공익사업비 0 경제부흥특회	0 경제부흥특회 ● 1장 3차산업비 ·과학기술진흥비 ·공익사업비
—	—	0 국립병원특회(1966년~1970년) ● 대학부속병원 ·서울의대부속병원 ·전남의대부속병원 ·경북의대부속병원 ·부산의대부속병원 ·서울치대부속병원 ● 예비비 ·예비비

1970	1971~1975	1976	1977~1988	1989	1990
0경제개발특회 ·과학기술진흥비—실업중학시설, 고등학교시설, 실업전문학교시설,대학시설, 차관사업시설 ·공익사업비—의무교육재정교부금, 국립학교	0경제개발특회 ·의무교육—교육대운영, 의무교육재정교부금(지방교육재정 '73) ·대학교육—대학운영 ·특수교육—특수교육기관운영 ·실업교육—실계 대학, 실업전문학교, 기타실업, 실업학교지원	0경제개발특회 ·보용교육—교육대운영, 지방교육재정 ·대학교육—대학운영 ·특수교육—특수교육기관운영 ·실업교육—실계대, 실업전문학교, 기타, 실업학교지원 ·교육개발원—교육개발연구	—		
0국립대학교 부속병원특회 ·서울대 외 5개 대학	0국립대학교 부속병원특회 ·보건위생 ·에비비		0보건위생 0예비비	0국립대학교 부속병원특회 ·보건 및 생활환경 ·예비비	

1970	1971~1975	1976	1977~1988	1989	1990
0서울대시설확충특회 · 대학교육 이전, 예비비			—		
—	0청구권자금특회 · 실업교육 · 실업학교지원	—			
—				0 재정투융자특회 · 초·중등교육 · 사회교육	
—				0교육환경개선특회 · 초·중등교육	

1991	1992	1993	1994	1995~1996	1997	1998
0국립대학교 부속병원특회 · 보건 및 생활환경 · 예비비				—		
0 재정투융자특회 · 초·중등교육 · 사회교육	0 재정투융자특회 · 초·중등교육 · 사회교육 · 병원 및 생활환경개선	0 재정투융자특회 · 초·중등교육 · 사회교육 · 병원, 한경개선 · 과학교육	0 재정투융자특회 · 초·중등교육 · 사회교육 · 보건 및 생활환경개선		0 재정융자특회 · 초·중등교육 · 보건—병원관리	
0교육환경개선특회 · 초·중등교육	—			0교육환경개선특회 · 지방단체에 교부금 (지방교육재정)		
0 지방교육양여금관리특회 · 초·중등교육(지방단체에 대한 양여금)						
—	0국유재산관리특회 · 실업계대학유열		0국유재산관리특회 · 실업계대학운영 · 대학운영			
—	0농특세관리특회 · 사회교육		0농특세관리특회 · 사회교육 · 지방교육행정 · 대학교육행정			

1999	2001~2003
0 재정융자특회 · 초 · 중등교육 · 대학교육 · 보건—병원관리	0 재정융자특회 · 대학교육 · 병원관리—병원관리
0교육환경개선특회 · 지방교육재정	
0 지방교육양여금관리특회 · 지방교육양여금	0 지방교육양여금관리특회 · 초 · 중등: 지방교육재정교부금
0국유재산관리특회 · 실업계대학운영 · 대학운영	
0농특세관리특 · 초 · 중등교육 · 대학교육	
—	0책임운영기관특회 · 손익과 자본계정

위의 〈표 28〉에서 보는 바와 같이 특별회계는 일반회계와는 달리 국립극장특별회계 및 교육환경개선특별회계처럼 시행되었다가 폐지되고 다시 시행되는 회계가 있었는가 하면 농어촌특별세관리특별회계처럼 새로운 법률을 제정하여 목적세를 관리하면서 그 일부를 교육예산으로 넘겨와 관리하는 등 상당히 복잡한 변화를 보이고 있다.

그리고 〈표 28〉을 구체화시킨 〈표 29〉의 변화과정표에서 우선 1952년에 국립극장특별회계가 문교부 특별회계로 처음 생겨났다가 1954년부터 폐지되었다. 그리고 1953년에 경제부흥특별회계가 생겼으며 이어 1966년에는 국립대학부속병원특별회계가 생겨났다. 그리고 1971년부터 1976년까지 특별회계는 경제개발특별회계와 국립대학교 부속병원특별회계 및 서울대시설확충특별회계, 청구권자금특별회계 4개로 운영하였다. 사실 이는 교육재정과 관련하여 볼 때 경제개발특별회계 하나뿐이었다고 보아야 한다.

그리고 1977년 경제개발특별회계가 폐지되고 13년 후, 1989년에 재정투융자특별회계에 경제개발특별회계의 일부인 초 · 중등학교예산과 사회교육예산이 반영되어 운영되었다. 그리고 1977년부터 1988년까지 무려 12년 동안에는 교육에 관련된 특별회계는 국립대학부속병원관리특별회계 외에는 없었는데 이 또한 국립대학의 병원관리예산으로 교육재정에 관련된 특별회계는 없었다.

　1989년에 들어 재정투융자특별회계를 통해 초·중·고등교육비와 사회교육비로 예산이 배정되었으며 그 다음 해인 1990년에 들어 초·중·고등학교의 교육시설환경의 대폭적 개선을 위해 교육환경개선특별회계를 3년간 한시적으로 설치, 운영하였다. 그리고 1993년부터 1995년까지 정지했었던 환경개선특별회계를 1996년부터 다시 법률로 재정하여 예산에 한시적으로 배정, 운영하였다가 역시 2001년부터 폐지하여 배정하지 않고 있다.

　또 지방교육재정의 확보를 통해 지방자치단체의 부담을 규정하여 시도의 교육학계에 소요되는 경비는 해당 시도의 교육비 특별회계에서 부담하되 의무교육에 관련되는 경비는 교육비 특별회계의 재원 중 교부금과 지방교육양여금으로 충당하고 의무교유기관을 제외한 공립학교 교원의 봉급은 서울시는 그 금액에 해당하는 액을, 부산시는 그 반액에 해당하는 액을 당해 지방자치단체의 일반회계로부터 전입금으로 충당하도록 하는 지방교육양여금특별회계를 통한 예산이 1991년부터 배정되어 오늘에 이르고 있다. 그리고 교육재정 GNP 확보 5%를 위해 1994년부터 국유재산관리 특별회계와 농어촌특별세관리 특별회계로부터 교육재정의 일부를 예산으로 배정하여 운영하고 있다.

5. 시기별 정부조직과 교육부 조직 변천사

　조직의 변화는 예산을 사용하는 측면에서 변화를 가져오는 요인이 되기도 하며 반대로 예산사용의 효율성을 꾀하기 위해 조직의 체제를 바꾸기도 한다. 정부차원에서 각 부처의 조직 변화는 정부조직의 직제 개편과 맞물려 변화를 가져온다. 따라서 교육부의 개괄적 조직변화내용을 1948년 이후 정부 조직변천사와 같이 병행하여 그 변화내용을 정리해보면 다음과 같다.

〈표 30〉 정부와 교육인적자원부의 조직변천사

연도	정부조직변천사	교육부조직변천사	비고
1948	11부 4처―3위원회	1실(비서실) 5국 22과 국: 보통교육, 고등교육, 문화, 편수, 과학교육국	내무, 외무, 국방, 재무, 법무, 문교, 농림, 상공, 사회, 교통, 체신부 4처: 총무, 법제, 기획, 공보처
1949	12부 5처 1청―3위원회	1실 5국 17과	보건부 신설 관재청 신설
1950	12부 5처 1청―3위원회	5국 17과	교육부 비서실 폐지
1955	12부 2실 3청―1위원회	5국 16과	보건부와 사회부를 보건사회부로 통합 부흥부 신설
1960	1원 12부 1처 3청 2외국―1위원회	5국 16과	원자력원 신설
1961	1원 12부 1처 4청 2외국―1위원회	4국 14과	부흥부를 건설부로 개편 군사원호청 신설, 국토건설청신설 건설부를 경제기획원으로
1962	2원 13부 3처 3청 2외국―1위원회	4국 14과	농촌진흥청신설 군사원호청을 원호처로 국토건설청을 건설부로 승격
1963	2원 13부 4처 14청 4외국 1위원회	2실 4국 14과	노동청, 철도청 신설 검찰청 신설
1966	2원 13부 3처 9청 7외국	2실 4국 14과	국세청, 수산청, 산림청 신설
1967	1원 13부 4처 10청 7외국	2실 5국 15과	과학기술처 신설 원자력원을 원자력청으로
1668	2원 13부 4처 10청 7외국	2실 5국 15과	국토통일원 신설 공보부를 문화공보부로
1970	2원 13부 4처 12청 7외국	2실 5국 11과 14담당관	관재청, 병무청 신설
1971	2원 13부 4처 12청 7외국	2실 6국 14과 16담당관	**보통,고등,과학,편수,사회교육,체육국**
1972	2원 13부 4처 12청 7외국	2실 6국 14과 15담당관 시설국 신설 학사담당관	원자력청 폐지 공진청, 공업단지관리청 신설 중화학공업추진위원회 신설
1973	2원 13부 4처 13청 5외국 1위원회 농림부를 농수산부로 개칭	2실 7국 19과 12담당관	**보통, 고등, 과학, 편수, 사회교육, 체육, 시설국**
1974	2원 13부 4처 13청 5외국 1위원회	2실 7국 19과 12담당관	
1975	2원 13부 4처 14청 5외국 1위원회	2실 7국 20과 12담당관	항만청 신설
1976	2원 13부 4처 14청 4외국 1위원회	2실 7국 20과 12담당관	특허국을 특허청 공업단지관리청 폐지
1977	2원 14부 4처 14청 4외국 2위원회	2실 7국 21과 13담당관 **보통, 대학, 교직, 학술진흥, 산업교육, 사회국제교육, 체육, 교육 시설국**	동력자원부 신설 전자통신개발추진위
1978	2원 14부 4처 14청 4외국 3위원회	2실 8국 25과 15담당관	특정지역종합개발 추진위 신설
1979	2원 14부 4처 15청 4외국 3위원회	2실 8국 26과 17담당관	환경청 신설
1980	2원 14부 4처 15청 4외국 3위원회	2실 8국 30과 20담당관	사회정화위원회 신설 중화학공업추진위원회 폐지

110

연도	정부조직변천사	교육부조직변천사	비고
1981	2원 15부 4처 14청 3외국 1위원회 노동부 신설	81.1월 3실 8국 30과 21담당관 81.11월 3실 6국 26과 19담당관	노동청 폐지, 노동부 신설 특정지역종합개발추진위 폐지 전자통신개발추진위→자문위
1982	2원 16부 4처 14청 3외국 1위원회 체육부 신설		체육부 신설
1983	2원 16부 4처 14청 3외국 2위원회		해외협력위원회 신설
1984	2원 16부 4처 14청 3외국 2위원회		원호처→국가보훈처로
1985	2원 16부 4처 14청 3외국 2위원회		
1986	2원 16부 4처 14청 3외국 1위원회	3실 5국 23과 21담당관	해외협력위원회 폐지 농수산부→농림수산부로
1987	2원 16부 4처 13청 3외국 1위원회		전매청 폐지
1988	2원 16부 4처 13청 3외국 1위원회	3실 5국	
1989	2원 16부 6처 12청 3외국	3실 5국 기획관리실, 장학편수실, 대학정책실	환경청 폐지→환경처로 문화공보부를 문화부와 공보처로 사회정화위원회 폐지
1990	2원 16부 6처 14청 2외국	3실 5국 25과 27담당관 보통, 교직, 과학교육, 사회국제교육, 교육시설국	국토통일원→통일원(부총리로) 문교부→교육부, 체육부→ 체육청소년부, 통계청발족 중앙관상대→기상청으로
1991	2원 16부 6처 15청 2외국	3실 5국	치안본부를 경찰청으로
1992	2원 16부 6처 15청 2외국	3실 5국	
1993	2원 14부 6처 15청 2외국 문화부, 체육청소년부→문화체육부 상공부, 동력자원부→상공자원부	3실 4국 지방교육지원, 교원지원, 사회국제교육, 편수국	문화부, 체육청소년부→문화체육부 상공부, 동력자원부를 상공자원부
1994	2원 13부 5처 15청 2외국	2실 5국 25과 27담당관 대학정책실→대학교육지원국	경제기획원, 재무부→재정경제원 건설부, 교통부→건설교통부 상공자원부를 통상산업부 체신부를 정보통신부로 보건사회부를 보건복지부로 환경처를 환경부로 (12.23.)
1995	2원 13부 5처 15청 2외국	3실 4국 대학교육지원국→고등교육실	
1996	2원 14부 5처 14청 1외국 해양부 신설	3실 4국 19과 18담당관 기획관리, 초·중등교육, 고등교육실	중소기업청 신설 공업진흥청 폐지 해양부 신설
1997	2원 14부 5처 14청 1외국	3실 4국 21과 24담당관 교육정책기획국, 지방교육행정국, 평생교육국, 교육정보관리국	

연도	정부조직변천사	교육부조직변천사	비고
1998	17부 2처 16청 1외국 재정경제부 신설 과학기술부 신설 통일부 신설 부총리제 폐지 총리행정조정실→국무조정실	2실 3국 (6심의관 30과) 기획관리실, 학교정책실 평생교육국, 고등교육지원국, 교육자치지원국	재정경제원→재정경제부로 통일원을 통일부로 **총무처**와 내무부→행정자치부로 외교부→외교통상부로, **공보처** 폐지 **과학기술처**→과학기술부 문화체육부→문화관광부 통상산업부→산업자원부 기획예산위원회 신설 재정경제부에 예산청 여성특별위원회신설 중소기업특별위원회 신설 식품의약품 안정청 신설
1999	17부 4처 16청	2실 3국 (6심의관 30과)	중앙인사위원회 신설 기획예산위, 예산청→기획예산처 공보실 폐지→국정홍보처 신설문화재청 신설 민주평화통일자문회의 사무처 신설
2000	17부 4처 16청	1차관보 2실 3국 (6심의관 30과)	
2001	18부 4처 16청	1차관보 2실 4국 (4심의관 32과) 인정자원정책국 신설	**부총리(재정경제부, 교육부)제1.29** **교육부→교육인적자원부** 여성특별위 폐지→여성부 신설
2002	18부 4처 16청	1차관보 2실 4국 (4심의관 32과)	
2003	18부 4처 16청	1차관보 2실 4국 (4심의관 32과)	
2004. 3	18부 4처 16청	1차관보 2실 4국 4심의관	
2005. 11	18부 4처 17청	1차관보 2실 4국 4심의관	소방방재청 신설

위 표에서 보는 바와 같이 해방 후 대한민국정부가 수립되면서 우리나라는 11부 4처 3위원회[4])로 구성되었으며 문교부는 1실(비서실) 5국[5]) 22과로 구성되었다. 정부 조직은 원, 부, 처, 청, 위원회를 중심으로 조사하였고 교육인적자원부의 경우에는 실, 국을 중심으로 하되 과가 조사될 경우에는 과(課)의 수준까지 그 변화내용을 기술하였다.

정부조직변천과 관련하여 가장 큰 변화는 1961년 부흥부가 경제건설과 같이하여 경제기획원으로 바뀌었으며 1963년에는 정부조직이 대폭, 확대되어 2원 13부 4처 14청 7외국 1위원회로 되었다. 그리고 문교부는 1950년 6·25를 겪으면서 1실 5국 17과가 5국 17과로 되었으며

---

4) 부 정부 수립 시 11부를 보면 내무부, 외무부, 국방부, 재무부, 법무부, 문교부, 농림부, 상공부, 사회부, 교통, 체신부였고, 4처는 총무처, 법제처, 기획처, 공보처다. 그리고 위원회는 고시위원회, 감찰위원회, 경제위원회가 있었다.

5) 국 정부 수립 시 문교부의 5국은 보통교육국, 고등교육국, 문화국, 편수국, 과학교육국의 5개국이었다.

1963년에는 정부조직 확대개편과 함께 2실 4국 14과로 되었다. 그리고 1970년에 담당관제도
가 도입되어 2실 5국 11과 7담당관으로 기구가 확대되었으며 2001년에는 교육의 위상을 높이
고 교육의 중요성을 인식시키고자 재정경제부 장관과 함께 교육부장관을 부총리로 격상시켰
고 교육부를 교육인적자원부로 개칭하였다.

Ⅲ. 교육정책과 예산의 변화

본 장에서는 각 대통령 정부별로 예산과 관련지어 알아보고자 다음과 같은 자료를 정리하였다.

문교부의 예산은 가장 큰 범위에서 보아 대통령이 예산국회에 나가 밝히는 시정연설에 표현되고, 이어 상임위원회에 나가 예산제안설명 시에 교육부의 역점사업을 중심으로 제안 설명을 한다. 따라서 시정연설과 교육부의 역점사업이 무엇인지 1948년부터 2004년까지의 자료를 정리하였다. 또한 시정연설의 내용과 예산편성지침서에 교육사업과 관련된 내용이 나타나 있는지 분석하였는데 이를 구체적으로 살펴보면 다음과 같다.

우리나라의 제1공화국은 해방된 후 3년의 미 군정을 거쳐 정권이 이양되고 헌법제정과 동시에 이승만 대통령이 당선되어 출범한 1948년 7월 20일부터라고 할 수 있다. 그리고 제2공화국은 1960년 4·19학생의거를 거쳐 1960년 5월 16일 헌법이 개정되어 윤보선이 대통령에 당선되어 의원내각제를 시작하여 1961년 5·16군사혁명이 일어날 때까지를 말한다. 그리고 1961년 5월 16일부터 1962년 12월 16일까지 박정희를 중심으로 한 군정시기를 거쳐 제3공화국은 1962년 12월 17일부터 1972년 10월 17일(10월 유신)까지를 말한다. 그러나 여기에서는 편의상 제3공화국을 1961년 5·16 이후부터 1972년까지를 하나로 묶어 자료를 분석하였다.

1. 제1공화국(1948년∼1960년)

우리나라의 제1공화국은 미 군정 후 이승만 대통령이 당선되어 출범한 1948년 7월 20일부터라고 할 수 있는데 이때에 대통령에 취임하면서 취임사에서 밝힌 국정목표와 공약내용을 보면 다음과 같다.

가. 공약사항

1) 국정목표: 반공과 애국으로 세계평화에 이바지하는 새로운 국가 건설
2) 취임시 공약: 일할 수 있는 정부기관 만들기
　　　　　　　　견고히 흔들리지 않는 정부기관 만들기

3) 취임사 특징: 공산주의를 물리치기 위한 반공 강조

해방 후 일제 잔재 일소

시국안정을 강조

나. 시정연설 내용

1959년

1) 예산편성지침: 없음

2) 시정연설

시정연설 기본방향: 의무교육 확충

1) 의무교육 확충

2) 교실 건설

1960년

1) 예산편성지침: 없음

2) 시정연설 기본방향: 교육 및 보건에 힘을 써 재정의 15% 확보

 가) 교육문화와 과학기술 진흥

 나) 의무교육 확충 위한 교실증축

 다) 교육 시설비 157억 확보

1961년

1)예산편성지침: 없음

2) 시정연설 기본방향: 교육의 충실

　교육의 충실—의무교육실시경비 확충, 과학기술교육 확충, 대부장학기금 마련

 가) 의무교육실시경비 확충

 나) 과학기술교육 확충

 다) 대부장학기금 마련

 다) 과학실업기술교육 진흥

 라) 장학금제도 마련

다. 교육부 정책과 장학방침 내용

문교부는 문교부장관을 중심으로 대통령의 국정목표에 합치되는 교육정책을 수립하고 이를 위한 장학방침을 내세우고 추진하는데 여기에서 어떠한 점에 역점을 두고 있는지 알아보자. 먼저 이승만 대통령 시기의 내용을 간추려 제시하면 다음과 같다.

제1공화국 시기와 제2공화국 시기는 이승만 대통령을 중심으로 교육정책을 의무교육의 완수와 실업교육의 진흥 및 도의교육을 중심으로 하여 당면정책을 문교의 충실·쇄신·과학기술의 진흥에 두고 다음과 같은 11개의 중점사업목표를 정하였다.

1) 자유민주주의와 애국애족의 정신을 함양하고 국민도의 확립을 기한다.

2) 국민의 자유와 인권을 위협하는 공산사상을 배격하며 국민의 철저한 반공의식을 고취한다.

3) 의무교육의 완성을 기하기 위하여 특히 교사(校舍)의 확충과 노후 교실의 개축 등에 치중하고 교원의 질적 향상을 기한다.

4) 중·고등학교를 통합하고 지방실정에 맞도록 정리하며 대학의 그 질적 향상과 정리를 기한다.

5) 사립교육기관을 보호·육성한다.

6) 과학·기술진흥의 기반을 조성하기 위하여 과학·기술교육의 충실을 기한다.

7) 문화·예술의 향상을 도모하고 민족문화의 발전을 기하여 국보, 고적 및 향고 등의 민족문화재를 보호·육성한다.

8) 민족 예술을 보호·육성하고 농산어촌의 문화보급을 위한 제반 시책의 강화를 기한다.

9) 국민의 체위향상을 위하여 그 시설을 확충하여 건전한 청소년 운동의 촉진과 그 지도의 강화를 기한다.

10) 해외 교포의 교육 및 문화에 관한 지도와 원조를 적극 강화한다.

11) 원자력의 평화적 이용을 위하여 그 연구 개발을 촉진한다.

1948년

문교정책: 민주적 민족교육과 一民主義 사상을 강조:

　　　　한밝 삶으로서의 한 백성주의, 백성통일로서의 한 백성주의, 세계 한 백성주의로서의
　　　　한 백성주의, 만백성 다같이로서의 한 백성주의, 일민주의로서의 한 백성주

장학방침

1) 학행일치교육

2) 일인일기교육

3) 도의교육

4) 국방교육

1951년

문교정책

1) 인격교육을 중시하여 민주주의 독립국가의 국민이 가져야 할 품격을 도야

2) 직업기술의 향상을 위한 기술교육 장려

3) 지식교육의 정확성과 철저를 기하여 기초학력 향상

4) 보건위생을 증진시키고 체위를 향상시켜 국토방위에 공헌

장학방침

1) 자유인의 개인 양성,

2) 자유인의 국민 양성,

3) 평화인의 세계인 양성

1952년

문교정책

1) 교육의 목표를 자유와 평등

2) 협동·공정의 전인교육을 위한 건국문교

3) 교육을 통한 국방력 강화의 전시문교

4) 문화사업과 교육자치 진흥을 위한 독립문교

장학방침

1) 건국문교: 전통과 풍속을 순화하고 미화, 국리민복을 증진하여 독립자주정신 강화, 근로의 질박하고 강건한 생활, 협동정신 강화, 평화로운 인간관계 조성, 민족문화유산 유지와 발전

2) 전시문교: 생활쇄신, 국방교육

3) 독립문교: 문화독립, 교육자치와 국민교육의 기회균등

1953년

장학방침

1) 도의교육·생산교육,

2) 생활교육·국방교육,

3) 문화독립·교육자치

1954년

문교정책

1) 철저한 반공의식을 함양하여 교육을 통한 국민적 사상을 통일한다.

2) 교육의 질적 저하를 방지하고 그 개선을 도모하기 위한 현직교육에 힘쓴다.

3) 국민생활의 순화와 간소화를 주장한다.

장학방침

1) 반공사상을 투철히 기르고 민주도의 생활을 확립한다.

2) 과학 및 실업교육을 충실히 하여 생산기술을 체득케 한다.

3) 보건위생 및 체육에 대한 지도를 철저히 하여 건전한 신체로 발육하게 한다.

1957년

문교정책

1) 교육의 질적 향상

2) 도의교육의 진흥

장학방침

1) 도의 교육을 진흥하여 민족의 얼을 고취하게 한다.

2) 생활교육을 충실히 하여 자주적 경제능력을 함양하게 한다.

3) 건강교육을 철저히 하여 건전한 신체로 발육하게 한다.

* 강조사업: 생산교육장려, 실업과 기술교육 행정의 강화, 실업학교 시설기준과 실업대학 설치, 도의교육, 사범교육과 현직교육, 제일교포의 교육과 외국유학생 지도 육성, 사회교육

1958년

문교정책

1) 조국 혼과 자유민주정신을 진작

2) 실질 제일주의로서 교육행정에 임한다.

3) 의무교육과 과학·기술교육을 적극 추진한다.

4) 순미한 민족문화 발달을 촉진한다.

5) 사도 쇄신으로 도의교육을 강화한다.

장학방침

1) 학교환경의 정비

2) 생활지도의 개선

3) 실험실습의 중시

4) 취업준비의 철저

5) 체력검사의 실시

1960년

문교정책

1) 학원의 정상화: 학원분규의 조속한 수습, 학원 내 인화회복, 수업충실, 교무조직과 운영혁신

2) 사도의 확립: 교원의 자기반성, 생활자숙, 근무성실, 연수전념

3) 교육의 중립성: 교원의 정치활동금지, 학생의 정치적 이용금지, 경찰의 학원 간섭 금지, 공무원 성실인사 배세, 교육사치세 확립

장학방침

1) 교육자치강화

2) 학원분규수습

라. 부문별 교육예산편성 결과

제1공화국 시기의 예산규모를 보기 위하여 1948년부터 1961년까지의 결산예산을 분석하여 정리하였다. 정리내용은 예산의 款을 중심으로 요약·기술하였다.

〈표 31〉부문별 교육예산편성 결과

(단위: 백만)

1948년		1950년		1951년		1952년	
총 결산 합계	1711	총 결산 합계	12053	총 결산 합계	15946	총 결산 합계	435
세출경상비 합계	251	세출경상비 합계	1537	세출경상비 합계	2931	제1장 행정부비	4.2
1관 문교부 본부	30	1관 문교부 본부	164	1관 문교부 본부	160	1관 문교부 본부	4.2
2관 국립서울대학교	97	2관 국립서울대학교	783	2관 국립서울대학교	1162	제2장 교육비	405
3관 서울대의대	62	3관 서울대의대	180	3관 서울대의대	174	1관 서울대학교	46
4관 대구사범대	8	4관 대구사범대	41	4관 대구사범대	103	2관 서울대의대	8
5관 국립도서관	3	5관 대구농과대학	13	5관 대구농과대학	27	3관 경북대학교	11
6관 국립관상대	41	6관 부산수산대학교	27	6관 부산수산대학교	92	4관 전북대학교	3
7관 국립박물관	3	7관 국립부산대학	17	7관 국립부산대학	69	5관 전남대학교	10
8관 국립과학박물관	2	8관 사범학교	299	8관 공주사범	31	6관 부산수산대학교	2
9관 국립민족박물관	2	9관 국립맹아학교	15	9관 사범학교	695	7관 부산대학	2
10관 국사관	1	10관 국립도서관	14	10관 국립맹아학교	33	8관 공주사범	1
11관 국립맹아학교	3	11관 중앙관상대	173	11관 국립도서관	19	9관 사범학교	21
12관 제지출금	0.4	12관 국립박물관	13	12관 국립중앙관상대	318	10관 맹아학교	1
세출 임시비		13관 국립과학관	4	13관 국립박물관	27	11관 초등교육비	271
1관 문교본부	1341	14관 국립민족박물관	3	14관 국립과학관	4	12관 중등교육비	12
2관 서울대학교	9	15관 국사편찬위원회	5	15관 국사편찬위원회	5	13관 고등교육비	10
3관 서울대 의대	77	17관 제지출금	81	16관 국립국악원	11	14관 교사양성비	2.5
4관 청년―민심수습계도비	32	18관 공주사범대학	6	17관 제지출금	2	15관 성인교육비	4
		세출 임시비		세출 임시비		16관 기술교육비	1
		1관 초등교육비	10230	1관 교육비	12576	3장 문화사업비	25.5
		2관 기술교육비	13	2관 성인교육비	71	1관 국립도서관	2.4
		3관 교화사업비	20	3관 교화사업비	15	2관 국립중앙관상대	12
		4관 성인교육비	55	4관 학도호국단경비	106	3관 국립박물관	0.7
		5관 학도호국단경비	8	5관 교사양성비	126	4관 국립과학관	0.1
		6관 교사양성비	50	23관 구왕궁재산 관리비	18	5관 국사편찬위원회	0.15
		9관 대한청년단경비	20	24관 국민사상지도비	102	6관 국립국악원	0.3
		10관 교과서 발행비	15	25관 고적보존비	2	7관 국민사상지도원	1
		11관 국보급 고적보존비	0	계	13015	8관 계몽교화비	1.2
		13관 대한 기술원	90	총계	15946	9관 학도호국단경비	0.2
		14관 과학교육진흥비	0			10관 국보고적보존비	7
		15관 과학교육시설확충비	0			제4장 제지출금	0.4
		32관 구왕궁재산 관리비	14			1관 제지출금	0.4

1953년		1954년		1955년		1957-1958년		
총 결산 합계	1248.6	총 결산 합계	6029.2	총 결산 합계	24916	총 결산 합계	30613	39611
제1장 행정부비	15.5	제1장 행정부비	49.2	제1장 행정부비	221	제1장 행정부비	183	470.6
1관 문교부 본부	15.5	1관 문교부 본부	49.2	1관 문교부 본부	221	1관 문교부 본부	183	470.6
제2장 교육비	1178	제2장 교육비	5688.7	제2장 교육비	22520	제2장 교육비	2908	2810
1관 서울대학교	138	1관 서울대학교	455.8	1관 서울대학교	821	1관 서울대학교	547	586
2관 서울대의대 부속병원	31	2관 서울대의대 부속병원	133.7	2관 서울대의대 부속병원	269	2관 서울대의대 부속병원	190	245
3관 경북대학교	20	3관 경북대학교	106.3	3관 경북대학교	247	3관 경북대학교	259	204
4관 경북대 의대 부속병원	8	4관 경북대 의대 부속병원	54.8	4관 경북대 의대 부속병원	98	4관 경북대 의대 부속병원	73	194
5관 전북대학교	11	5관 전북대학교	68.7	5관 전북대학교	160	5관 전북대학교	155	98
6관 전남대학교	22	6관 전남대학교	93.5	6관 전남대학교	211	6관 전남대학교	210	152
7관 전남대의대 부속병원	9	7관 전남대의대 부속병원	27.1	7관 전남대의대 부속병원	76	7관 전남대의대 부속병원	57	103
9관 부산대학	9	8관 부산대학	55.3	8관 부산대학	210	8관 부산대학	203	138
8관 부산수산대학교	4	9관 부산수산대학교	17.4	9관 부산대의대 부속병원	53	9관 부산대의대 부속병원	50	74
10관 공주사범	2	10관 공주사범	10	10관 부산수산대학교	64	10관 부산수산대학교	44	24
11관 사범학교(17개)	56	11관 춘천농대	9.7	11관 공주사범	26	11관 공주사대	43	27
12관 맹아학교	2.7	12관 사범학교(17개)	197.6	12관 춘천농대	37	12관 춘천농대	47	24
13관 초등교육비	675	13관 맹아학교	9.3	13관 광주사범대학	23	13관 광주사범대학	48	26
14관 중등교육비	49	14관 초등교육비	3847	14관 부산사범대학	27	14관 부산사범대학		27
15관 고등교육비	38	15관 중등교육비	226.3	28관 한국해양대학	43	15관 한국해양대학	72	101
16관 교사양성비	3.8	1항 교원봉급보조	226.3	15관 사범학교(18개)	501	16관 사범학교(18개)	552	463
17관 성인교육비	34	16관 고등교육비	192.5	16관 맹아학교	28	17관 맹아학교	36	31
18관 기술교육비	1.7	17관 교사양성비	20.2	17관 목포해양고등학교	3.5	18관 목포해양 고등학교	11	42
19관 교사재교육비	1.8	18관 성인교육비	75.3	18관 초등교육비	18082	19관 교사양성비	10	8
20관 특수교육비	1.9	19관 기술교육비	7.9	19관 중등교육비	663	20관 사회교육비	121	84
21관 사립학교경비보조	60	20관 교사재교육비	9.7	20관 고등교육비	533	21관 기술교육비	9	77
3장 문화사업비	55	21관 특수교육비	16.1	21관 교사양성비	23	22관 교사재교육비	21	18
1관 국립도서관	3	22관 성인교육비	2.6	22관 성인교육비	162	23관 섭외교육비	47	50
2관 국립중앙관상대	29.6	23관 사립학교경비보조	48	23관 기술교육비	24	24관 연구학교경비보조	5	4.5
3관 국립박물관	2.8	24관 광주사범대학	1.9	24관 교사재교육비	43	25관 사립학교경비보조	49	9
4관 국립과학관	0.3	25관 부산사범대학	1.7	25관 특수교육비	21	3장 문화사업비	480	739
5관 국사편찬위원회	0.9	3장 문화사업비	161.3	26관 연구학교경비	13	1관 국립도서관	20	39
6관 국립국악원	0.9	1관 국립도서관	9.6	27관 사립학교경비보조	60	2관 국립중앙관상대	112	286
7관 국사사상연구원	0.8	2관 국립중앙관상대	72	3장 문화사업비	665	3관 국립박물관	16	23
8관 학술원	0.4	3관 국립박물관	10.1	1관 국립도서관	22	4관 국립과학관	2	3
9관 예술원	0.3	4관 국립과학관	0.8	2관 중앙관상대	157	5관 국사편찬위원회	50	48

1953년		1954년		1955년		1957-1958년		
10관 계몽교화비	7	5관 국사편찬위원회	4.7	3관 국립박물관	22	6관 국립국악원	18	22
12관 학도호국단 경비보조	0.3	6관 국립국악원	3.8	4관 국립과학관	3.5	7관 학술원	8	10.6
11관 국보고적보존비	8.7	7관 국민사상연구원	3	5관 국사편찬위원회	58	8관 예술원	5	8.2
제4장 제지출금	0	8관 학술원	4.4	6관 국립국악원	19	10관 계몽교화비	68	123
1관 제지출금	0	9관 예술원	3.1	7관 국민사상연구원	7	11관 국보고적보존비	140	102
		10관 계몽교화비	22.6	8관 학술원	12	9관 국립극장	41.2	75
		12관 학도호국단경비보조	1.1	9관 예술원	7	제4장 지방재정비	27040	35591
		11관 국보고적보존비	26.2	10관 계몽교화비	87	1관 의무교육비	14138	18718
		제4장 제지출금	2.9	11관 국보고적보존비	63	2관 교육구·시교육위원회	8470	10518
		1관 제지출금	2.9	12관 방송비	206	3관 교실신영비	2500	3871
		제5장 38이북 수복지구	127.1	13관 특수방송비	2.4	4관 중등교육비	1059	1339
		1관 초등교육비	116.9	제4장 교부금 및 환부금	1510	5관 고등교육비	873	1110
		2관 중등교육비	1.2	1관 교부금 및 환부금	1510	6관 긴급국고채무 부담교실신영비		34
		3관 고등교육비	0.6					
		4관 교사양성비	0.6					
		5관 성인교육비	7					
		6관 교사재교육비	0.8					

1959		1960		1961	
총 결산 합계	56944	총 결산 합계	61562	총 결산 합계	73479
제1장 일반행정부비	241	제1장 일반행정비	127	제1장 일반행정비	262
1관 문교부 본부	241	1관 행정부비	127	1관 행정부비	262
제2장 교육 문화과학비	5195	제2장 교육 문화과학비	6254	제2장 교육 문화과학비	9634
1관 서울대학교	1241	1관 서울대학교	1368	1관 서울대학교	2339
2관 경북대학교	517	2관 경북대학교	518	2관 경북대학교	803
3관 전북대학교	157	3관 전북대학교	222	3관 전북대학교	341
4관 전남대학교	352	4관 전남대학교	388	4관 전남대학교	602
5관 부산대학	357	5관 부산대학	398	5관 부산대학	673
6관 부산수산대학교	88	6관 기타 대학	572	6관 기타 대학	914
9관 공주사대	46	7관 사범학교(18개)	756	7관 사범학교(18개)	937
10관 광주사범대학	37	10관 교육문화사업비	1214	8관 특수학교	202
11관 부산사범대학	37	제3장 의무교육비	54555	10관 교육문화사업비	1678
8관 한국해양대학	197	1관 의무교육비	50583	9관 문화기관	1141
12관 사범학교(18개)	717	2관 중등교육비	2185	제3장 지방재정비	63600
13관 서울맹인학교	28	3관 고등교육비	1776	1관 의무교육비	58627

1959		1960		1961	
14관 서울 농아학교	27	0 태풍피해복구	666	2관 중등교육비	2777
15관 목포해양고등학교	61			3관 고등교육비	2195
16관 신생활교육원	20			2관 문화기관	44
26관 사회교육비	72			1항 도서관	15
27관 기술교육비	81			2항 박물관	8
28관 교원재교육비	17				
29관 섭외교육비	105				
30관 사립학교경비보조	111				
32관 문화보존비	75				
3장 문화사업비(59폐지)					
17관 국립도서관	57				
18관 국립중앙관상대	328				
19관 국립박물관	34				
20관 국립과학관	22				
21관 국사편찬위원회	44				
22관 국립국악원	36				
24관 학술원	33				
25관 예술원	23				
31관 계몽교화비	118				
23관 국립극장	94				
제3장 지방재정비	51382				
1관 의무교육비	47463				
2관 중등교육비	2143				
3관 고등교육비	1776				
제4장 태풍피해복구비	126				
1관 태풍재해복구비	126				

제1공화국에서 강조하고 있는 내용을 보면 반공교육과 도덕교육 및 과학기술·생산교육을 강조하였다. 취임사에서는 재헌정부이면서 6·25동란이 원인이 되어 국가의 안정과 반공을 강조하였으며 교육에 대한 언급은 없었다. 또한 예산편성지침에서 교육에 대한 강조는 없었으나 문교정책과 장학방침에서는 도덕교육과 과학기술 교육 및 생산교육 그리고 교실건축 등의 의무교육 확립을 위한 노력을 하였다. 예산배분 면에서 보면 기술교육이 강조되어 1950년에 아주 많은 예산이 배정되어 지출되었고 1952년부터는 기술교육원을 세워 운용하였으나 예산의 배정은 아주 적었다. 그리고 1959년에 크게 예산배분이 이루어졌다. 이 시기에는 교육전반적으로 예산의 배분을 정책과 연계하기가 곤란한데 그 이유는 적은 예산을 가지고 의무교육을 수행해 나가는 데 재원이 크게 부족하였기 때문이라고 정부 기록문서에 기술되어 있다.[6]

〈표 32〉 제1공화국의 강조내용 정리표

구분	국가충성 (국방)	도덕교육	과학기술교육	의무교육	재정	국민체력	장학기금	문예
이승만 국정목표	반공과 애국							
대선공약								
시정연설	국가관 2회		과학과 생산기술 교육 4회	의무교육 4회	교실건축 재정확보 1회		장학 기금설치 1회	
	○		◎	◎	○		○	
교육부 역점사업	반공 3회 애국 4회 국방 1회	도덕과 예절교육 5회	생산 위한 기술교육 5회	의무교육 5회	시설 1회	국민 체력육성 3회		민족 문예 2회
	◎	◎	◎	◎	○	◎		○

아울러 이승만 대통령은 한국의 반공과 조국에 충성 및 과학기술교육 그리고 의무교육을 강조하면서 국가의 안정을 추진하였다. 그리고 그에 필요한 인력과 기술자를 교육을 통해 조달하도록 하고 있다. 특히 기술원 운영을 통한 생산성을 강화하였다.

결국 대통령의 시정연설 내용은 재정확보를 통한 교육에 구체적인 반영이 미약하였다고 할 수 있다.

이어 제1공화국 시기의 예산규모를 보면 다음과 같다.

우리나라는 1948년부터 1951년까지 4년 동안 경상비와 임시비로 구분하여 章되이 없이 관을 중심으로 운용하였으며 1952년 이후에 비로소 章이 등장하였다.

그리고 1963년부터 款중심의 예산에서 項중심의 예산으로 운용이 되었으며 효율적 관리를 위한 코드화 운용은 1970년대에 들어서이다. 그리고 영역별 규모를 보면 다음과 같다.

첫째, 교육본부의 예산은 인건비와 사무비나 검정비 및 편집비 등에 사용되는 예산인데 1948년 당시 3000만 원이던 것이 1958년에는 4억 7000만 원으로 약 15.7배가 증가되었다.

둘째, 대학교육예산으로 사용되는 예산은 1948년에는 1722만 원이었는데 1958년에는 2억 8100만 원, 4·19가 일어났던 1960년에는 6억 2540만 원으로 36.3배로 크게 증가되었으며 국립대학위주의 안정적 성장을 꾀하였다.

셋째, 특수교육에서는 1948년 당시 국립맹아학교를 중심으로 3백만 원의 예산이 배정되었으나

---

6) 문교부, (1968), 「문교사」, 서울: 한국교육문세언구소.

1959년에는 맹아학교와 농아학교로 구분하여 각각 2800만 원과 2700만 원이 배정되어 운용되었다.

넷째, 의무교육에 대한 예산을 보면 1950년에 초등교육비로 102억 3000만 원이 배정되었는데 이는 당시 교육 전체 예산 120억 500만 원의 84.9%에 해당되는 높은 비율이다. 그리고 1960년에는 의무교육비로 545억 5500만 원이 배정되었는데 이는 1950년의 예산에 비하여 5.3배로 확충되었고 전 교육예산의 88.6%에 해당된다.

2. 제2공화국(1960년~1961년)

가. 공약사항

제2공화국은 1960년 4·19 학생의거를 통해 윤보선이 대통령으로 당선된 이후 1961년 박정희에 의해 5·16 군사혁명이 일어났던 때까지를 말한다. 이 시기는 어떻게 보면 이승만 독재정치가 학생의거에 의해 무너지고 그 혼란을 수습하기 위한 수습 정부라고 볼 수 있다. 따라서 교육과 관련된 정책은 안정적으로 나타나 있지 못하다.

윤보선 대통령의 취임 시 제시한 국정목표와 공약을 보면 다음과 같다.

 1) 국정목표: 국민의 정부로서 4·19 정신을 받들어 잘사는 국가
 2) 국정지표
   가) 독재로부터 안정된 민주주의 정착
   나) 복지사회건설
 3) 취임 시 공약: 민주적인 국민의 정부 수립
복지사회건설
 4) 취임사 특징: 4·19 이후 국민과 학생의 민심 수습

나. 시정연설 내용

1960년
 1) 예산편성지침: 없음

2) 시정연설 기본방향: 교육 및 보건에 힘을 써 재정의 15% 확보

 가) 교육문화와 과학기술 진흥

 나) 의무교육 확충 위한 교실 증축

 다) 교육시설비 157억 확보

1961년

1)예산편성지침: 없음

2) 시정연설 기본방향: 교육의 충실

　　교육의 충실—의무교육실시경비 확충, 과학기술교육 확충, 대부장학기금 마련

 가) 의무교육실시경비 확충

 나) 과학기술교육 확충

 다) 대부장학기금 마련

다. 교육부 정책과 장학방침 내용

1960년

문교정책

기본: 4·19혁명을 계기로 새로운 철학 위에서 교육은 사람답게 만드는 일.

1) 교육의 민주화

2) 미 군정교육 개혁

3) 정신운동

4) 도덕운동

5) 교육의 중립을 통한 자주성 확립

6) 혁명정신에 입각한 문교정책

7) 국민문화진흥.

8) 국적 있는 교육

장학방침

1) 반공 및 국방교육의 강화

2) 생산 교육의 강화 확충

3) 향토 교육의 건설

4) 대학 교육의 정비 강화

5) 과학의 진흥

6) 국민 문화의 창달

7) 국민 체위의 향상

1961년

문교정책

1) 각급 학교는 전통의 교풍을 유지하고 그것을 배양토록 힘쓴다.

2) 법의 질서를 유지하여 공정하게 처리하고 법과 규칙, 교칙을 철저히 지키는 준법정신의 앙양에 힘쓴다.

3) 가지각색의 불의와 부정, 부채를 일소하는 데 앞장선다.

4) 일선교육을 강화하고 교육구나 중앙관청의 불필요한 인원을 감소한다.

5) 각급 학교는 정원을 철저히 엄수한다.

6) 교원노조를 비롯한 학원 분규를 조종하는 적색, 공산분자를 일소한다.

7) 영리적 사고방식을 지양하고 인간개조 혁신을 위하여 자아, 비판한다.

8) 무능한 교사나 병역기피자, 축첩자, 불순분자를 엄단한다.

9) 책임자는 솔선수범하여 향상발전에 기여한다.

10) 교육자는 혁명과업 완수의 핵심체이니 국민운동의 선봉이 되어 빈곤타파의 원동력이 된다.

11) 인사행정에는 공정을 기할 것이며 유능한 분을 기용한다.

장학방침

1) 정신 혁명

2) 교육 혁명

3) 교육 행정 쇄신

4) 생산 기술 과학 교육 강화

5) 향토 및 의무 교육의 질적 향상

라. 부문별 교육예산편성 결과

이상에서 살펴본 대통령의 공약내용과 시정연설 및 교육부의 역점사업에 대한 강조내용 등이 어느 정도로 예산규모에 반영되었는지 살펴보면 다음과 같다.

<표 33>부문별 교육예산편성 결과

(단위: 백만)

1960		1961		1963	
총 결산 합계	61562	총 결산 합계	73479	총 결산 합계	10016
제1장 일반행정비	127	제1장 일반행정비	262	제1장 일반행정비	348
1관 행정부비	127	1관 행정부비	262	1관 문교본부	348
제2장 교육문화과학비	6254	제2장 교육문화과학비	9634	1항 본부사무비	31
1관 서울대학교	1368	1관 서울대학교	2339	2항 학사지도비	39
2관 경북대학교	518	2관 경북대학교	803	3항 학교관리비	112
3관 전북대학교	222	3관 전북대학교	341	4항 체육진흥비	133
4관 전남대학교	388	4관 전남대학교	602	5항 문예장려비	33
5관 부산대학	398	5관 부산대학	673	제2장 교육문화사업비	9607
6관 기타 대학	572	6관 기타 대학	914	1관 교육기관	1038
7관 사범학교(18개)	756	7관 사범학교(18개)	937	1항 서울대학교	277
10관 교육문화사업비	1214	8관 특수학교	202	15항 서울의대부속병원	86
제3장 의무교육비	54555	10관 교육문화사업비	1678	19항 서울치대부속병원	3
1관 의무교육비	50583	9관 문화기관	1141	2항 충남대학교	45
2관 중등교육비	2185	제3장 지방재정비	63600	5항 경북대학교	91
3관 고등교육비	1776	1관 의무교육비	58627	17항 경북의대부속병원	34
0 태풍피해복구	666	2관 중등교육비	2777	3항 전북대학교	50
		3관 고등교육비	2195	4항 전남대학교	68
		2관 문화기관	44	16 전남의대부속병원	22
		1항 도서관	15	6항 부산대학	81
		2항 박물관	8	18항 부산의대부속병원	29
				12항 부산수산대학교	0
				9항 공주사대	15
				7항 춘천농과대학	12
				5항 광주사범대학	
				6항 부산사범대학	

1960		1961		1963	
				8항 한국해양대학	44
				10항 제주대학	18
				11항 충북대학	17
				13항 교육대학	97
				20항 연구조성비	18
				14항 기타 학교	30
				2관 문화기관	44
				1항 도서관	15
				2항 박물관	8
				3항 과학관	2
				6항 국사편찬위원회	8
				10항 시청각교육원	4
				4항 학술원	14
				5항 예술원	3
				장 폐 지	
				3관 지방재정	8586
				1항 도교육행정비	73
				2항 의무교육비	7712
				3항 중등교육비	437
				4항 고등교육비	361
				5항 실업전문교육비	3
				6항 지방교육교부세	0

윤보선 대통령은 4·19의거 이후 혼란한 사회의 안정에 힘을 써야 했기 때문에 예산의 효율적 운영이나 정책적 성과를 위한 노력보다는 정치·사회적 시국 안정을 위한 국정운영을 하였기 때문에 뚜렷한 변화내용을 정리하기가 어렵다.

3. 제3·4공화국(1961년~1979년)

제3공화국은 1962년 12월 17일부터 1972년 10월 17일(10월 유신)까지를 말한다. 그러나 5·16 군사혁명을 통해 군정의 정권을 잡은 사람은 박정희이기 때문에 편의상 제3공화국을 1961

년 5·16 이후부터 1972년까지를 하나로 묶어 자료를 분석하였다.

　박정희 대통령은 1970년대에 들어 장기집권계획을 구상하여 1972년 10월 17일, 국회를 해산시키고 통일주체국민회의를 구성하여 이들에 의해 대통령으로 추대되었기 때문에 이렇다 할 국민들에 대한 대선 공약은 없다. 그러나 이때에 대통령에 취임하면서 취임사에서 밝힌 국정목표와 공약내용을 보면 다음과 같다.

가. 공약사항

1) 국정목표: 주체적 민주, 민족주의
2) 취임 시 공약: 건실한 경제사회적 토대 구축
　　　　　　　　부정부패 청산
　　　　　　　　평화적 정권교체
3) 취임사 특징: 새로운 정치풍토 조성
　　　　　　　　경제 근대화
　　　　　　　　부패척결
　　　　　　　　반공태세 재정비

나. 시정연설 내용

1962년
1) 예산편성지침: 없음
2) 시정연설 기본방향: 의무교육예산확보

1964년
1) 예산편성지침: 없음
2) 시정연설 기본방향: 과학기술교육 강화
　가) 과학기술진흥
　나) 직업교육과 기술교육
　다) 교육은 경제개발 5개년 계획에 중요한 영향을 미치므로 교육예산확보에 힘씀

1965년

1) 예산편성지침: 없음

2) 시정연설 기본방향: 의무교육정상화

가) 교육제도의 개편

나) 의무교육 정상화

다) 과학실업기술교육 진흥

라) 장학금제도 마련

1966년

1) 예산편성지침: 과학기술도입촉진

실업교육과 직업교육 통한 인적자원육성

의무교육충실

민족문화창달

2) 시정연설 기본방향: 경제개발에 뒷받침되는 교육

가) 학제 개편

나) 생산과 직결되는 실업교육 진흥

1968년

1) 예산편성지침: 없음

2)시정연설 기본방향: 자주적이고 민주적 인간교육

가) 의무교육정상화

나) 부족교실 확충 위한 교실 6700개 건설

다) 70년에 2부제 해소

1969년

1) 예산편성지침: 없음

2) 시정연설 기본방향: 국민의 가치관과 생활윤리 확립하는 교육

가) 국민교육헌장 제정하여 국민의 가치관과 생활윤리를 밝힌다.

나) 종합교육계획을 수립하여 문교시책을 확고한 기반 위에 세운다.

다) 의무교육실시

라) 중학입시제도를 폐지하고 무시험진학과 평준화

1970년

1) 예산편성지침: 없음

2) 시정연설 기본방향: 교육의 생산성 제고

가) 참다운 인간 육성

나) 교육의 생산성을 제고하는 과학기술 교육을 확충

다) 의무교육 정상화

라) 고등교육 질적 충실

1971년

1) 예산편성지침: 과학기술을 개발―실업교육 및 과학기술 진흥, 직업훈련 보강

2) 시정연설

시정연설 기본방향: 교육의 모든 기능을 최대한 발휘

국민교육헌장의 이념을 생활화

국가발전에 기여하는 인재를 양성

가) 의무교육의 정상화를 위한 부족교실 7200개를 건축―2부제 수업을 72년부터 없애고, 중학무시험제도를 전국확대 실시

나) 대학교육의 질적 충실을 기하고자 학교설비를 보강, 학술연구분위기 조성

3) 과학기술계 인력수요를 충족시키기 위해 실업계학교를 계속 확충하고 AID 차관사업을 적극 추진

4) 국민체위 향상을 위하여 학교 및 지방체육시설을 확대하여 직장체육을 진흥

1972년

1) 예산편성지침: 교육기회확대

실업계 각급 학교와 이공대학의 실험실습시설 강화

2) 시정연설 기본방향: 국민교육헌장의 이념을 기조로 하여 모든 영역의 교육적인 기능을 최대한 발휘하게 한다.

가) 의무교육을 위한 교실 난 해소되었으므로 육성회비의 점진적 국고부담과 교과서 무상 공급의 확대

나) 중등교육에 있어서는 중학교무시험진학제의 합리적 운용과 고등학교 입시제도개선에 대한 연구 및 실업교육의 충실

다) 대학교육시설의 질적 충실화를 도모하고 산학협동제의 발전과 학원 내 연구활동을 더욱 지원

라) 국민체위와 체력향상을 위한 정부지원의 확대와 각급 교원의 자질향상을 위한 재교육의 충실

1973년

1) 예산편성지침: 지방산업과 관련된 지방국립대학 특색

과학기술교육 양성 위한 시설확충과 기술훈련

2) 시정연설 기본방향: 교육은 한 나라의 국운을 좌우하며 평화와 번영을 위한 남북 간 경쟁에서 더욱 중요

3) 교육 지표: 대한민국 국민으로 긍지와 책임을 다할 줄 아는 사람

가) 국민교육헌장의 이념을 기초로 국가에 충성하고 사회에 공헌하고 국민으로서 책임과 의무를 다하는 가치관 확립의 교육

나) 새마을 교육의 실시, 안보교육체제의 확립의 국민교육, 과학기술의 생활교육, 민주체제의 우월성 교육

다) 교육시설의 개수와 확장 및 교원생활의 안정, 학생장학제도의 확충, 산학협력제도

1974년

1) 예산편성지침: 연구시설확충으로 과학기술 개발

실업계학교를 증설하여 기술인력 배양과 훈련 강화

2) 시정연설 기본방향: 국가가 필요로 하는 성실하고 능력 있는 인재 육성—애국애족의 올바른 국가관과 민족사관, 자주성이 확립된 인간

가) 각급 학교의 입시제도의 개선, 교과내용의 쇄신

나) 국적 있는 교육으로 민족사관의 정통성을 고취, 국가에 충성심을 고양하며

3) 과학기술 및 생산교육을 진흥하며 산업사회발전에 기여하는 인재 양성

4) 중화학 공업에 발맞추어 지원하며 새마을 교육 등 사회교육과 산업협력체제를 추진1

1975년

1) 예산편성지침: 교과서 무상공급은 50% 범위 내 지급

   의무교육시설경비는 교실신축과 노후교실 개축비를 반영

   중등교육비는 교육비특별회계로 부족액을 계산

2) 시정연설 기본방향: 나라를 사랑하고 조국의 발전과 번영을 위해 헌신하는 참다운 한국인

   가) 올바른 민족관과 국가관을 확립하고 생산적이며 건설적인 행동철학 확립

   나) 국민윤리교육의 보강을 비롯한 교과내용의 개편과 교육방법의 개선 및 산학협력강화

   다) 반공교육의 강화와 사회교육의 기능의 확대, 재외국민교육의 강화

1976년

1) 예산편성지침: 도서벽지에 우선 급식공급, 교과서 무상은 55%

2) 시정연설 기본방향: 국가의 발전과 국력은 교육에 의해 좌우 – 국가의식에 투철하고 고도로 개발된 인력

   가) 국민교육헌장 이념 아래 민족정신과 국가관을 함양하도록 교과서 개편 보완

   나) 실업교육과 산학협동체제 강화

   다) 국민윤리교육 민반공교육 강화

   라) 실업교육의 내실화

   마) 의무교육의 충실, 교육의 지역적 균형발전

   바) 대학을 지역사회발전에 기여하도록 특수화 해나가도록 함

   사) 재외국민교육 충실과 체육시설의 확충 및 우수선수 육성

1977년

1) 예산편성지침: 과학기술진흥과 의무교육의 충실화

                 인력개발의 촉진과 직업교육의 강화

2) 시정연설 기본방향: 교육은 실질을 숭상하고 실천을 중히 여기는 생산적이고 건설적인 한국인

   가) 올바른 국가관과 투철한 애국심을 함양하는 국민정신 교육

   나) 의무교육의 내실화

   다) 교육의 지역적 균형발전

1978년

1) 예산편성지침: 교육의 충실화

2) 시정연설 기본방향: 애국애족의 정신에 투철하고 국가발전에 기여하는 인재 양성

 가) 호국정신에 바탕을 둔 국가관의 정립과 국민도의의 조장 – 국민정식교육 강화

 나) 의무교육의 충실과 지방대학의 육성발전

 다) 교육의 지역격차 해소

 라) 이공대 대학의 정원 확대와 야간대학의 확대로 교육기회 확충

 마) 특성화 공과대학과 공업고등학교의 증원과 시설확충

 바) 청소년선도문제에 역점

1979년

1) 예산편성지침: 의무교육의 충실화

　　　　　　　　실업교육 강화 – 고급기술인력 양성

2) 시정연설 기본방향: 애국애족과 국가발전에 기여하는 인간 육성

 가) 호국안보이념을 생활화하고자 국가관을 정립, 국민의식 진작

 나) 의무교육 내실화와 교육시설의 확충에 노력 – 각급 학교 증설

 다) 중등교육의 교과서 개편과 교수의 연구활동 지원, 교육의 질적 향상을 도모

 라) 지방대학의 육성과 교환교수제

 마) 공과대학의 특성화를 추진 – 산학협력체제 구축

 바) 교육시설의 확충과 우수선수 육성과 국민체육진흥

다. 교육부 역점사업 내용

 각 부처는 상임위원회에서 예산제안 설명 시 그들의 역점사업을 설명하는데 교육부 또한 마찬가지로 역점사업을 중심으로 명을 한다. 따라서 박 대통령 시기의 내용을 간추려 제시하면 다음과 같다.

1963년

문교정책

1) 국민에게 민족주의 의식을 함양하고 민주사회에 적응할 수 있는 덕성과 도의심을 앙양하며 창의적 생활능력을 배양함으로써 국민개개인과 국가·사회의 발전을 기할 수 있는 공민교육을 실시한다.

2) 교유한 민족문화의 전통 위에 선진 각국의 문화를 섭취·승화시킴으로써 보다 위대한 민족문화의 발전을 기한다.

3) 전래의 미풍양속과 외래풍습을 조화시켜 근면하고 진취적인 사회기풍을 진작시켜 새로운 가치관을 확립하고 건전한 도의사회 건설을 기한다.

장학방침

1) 향토교육의 건설과 실업교육 진흥

2) 승공 도의 교육의 철저와 예절의 준수

3) 보건 체육 교육의 강화

4) 생산 기술의 연마

5) 독서 교육을 통한 자율적 학습 활동의 조정

6) 특별 활동의 효율적인 운영

7) 학교 운영의 실표 거양

8) 연구학교의 적극 지도

1964년

문교정책

1) 자주정신의 확립을 통한 민주시민의 자질 향상

2) 생산능력 배양과 과학기술교육 강화

3) 민족문화 발굴과 앙양

장학방침

1) 민주학원의 건설

2) 생산 기술의 연마

3)교육 방법의 개선

1966년

문교정책

1) 공부하는 학원을 건설하여 생산하는 교육 추진

2) 조국 근대화를 위하여 전진하는 교육

장학방침

1) 민족주체성의 확립

2) 생산하는 국민교육의 추진

3) 건전한 학풍조성

1967년

문교정책

1) 국민교육헌장의 구현방안을 수립하고 장기종합교육계획을 세운다.

2) 1971년까지 중학입시제를 폐지하고 9년제 의무교육제를 위한 기초작업을 완료한다.

3) 과학·기술교육의 진흥을 위해 실업학교 시설을 확충하고 우수한 기능인을 양성, 공업입국에 기여한다.

4) 국민체위 향상을 위해 체육시설을 확장하고 체육의 대중화를 기한다.

5) 해외 교포의 교육강화를 위해 장학제도를 확충한다.

6) 생산적이며 진취적인 새로운 국민상 설정에 노력한다.

7) 학문연구의 자유를 보장하고 학술연구사업을 적극 지원한다.

8) 민족예술단체의 활발한 활동을 위한 정부의 적극적인 재정지원을 단행한다.

9) 교직자의 신분보장과 처우개선을 위해 노력한다.

10) 민주언론의 책임 있는 창달을 적극 지원한다.

장학방침

1) 건전한 학풍을 조성

2) 생산하는 교육을 추진

3) 민족 주체성의 확립

1969년

문교정책

1) 공부하는 학원을 건설하여 근대화를 위한 인간 교육과 생산하는 교육의 추진

2) 새 국민상의 창조

장학방침

1) 윤리관의 확립

2) 산교육의 추진

3) 교육 과정 운영의 정상화

4) 한글 전용 추진

5) 사도의 확립

1970년

문교정책

1) 새 국민상의 창조

2) 교육의 질적 향상

3) 학교 제도의 쇄신

장학방침

1) 국민 윤리의 실천

2) 교육의 권위 향상

3) 과학기술교육진흥

1977년

1) 의무교육의 내실화 – 교과서 무상지급을 63.5%→75%로 제고, 육성회비 국고전환 범위를 면 이하 전 지역 확대, 교원 3493명 증원

2) 대학교육시설 확충 및 학술연구조성 – 서울공대와 충남대 이전, 제주대 종합화, 학술연구조성비를 4억 2천에서 15억으로 증액

3) 청소년 지도자 연수원 신설

4) 국비 해외유학제도 신설

5) 문화예술 창작활동의 지원확대

6) 문화재 보수 발굴

1978년

1) 의무교육의 내실화 – 교과서 무상지급을 75%→85%로 제고, 육성회비 국고전환 범위를 면 이하 전 지역 확대, 교원 2613명 증원

2) 대학의 면학분위기 조성 및 지방대학 육성 – 대학시설 확충, 강원대 충북대 종합화, 학술연구 조성

3) 사회교육 강화 – 한국정신문화연구원 설립, 공공도서관시설 확충

4) 지방체육 시설의 확충과 국민체육진흥기금 조성

5) 국비에 의한 해외 유학생 확대

6) 문화진흥과 문화재 보호개발

1979년

1) 의무교육의 내실화 – 교원 2886명 증원, 교실 2700 신축, 국민학교 전 아동 책 무상지급, 육성회비 국고전환 범위 6개 도시 제외한 전부, 중학교 의무교육 확충

2) 대학의 면학기풍 정착과 지방대학 육성 – 대학기본시설 확충, 대학 이전 집중 지원, 학술 연구 조성과 교수 해외연구

3) 특수교육의 진흥 – 공립 초 · 중등 무상교육

4) 사회교육강화 및 체육진흥 – 재외국민교육 강화, 국비 해외유학제도 확대

5) 문화진흥

6) 문화재 보호 개발 – 충성심 함양과 조상의 문화유산 유지, 문화재 보호

라. 교육부 정책 방향

각 부처는 1년 동안의 지표를 설정하고 추진하는데 교육부의 경우도 교육지표를 제시하여 교육의 목적 달성을 위해 노력한다. 따라서 이들의 지표를 제시하여야 하는데 1971년부터 1982년까지의 지표내용을 기록한 자료가 없어 박정희 대통령 시대의 지표는 생략한다.

마. 부문별 교육예산편성 결과

이제 제3·4공화국 시기의 예산규모를 1963년부터 살펴보면 다음과 같다.

특히 3공화국 시기는 5·16이후 군정통치하에서 벗어나 임간으로 이양되면서 박정희 대통령을 통일주체 국민회의를 통해 대통령에 당선시켰기 때문에 대통령의 카리스마적 의지가 국정운영과 예산에 많이 반영된 것으로 보인다.

〈표 34〉부문별 교육예산편성 결과

(단위: 백만)

1963년		1964년		1965년-1966년		
총 결산 합계	10016	총 결산 합계	11243	총 결산 합계	13285	19292
제1장 일반행정비	348	제1장 일반행정비	399	제1장 일반행정비	419	868
1관 문교본부	348	1관 문교본부	373	1관 교육행정비	419	868
1항 본부사무비	31	1항 본부사무비	28	1항 본부	30	42
2항 학사지도비	39	5항 편수비	10.5	5항 편수비	17	18
3항 학교관리비	112	2항 장학지도비(부활)	9	2항 장학지도비(부활)	19	17
4항 체육진흥비	133	3항 보통교육비	88	3항 보통교육비	93	116
5항 문예장려비	33	4항 고등교육비	26	4항 고등교육비	30	153
제2장 교육 문화사업비	9607	6항 문예체육비	202	6항 문예체육비	231	521
1관 교육기관	1038	0 연구조성	8.5	7항 공무원처우개선비	0	0
1항 서울대학교	277	0 교원연구수당승급단축	26	제2장 교육 문화비	12865	18424
15항 서울의대부속병원	86	제2장 교육 문화사업비	10844	1관 교육기관	1508	1680
19항 서울치대부속병원	3	1관 교육기관	1079	1항 대학비	975	1377
2항 충남대학교	45	1항 대학비	695	2항 교육대학(14개 교대)	155	252
5항 경북대학교	91	2항 교육대학(14개 교대)	100	3항 특수학교	45	51
17항 경북의대부속병원	34	3항 기타 학교(해양. 맹.농 제주사범	29	4항 부속병원(5개 대학병원)	0	
3항 전북대학교	50	4항 부속병원(5개 대학병원)	255	2관 문화기관	48	86
4항 전남대학교	68	2관 문화기관	42	1항 도서관	13	22

1963년		1964년		1965년-1966년		
16 전남의대부속병원	22	1항 도서관	13	2항 사서관리비	6	7
6항 부산대학	81	2항 박물관	8	2항 박물관	9	13
18항 부산의대부속병원	29	3항 과학관	2.5	3항 과학관	4	9
12항 부산수산대학교	0	6항 국사편찬위원회	7	6항 국사편찬위원회	7	12
9항 공주사대	15	7항 시청각교육원	6	7항 시청각교육원	7	11
7항 춘천농과대학	12	4항 학술원	4.2	4항 학술원	4.6	13
5항 광주사범대학		5항 예술원	3	5항 예술원	3	6.7
6항 부산사범대학		장 폐 지		3관 지방교육재정비	11310	16657
8항 한국해양대학	44	3관 지방재정비	9722	* 도교육행정비	100	
10항 제주대학	18	1항 도교육행정비	93	1항 의무교육재정교부금	9691	14507
11항 충북대학	17	2항 의무교육비	8	2항 중등교육비	914	1212
13항 교육대학	97	3항 중등교육비	724	3항 고등교육비	25	35
20항 연구조성비	18	4항 고등교육비	9	4항 지방교육교부세	579	903
14항 기타 학교	30	5항 지방교육교부세	541			
2관 문화기관	44					
1항 도서관	15					
2항 박물관	8					
3항 과학관	2					
6항 국사편찬위원회	8					
10항 시청각교육원	4					
4항 학술원	14					
5항 예술원	3					
장 폐 지						
3관 지방재정	8586					
1항 도교육행정비	73					
2항 의무교육비	7712					
3항 중등교육비	437					
4항 고등교육비	361					
5항 실업전문교육비	3					
6항 지방교육교부세	0					

1967년-1968년			1969년			1970년	
총 결산 합계	24643	35332	총 결산 합계	45338	결산	총 결산 합계	5800
제1장 교육 및 기술진흥비	2982	4274	제1장 교육 및 기술진흥비	5599	장	25 교육문화	5687
1관 문교본부	783	1308	1관 문교본부	1733	관	26 보통교육행정	4386
1항 사무관리비	61	84	1항 사무관리비	114	항	1200 의무교육행정	8
2항 교육관리비	533	902	2항 교육관리비	1336	항	1800 교육대학운영	89
3항 기술교육관리비	189	323	3항 기술교육관리비	284	항	2600 의무교육교원봉급	4288
2관 교육기관비	2086	2794	2관 교육기관운영비	3688	항	2700 지방교육재정	809
1항 대학기관 운영비	1698	2070	1항 대학기관 운영비	2805	항	1300 중등교육행정	819
2항 교육대기관운영비(15개)	303	415	2항 교육대학기관운영비(16개)	609	관	28 대학교육	370
3항 특수학교(해양, 맹, 농아	85	175	3항 고등전문학교(5개—해양수산)	188	항	1400 대학교육행정	43
부산직업)			4항 특수학교(해양, 맹아.농아	86	항	1900 대학운영	33
4항 국립이관학교	0	134	부산직업)		관	29 특수교육	6
3관 문화기관	113	172	3관 학예기관	178	항	2300 특수교육기관	6
1항 국립도서관	23	30	1항 국립도서관	40	관	30 문화예술	24
2항 사서관리비	10	12	2항 사서관리비	14	항	2000 학예술기관운영	24
2항 국립박물관	18	10	4항 국사편찬위원회	42	관	32 사회교육 및 체육	65
3항 국립과학관	16	23	5항 중앙시청각교육원	43	항	1700 사회교육 및 체육	65
6항 국사편찬위원회	18	40	2항 학술원	33	관	33 행정기타	16
7항 중앙시청각교육원	17	30	3항 예술원	19		1100 문교행정	16
4항 학술원	12	26	제2장 지방교육재정비	39740	관	35 과학기술	110
5항 예술원	8,3	14	1관 지방교육재정비	39740	관	36 실업교육	110
제2장 지방교육재정비	21661	31058	1항 지방교육재정비	39740		1500 실업교육진흥	35
1관 지방교육재정비	21661	31058				2200 실업계대학운영	44
1항 지방교육재정비	21661	31058				2400 실업계전문학교	26
						2500 기타 실업학교 운영	5

장 관	항 세항	1972	1973	1974	1975	1976	1977	1978	1979	1980
장 25 교육 문화 → 77년 130 교육 및 문화→78년 310 교육 및 문화	장 25 교육 문화	92370	96690	131061	190748	337355	451867	573395	821851	1086600
	관 26 보통(초·중등)교육	84953	88406	118530	172802	306059	403563	506241	711136	941621
	항 1200 보통교육	84953	88406	118530	172802	306059	2479	3130	3931	4452
	1200 보통교육행정	262	236	38	834	1447	1902	447	652	270
	1211 교육행정관리	7	8							
	1212 교육재정관리	26	26							
	1312 교직관리							2461	3273	4181
	1313 교과서편수	146	145	166	167	168	525			
	1314 교육시설관리			23	37	36	50	220		
	1314 도서검인정(수입대체)				20	53				
	1315 국정교과서 출자					315				
	1214 초중교원관리	80	56							

장 관	항 세항	1972	1973	1974	1975	1976	1977	1978	1979	1980
장 25 교육 문화 → 77년 130 교육 및 문화→78년 310 교육 및 문화	1800 교육대학운영	1471	1555	1592	2123	3657	4235	4128	6029	8417
	1811 서울교대 외					2993	3670	3590	4897	7242
	1412 교대입시경비				10	5	16	16	30	30
	1413 교육대시설					658	548	521	1102	1144
	항2600 지방교육재정(교부금)	83219	86615	116708	169618	300381	396848	498982	701175	928751
	2611 초등교원봉급 (74년 초중)	41026	43915	75308	107325					
	2612 중등교원봉급	7555	8876			183708	245932	310103	402390	496581
	2613 경상교부금	34637	33823	41399	62292	97464	122681	152619	217643	333422
	1513 초·중등교육시설					19208	28233	36259	81142	98747
관 28 대학교육	관 28 대학교육	5547	5970	7866	12780	24485	37715	51068	89445	113946
	1400 대학교육				3120	3591	5618	9822	15743	20075
	1400 대학교육재정	716	776	1751						
	1411 고등교육관리 (대학교육행정)	656	722	1751	3120	3591	4933	3691	6112	18835
	1412 학사지도비	63	54							
	1712 교육정책 및 군사교육						685	904	1207	1239
	1713 교육정책실									
	1714 학술진흥재단출연							5226	8422	
	1500 대학운영	4828	5193	6115	9660	15263	20135	26150	36799	48053
	1511 종합대학교운영									
	1512 단과대학운영									
	1513 대입시 및 논문심사				26	28	192	262	393	548
	1514 대학입학학력고사				13	30				
	1536 대학수학능력시험									
	1600 대학시설					5630	11961	15115	36903	45818
	1611 서울대 및 29개교									
관29 특수교육	관 29 특수교육	96	105	122	191	291	450	536	681	878
	1700 특수교육(기관운영)	96	105	122	191	291	450	536	681	878
	1711 특수학교운영			122	121	191	371	463	571	750
	1712 특수학교시설					78	78	72	109	128
관 30 문화예술	30 문화예술	375	380	704	636	956	1241	1654	2855	3479
	1800 학·예술기관운영	375	380	704	636	956	1241	1654	2855	3479
	1811 국립중앙도서관	108	107	426	154	328	441	550	1085	1230
	1812 학·예술기관				175	221	298	334	579	756
	1812 학술원	3	68	120						
	1813 예술원	48	53							
	1813 국사편찬위원회	71	77	80	95	128	179	233	343	471
	항5100 교육훈련기관									

장 관	항 세항	1972	1973	1974	1975	1976	1977	1978	1979	1980
관 30 문화예술	2614 중앙교육연수원			76	210	278	322	536	847	1020
	2615 재외국민교육원								261	
	2616 대학입학고사운영									
	2015 중앙시청각	79	73							
관 32 체위향상→ 77년 315 사회교육 및 체육	관 32 사회교육 및 체육		1027	1559	2544	4150	7836	11107		19775
	항 1700 사회교육 및 체육	1075	1027	1559	2544	4150	7836	11107		19775
	1711사회교육관리(직업교육)	170	204	1014	1376	1871	4108	3062		7056
	세항1712 재외국민교육원						101	221		1180
	1712 교직국제교육	518	584							
	1713 체육진흥	386	238	544	1167	2279	2606	2806	2393	2739
	1714 체육시설						842	4500	5837	1623
	1715 국비유학						78	267	684	980
	1716 국제체육경기						100	250	350	1695
관 33 행정기타	관 33 행정기타	322	800	2278	1793	1411	1060	2768	3814	6898
	항 1100 문교행정	322	800	2278	1793	1411	1060	2768	3814	6898
	세항 1101기획운영(기관운영)	103	32	1647	1060	245	374	478	1069	906
	1111 장학지도(교과서)	218	707	630	733	1166	685	2290	2369	1537
	1112 교육시설관리									3318
	1113 교과서편수									1136
76년 장 35 과학기술—관36 실업교육→ 77년 장 320 인력개발 및 인구대책	장 35 과학기술	1901	2448	2707	4308		28862	34270	51209	56710
	관36 실업교육	1901	2448	2707	4308	23852	28862	34270	51209	56710
	1500 실업교육진흥	450	598	518	883	16982	18764	20558	33605	34673
	1511 실업교육행정(관리)	450	598	518		1046	2734	3239	5932	5267
	1512 교육차관시설					15636	16029	17319	27673	29406
	2200 실업계대학운영	624	661	824	1266	1891	2233	3250	2942	3039
	2212 실계학교시설지원					300				
	2914 실계대학입시 논문심사				4	3	29	25	27	25
	3100 실업계대학시설					395	1347	858	1694	2302
	3200 실업전문대학운영	754	1114	1265	1887	2755	4494	5145	6527	8463
	3216 실업전문대 입시					6		71	108	
	3300 실업전문대 시설					694	2021	1498	2427	4643
	2500 기타 실업학교운영	72	73	99	271					
	3400 실업공고교육					533		2958	4012	3587
	3411 실업공고운영					531		1310	1740	2233
	3412 실업공고입시					20	39	2	2	
	3413 실업공고시설					599		1646	2269	1351
장 330 보건 및 생활환경개선 관 보건 8578	장 330 보건 및 생활환경개선						7555	8751	11862	7608
	관 331 보건						7555	8751	11862	7608
	항 3500 병원관리								8097	4804
	항 9100 타회계전출						7555	3751	3765	2803
	세항 9111 병특전출금							8751	3765	2803
	교육부 총계	94272	99138	133768	195057	361208	488285	616417	884924	1150920

제3·4공화국에서 강조하고 있는 내용을 보면 국가에 충성심을 갖는 국가관과 새마을 정신 및 교육헌장의 정신을 토대로 국민윤리와 정신교육을 가장 강조하고 있다. 또한 국민학교의 의무교육과 교과서 무상교육 등 의무교육에서 기본적으로 필요한 부분을 실천하고자 하였다. 그 결과 의무교육과 교과서 무상지급에 대한 내용은 문교부 역점사업에 크게 강조되어 나타나 있다.

<표 35> 제3·4공화국의 강조내용 정리표

구분	국가충성	교육헌장	새마을운동	초중등교육	대학교육	국민체력	국민윤리	청소년
박정희 국정목표	주체적 민주, 민족주의							
대선공약	○		○					
시정연설 29개 항목	국가관 5회 국가공헌 1회	헌장이념 4회	새마을 정신 고취 3회	시설균형 2회 의무교육 6회 무시험진학2회	대학시설 3회 질적충실 2회 이공대 3회 지방대육성 1	국민체력 육성 2회	국민윤리와 도덕심 2회	청소년 보호 2회
	◎	◎	◎	◎	◎	○	○	○
교육부 역점사업	문화재 보호 육성발굴 5	교육과정에 반영	교육과정에 반영	의무교육 교과서무 상지급 3회 특수교육 1회	시설, 학술연구, 면학분위기 4회	체육시설확충과 지도자 훈련 2회	사회교육 강화 3회	청소년 지도자 훈련 2회
	◎	○	○	◎	◎	○	○	○

아울러 박정희 대통령은 한국의 경제성장을 제일주의로 삼고 경제개발계획을 꾸준히 추진하였다. 그리고 그에 필요한 인력과 기술자를 교육을 통해 조달하도록 하고 있다. 특히 공대 육성정책과 전문대 및 공고교육을 강화하였다.

결국 대통령의 시정연설 내용이 교육부의 역점사업에 잘 반영되어 구체화되어 있는데 이를 예산규모와 비교하여 보자.

예산규모에 앞서 예산의 코드별 분류항목을 보면 박정희 시대에 장·관·항·세항의 분류가 1977년 이후 체계화가 되어 가는 모습을 보인다.

아래 <표 36>에서 보는 바와 같이 1977년 이전에는 교육의 장) 교육문화의 예산이 십 자리 단위로 되어 있으나 1977년 이후부터는 장을 백 단위 숫자로 분류하기 시작하였고 이때의 백 단위 코드별 분류가 현재까지 사용되고 있다.

〈표 36〉제3·4공화국시대의 예산과목변천표

장	관 (~1976년까지)	항 (~1976년까지)	세항 (~1976년까지)	장 (1977년)	관 (1977년)	항 (1977년)	세항 (1977년)	장 (1978년~)	관 (1978년~)	항 (1978년~)	세항 (1978년~)
25 교육문화	26 보통교육	1200 보통교육행정	1211 교육행정관리	130 교육 및 문화	311 초·중등교육	1300 보통교육	1311 보통교육행정	310 교육 및 문화	311 초·중등교육	1300 보통교육	1311 보통교육행정
			1212 교육재정관리				1312 교과서편수				1312 교과서관리
			1213 교과서편수				1313 교육시설관리				1313 교육시설관리
			1214 초중등교원관리			1400 교육대학운영	1411 교육대운영			1400 교육대운영	1411 교육대운영
			1215 교육시설관리				1412 교육대학입시경비				1412 교육대입시
		1800 교육대학운영	1811~ 교대				1413 교육대학시설				1413 교육대시설
		2600 지방교육재정	2611 초등교원봉급			1500 지방교육재정	1511 초중등교원봉급			1500 지방교육재정	1511 초중등교원봉급
			2612 중등교원봉급				1512 경상교부금				1512 경상교부금
			2613 경상교부금				1513 초중등교원봉급				1513 초중등교원봉급
	28 대학교육	1400 대학교육행정	1411 고등교육관리		312 대학교육	1700 대학교육행정	1711 대학교육행정		312 대학교육	1700 대학교육행정	1711 대학교육행정
			1412 학사지도비				1712 학도호국단운영				1712 학술진흥
		1900 대학운영	1911~각 대학								1713 학도호국단운영
	29 특수교육	2300 특수교육기관운영	2311 명.농등학교			1800 대학운영	1811 서울대 외			1800 대학운영	1811 서울대외
							1823 대학임시논문심사				1824 대학임시논문심사
						1900 대학시설	1911 서울대 외			1900 대학시설	1911 서울대 외
	30 문화예술	2000 하·예술기관운영	2011 국립도서관		313 특수교육	2200 특수교육	2211 특수학교운영		313 특수교육	2200 특수교육	2211 특수학교운영
			2012 학술원				2212 특수학교시설				2212 특수학교시설
			2013 예술원		314 문화예술	2600 하·예술기관운영	2611 국립중앙도서관		314 문화예술	2600 하·예술기관운영	2611 국립중앙도서관
			2014 국사편찬위원회				2613 국사편찬위원회				2612 학예술기관
			2015 중앙시청각교육원				2614 중앙교육연구원				2613 국사편찬위원
	32 사회교육 및 체육	1700 사회교육 및 체육	1711 사회교육관리								2614 중앙교육연구원
			1712 교포 및 국제교육		315 사회교육 및 체육	2400 사회교육 및 체육	2411 사회교육관리		315 사회교육 및 체육	2400 사회교육 및 체육	2411 사회교육관리
			1713 체육진흥				2412 재외국민교육원				2412 재외국민교육원
			1101 기획운영				2413 체육진흥				2413 체육진흥
	33 행정기타	1100 문교행정	1111 장학지도비				2414 체육시설				2414 체육시설
							2415 국비유학				2415 국비유학
							2416 국제체육경기				2416 국제체육경기
					316 문교행정	1100 문교행정	1101 기획운영		316 문교행정	1100 문교행정	1101 기획운영
							1111 장학지도				1111 장학 및 교과서

~1976년까지				1977년				1978년~			
장	관	항	세항	장	관	항	세항	장	관	항	세항
35 과학기술	36 실업교육	1500 실업교육진흥	1511 실업교육관리	320 인력개발 및 인구대책	321 실업교육	2800 실업교육진흥	2811 실업교육행정 / 2812 교육자관시설	320 인력개발 및 인구대책	321 실업교육	2800 실업교육진흥	2811 실업교육행정 / 2812 교육자관시설
		2200 실업계대학운영	2211 ~해양대 외			2900 실업계대학운영	2911 해양대 외 / 2915 실업계대학임시 논문			2900 실업계대학운영	2911 해양대 외 / 2915 실업계대학임시 논문심사
		2400 실업계전문학교운영	2414 목포해전 외			3100 실업계대학시설	3111 해양대 외			3100 실업계대학시설	3111 해양대 외
		2500 기타실업학교운영	2511 부산식업학교 외			3200 기타실업학교운영	3211 해양전문 외			3200 실업전문학교운영	3211 해양전문 외 / 3215 기타실업계학교임시
						3300 기타실업계시설	3311 해양전문 외			3300 실업전문학교시설	3311 해전시설 외
										3400 실업공교교육	3411 실업공교운영 / 3412 실업공교임시 / 3413 실업공교시설
				330 보건 및 생활환경개선	331 보건	9100 타회계전출금	9111 법특전출금	330 보건 및 생활환경개선	331 보건	9100 타회계전출금	9111 법특전출금

이어 제3·4공화국 시기의 예산규모를 보면 다음과 같다.

첫째, 장) 교육문화의 보통교육의 예산을 보면 시정연설과 문교역점사업에서 강조하였듯이 의무교육과 학교시설의 균형화 등을 이루려 노력하였다.

보통교육은 특히 1977년 이후로 예산이 급증하고 있다. 제3·4공화국 말기 1980년의 보통교육예산은 1976년의 예산 3000억대에서 9400억으로 4년 만에 무려 3.1배로 증가하고 있다. 그리고 초·중등학교 시설도 1976년부터 집중, 투자되고 있다.

둘째, 대학교육에서는 이공대 육성을 강조하였고 이어 대학의 질적 성장을 강조하였는데 1976년 35억에서 4년 후인 1980년에 200억으로 5.7배로 증가하였다.

셋째, 특수교육에서는 초·중등교육에 비해 예산규모가 크게 증가되지는 못하였지만 1976년도부터 특수학교시설에 투자를 시작하여 점증적으로 증가하고 있는 것으로 보아 크게 역점을 두어 추진하지는 않았다.

넷째, 박정희 대통령은 문화재 보호와 육성 및 발굴에 역대 어떤 대통령보다 많은 관심을 두고 강조하였다. 그 결과 문화예술부분의 예산이 1978년 이후 급격히 증가하였고 동시에 중앙도서관이나 국사편찬위원회 등의 예산도 크게 증가하였다.

다섯째, 박정희 대통령이 가장 강조한 내용 중의 하나가 과학기술이다. 과학기술이 국가경쟁력에서 이길 수 있다고 보고 1977년 전주에서 전국과학자대회를 개최하거나 국민생활에 과학화운동을 벌이기도 하였다. 이런 이유에서 1978년 과학기술 예산규모가 342억이던 것이 1979년에는 512억으로 1년 사이에 무려 150%로 증가하였다. 그리고 실업전문대 등의 예산도 크게 증가하여 전문인력을 육성하는 데 노력하였다.

여섯째, 국민의 체력향상과 보건 및 생활환경 면에서도 1979년 이후 예산이 크게 증가되었다.

4. 제5공화국(1980년～1987년)

가. 공약사항

전두환 대통령은 1980년 5·18사태를 일으켜 대통령이 되었고 이어 1981년 헌법을 개정하여 7년 임기의 대통령을 하게 되었기 때문에 선거공약 등이 나타나 있지 않지만 취임 시 제시한 국정목표와 공약을 보면 다음과 같다.

1) 국정목표: 정의·복지사회 구현

2) 국정지표

  가) 민주주의 토착화

  나) 복지사회건설

  다) 정의사회구현

  라) 교육혁신과 문화창달

3) 취임 시 공약: 평화적 정권교체

                          민간주도 경제

                          과외 폐지

4) 취임사 특징: 정치과열 방지

                          부정부패 척결과 의식구조 개혁

나. 시정연설 내용

1980년

1) 예산편성지침: 교육부문 투자확대와 인력개발촉진

2) 시정연설 기본방향: 애국애족의 정신에 투철하고 국가사회발전에 이바지할 수 있는 유능한 인재양성

  가) 의무교육의 내실화를 기함

  나) 대학을 비롯한 각급 학교의 입학정원을 늘림

  다) 교육시설확충

  라) 산업체부설학교와 야간특별학급 증설 – 근로청소년 취학기회 넓힘

  마) 고등교육의 내실화를 위해 실험대학제도 발전, 대학원 교육 강화

  바) 지방대학의 육성과 기능인력 양성을 위해 특성화공대 지원 강화

  사) 공업고등학교 중점육성

  아) 체육시설의 확충과 우수선수 발굴

1981년

1) 예산편성지침: 초·중등교육시설확충

2) 시정연설 기본방향: 애국애족의 정신에 투철하고 국가사회발전에 이바지할 수 있는 유능한 한국인

　가) 교육여건과 환경개선으로 기회확대와 질적 향상

　나) 교육정상화 시책 강력히 추진

　다) 유아교육을 대폭 확충

　라) 대학교육의 개혁과 질적 향상 및 면학분위기 조성

　마) 산업체부설학교와 야간특별학급 증설－근로청소년 취학기회 넓힘

　바) 4년제 방송대학 설립 추진

1982년

1) 예산편성지침: 초·중등학교 과밀학급 완화

　　　　　　　　대학졸업정원제 정착 위한 시설투자

　　　　　　　　유아교육취원율 86년까지 50% 제고

2) 시정연설 기본방향: 애국애족의 정신에 투철하고 국가사회발전에 이바지할 수 있는 유능한 한국인

　가) 전인교육의 충실화

　나) 국민정신교육－국가관과 윤리관을 정립, 국민정신교육정책조정위 설립

　다) 중학교 의무교육 추진

　라) 초·중등학교 시설을 위해 교육세를 신설－국회동의 요함

　마) 대학교육기회의 확대와 질적 향상, 자율성 존중

　바) 과학기술교육을 위해 기초과학과 실업교육 강화－전문대학교육 내실화

1983년

1) 예산편성지침: 인력개발

2) 시정연설 기본방향: 민주정의사회건설을 위한 국민정신교육 강화, 고도산업사회에 부응하는 과학기술교육 진흥, 복지사회구현 위한 평생교육체제 확립

　가) 주인의식의 애국심 함양을 교과에 반영

　나) 우수교원을 확보하여 가치관교육과 전인교육 철저

　다) 고도산업사회의 도래에 대비 모든 국민에게 과학적 사고방식과 생활화 추진

　라) 대도시 과밀학급의 2부제 수업 해소－교육시설 확충, 교육세 투자

　마) 대학의 양적 팽창과 질적 강화 위해 시설 확충 및 지방대학 육성

　바) 문화전통과 역사를 인식하는 역사교육과 소명감 갖도록 자주성 교육

1984년

1) 예산편성지침: 교육환경개선사업 추진

　　　　　　　　　과학기술교육 진흥

2) 시정연설 기본방향: 고도산업사회에 부응하는 과학기술교육과 선진시민의식 고취하는 교육

　가) 교육의 질적 성장으로 전환

　나) 대도시 과밀학급의 2부제 수업 해소－교육시설 확충, 교육세 투자

　다) 유아교육과 방송통신교육 및 개방대학의 점진적 확대－평생교육 강화

　라) 근로청소년과 특수교육에 지원

　마) 대학의 학생증원과 시설확충 및 연구활동, 국제교류 강화－졸업정원제 추진

　바) 과학기술진흥과 고급기술인력 양성을 위한 이공대학 강화

1985년

1) 예산편성지침: 교육환경 개선과 도서벽지의 중학교 의무교육 실시

2) 시정연설 기본방향: 문화창달과 슬기를 발휘하도록 선진조국 고취, 교육내용 질적 향상, 자율적 면학기풍 조성

　가) 초·중등학교 교육여건 개선－과밀학급 해소

　나) 도서벽지와 특수학교에 중학의무교육 처음 실시

　다) 유아교육과 방송통신교육 및 개방대학의 점진적 확대－평생교육 강화

　라) 교원의 전문성 제고와 처우개선

　마) 대학의 면학풍토와 자율능력 신장으로 연구활동 강화－졸업정원제 추진

　바) 과학기술진흥과 고급기술인력 양성을 위한 이공대학 강화

1986년

1) 예산편성지침: 도서벽지의 중학교 의무교육 전면실시

2) 시정연설 기본방향: 2천 년대 선진조국의 주역이 될 자주적 한국인 육성

  가) 올바른 국가관과 세계관 확립 - 우월성의 국민정신 교육 강화

  나) 교육개혁심의회 활성화로 종합적·체계적인 교육 검토

  다) 초·중등학교 교육여건 개선 위해 100개 학교 신설

  라) 교원의 자질향상 - 교직수당 인상

  마) 도서벽지 중학교 1학년 의무교육을 전 학년으로 확대

  바) 청소년의 건전한 육성과 이용시설 확충

  사) 대학의 면학분위기 보장

1987년

1) 예산편성지침: 교육여건개선과 균형발전

2) 시정연설 기본방향: 백년대계 교육 위한 교육개혁심의회의에서 고등학교 평준화와 대학
입시 개선 추진

  가) 과학기술교육 내실화 추진

  나) 초·중등학교의 과밀학급과 과대규모학교 완화 - 교원 증원과 환경개선

  다) 교원장기근속수당 배로 인상하고 처우개선 노력

  라) 학술연구비를 강화하고 증액지원, 어려운 대학생 학자금 융자

다. 교육부 역점사업 내용

1980년

1) 교육재정의 기본과제 - 교원처우개선, 교육재정확보, 대학시설확충과 의무교육 기간 연장, 사학지원

2) 의무교육의 내실화 - 지방교육재정 교부율을 10.02%→11.83%, 교원처우개선, 국교 4학년
2부제 수업 완전해소, 근로청소년 교육기회 확대

3) 대학시설의 확충 - 지방대학 시설 대폭 확충, 특성화 공대 육성

4) 기타 문교행정 지원 - 특수교육 무상지원, 재외국민교육강화, 체육진흥 확대

5) 문화예술과 문화재 보호

1981년

1) 의무교육의 내실화와 지방교육재정 교부금 확대-교부율 11.82%→12.63%, 대도시 과대
규모 학교 분리와 교실신축 3203실, 교원 2576명 증원

2) 대학시설의 확충-졸업정원제 위한 시설 확충, 지방 이전 대학에 중점투자

3) 교육정상화와 과열과외 해소 위한 예산지원-교수증원 1620명, 방송통신교육, 대학입학
예비고사 관리 철저

4) 문화예술과 문화재 보호 개발

1982년

1) 의무교육의 내실화와 지방교육재정 교부금 확대-교부율 12.64%~16.71%, 대도시 과대
규모 학교 분리와 교실신축 3236실, 교원 2624명 증원, 교원처우개선 위한 교직수당 인상, 교
과지도 수당 신설

2) 유아교육 기회 확대-취원율 15%~20%

3) 대학시설의 확충-졸업정원제 위한 시설 확충, 지방 이전 대학, 4년제 교육대 중점 투자

4) 사회교육의 확산-근로청소년 교육기회 확대, 평생교육체제 확립

5) 교육의 균형발전-사학지원, 특수교육진흥, 대학입시제도 개선

6) 문화예술과 문화재 보호

1983년

1) 초·중등 교육의 내실화와 교육환경사업 추진-초등학교 과밀학급 해소, 과대학교 분리,
교실신축 3131개 교실, 교원 640명 증원, 대도시 교지 확보 선 매입

2) 우수교원 확보와 처우개선-초·중등교원 간 호봉격차 해소, 교직수당 인상, 고용당직제
확대 실시

3) 대학시설의 확충-졸업정원제 위한 시설 확충, 교육대학 4년 개편, 교원양성 체제 개편

4) 유아교육기획의 확대-취원율 제고(11.1%→12.1%)

5) 과학기술교육의 진흥-학생과학관 확충, 과학고등학교 신설, 실업교육 내실화

6) 사회교육의 내실화-근로청소년 교육기회 확대, 공공도서관 확충, 개방대학 증설

1984년

1) 초·중등 교육의 내실화와 교육환경사업 추진 - 초등학교 과밀학급 해소, 과대학교 분리, 교실신축 1255개 교실, 교원 846명 증원, 중·고등학교 급당 인원 완화, 노후교실 개축

2) 우수교원 확보와 처우개선 - 초·중등교원 간 호봉격차 해소, 교직수당 인상, 고용당직제 확대 실시

3) 대학시설의 확충 - 졸업정원제 위한 시설 확충, 교육대학 4년 개편, 교원양성 체제 개편

4) 유아교육기획의 확대 - 취원율 제고(12.1%→12.8%)

5) 과학기술교육의 진흥 - 학생과학관 확충, 과학고등학교 2곳 신설, 실업교육 내실화

6) 사회교육의 기회 확대 - 근로청소년 교육기회 확대, 공공도서관 확충, 개방대학 증설

1985년

1) 초·중등교육의 내실화와 교육환경사업 추진 - 초등학교 과밀학급 해소, 노후교실개축 5500실, 교원 3470명 증원.

2) 우수교원 확보와 처우개선 - 초·중등교원 간 호봉격차 해소, 교직수당 인상, 장기근속수당 신설, 한국교원대학교 개교

3) 중학교 의무교육의 단계적 실시 - 85년부터 도서벽지 중 1학년 학생

4) 유아교육기획의 확대 - 취원율 제고(29.1%→36.1%), 심신 장애자 시설

5) 대학교육의 질적 향상 - 대학시설 확충, 지방 이전 대학 중점 지원

6) 과학기술교육의 진흥 - 교육차관으로 실험실습기자재 확충, 실업교육 내실화

7) 평생교육체제의 확립 - 근로청소년 교육기회 확대, 방송통신교육 강화

8) 학·예술활동 지원

1986년

1) 초·중등교육의 내실화와 교육환경사업 추진 - 초등학교 과밀학급 해소, 노후교실개축 4000실, 교원 7619명 증원.

2) 우수교원 확보와 처우개선 - 교직수당 인상, 급식비 인상, 교원연수 내실화

3) 도서벽지 중학교 의무교육 확대실시 - 도서벽지 전 학년 학생

4) 유아교육기획의 확대 - 취원율 제고(53.3%→57%), 심신 장애자 시설

5) 면학분위기 조성 위한 지원 - 교수 학술연구비 증액, 가계곤란 대학생 학자금 융자 확대

(이자 5%), 대학시설 확충, 지방 이전 대학 중점 지원

　6) 과학기술교육의 진흥-교육차관으로 실험실습기자재 확충, 기초과학교육진흥

　7) 평생교육체제의 확립-근로청소년 교육기회 확대, 방송통신교육 강화

　8) 학·예술 활동 지원

　1987년

　1) 초·중등교육의 내실화와 교육환경사업 추진-초등학교 과밀학급 해소, 과대학교 분리, 2부제 수업 해소, 노후교실 개축

　2) 우수교원 확보와 자질 향상 및 처우개선-장기근속수당 인상, 당직전담 고용원 확대, 초·중등학교 교원적채 해소

　3) 농·어촌 교육여건 개선-농·어촌 학생 장학금 지급, 농·수산고교 지원

　4) 면학분위기 조성 위한 지원-대학학술연구비 지원확대, 지방대학육성 중점지원

　5) 과학기술교육의 진흥

　6) 국·공·사립학교 균형발전 위한 사학재정 지원

라. 교육부 정책 방향

1983년~1985년 문교지표
7.30 교육개혁의 지속화(2000년대에 대비)
1) 국민 정신 교육의 강화
2) 과학기술교육의 진흥
3) 전인 교육의 충실
4) 평생교육의 학충

1986년 문교지표
양적 성장에서 질 향상으로의 전환
1) 한국인의 긍지를 심는 국민정신교육
2) 창조력을 기르는 과학기술교육
3) 지·덕·체의 균형발달을 위한 전인교육

4) 학습사회를 지향하는 계속교육

5) 86·88대회에 대비한 질서·친절교육

1987년 문교지표

교육의 질적 고도화

1) 국민정신 교육의 강화

2) 과학기술교육의 진흥

3) 전인 교육의 충실

4) 평생교육의 정착

5) 올림픽 대비 교육의 철저

마. 부문별 교육예산편성 결과

이상에서 살펴본 대통령의 공약내용과 시정연설 및 교육부의 역점사업에 대한 강조내용 등이 어느 정도로 예산규모에 반영되었는지 살펴보면 다음과 같다.

〈표 37〉부문별 교육예산편성 결과

(단위: 백만)

장 관	항 세항	1979	1980	1981	1982	1983	1984	FY1985	1986	1987
장 25 교육 문화→ 77년 130 교육 및 문화→78년 310 교육 및 문화	장 25 교육 문화	821851	1086600	1382505	1845949	2089336	2179729	2393348	2655693	2997818
	관 26 보통 (초·중등)교육	711136	941621	1205178	1590085	1826665	1934157	2145770	2361328	2667097
	항 1200 보통교육	3931	4452	9839	4612	435	452	1136	1220	3456
	1200 보통교육행정	652	270	347	4612	435	452	1136	1220	3456
	1211 교육행정관리									
	1212 교육재정관리									
	1312 교직관리	3273	4181	9492						
	1315 국정교과서 출자									
	1214 초중교원관리									
	1800 교육대학운영	6029	8417	10262	16361	23144	18441	20695	22963	26212
	1811 서울교대 외	4897	7242	8469	10653	13014	14052	16364	17712	19306
	1412 교대입시경비	30	30	41	38	41	41	41	41	41
	1413 교육대시설	1102	1144	1752	6169	10089	4347	4289	5210	6865
	항2600 지방교육재정 (교부금)	701175	928751	1185076	1568611	1803085	1915263	2123937	2337143	2637428

장 관	항 세항	1979	1980	1981	1982	1983	1984	FY1985	1986	1987
장 25 교육 문화→ 77년 130 교육 및 문화→78년 310 교육 및 문화	2611 초등교원봉급 (74년 초중)									
	2612 중등교원봉급	402390	496581	605556	680239	819695	868878	931028	1016147	1101477
	2613 경상교부금	217643	333422	587768	599044	634716	675055	787127	916493	1173958
	1513 초·중등교육시설	81142	98747	241551	289328	348673	371329	405781	404502	361992
관 28 대학 교육	관 28 대학교육	89445	113946	137348	195827	212472	205920	195960	236164	265359
	1400 대학교육	15743	20075	25826	35908	33107	32686	33525	44623	50048
	1400 대학교육재정									
	1411 고등교육관리 (대학교육행정)	6112	18835	21574	29777	20925	20573	22109	15826	16358
	1412 학사지도비									
	1712 교육정책 및 군사교육	1207	1239	3315	6130	12181	12112	11415	28796	33691
	1713 교육정책실			935						
	1714 학술진흥재단출연	8422								
	1500 대학운영	36799	48053	66431	91562	109883	113086	123622	139143	155640
	1511 종합대학교운영				78273	91051	92622	101830	114480	127015
	1512 단과대학운영				12421	17917	19581	20908	23778	27742
	1513 대입시 및 논문심사	393	548	575	867	914	883	883	883	881
	1536 대학수학능력시험									
	1600 대학시설	36903	45818	45090	68356	69481	60147	38812	52397	59671
관29 특수 교육	관 29 특수교육	681	878	1140	1717	1903	1513	1933	2467	2760
	1700 특수교육(기관운영)	681	878	1140	1717	1903	1513	1933	2467	2760
	1711 특수학교운영	571	750	942	1205	1369	1355	1635	1856	2085
	1712 특수학교시설	109	128	198	512	543	157	157	611	674
관 30 문화 예술	30 문화예술	2855	3479	4472	9085	10962	12355	15279	19697	21291
	1800 학·예술기관운영	2855	3479	4472	9085	10952	12355	15279	19697	21291
	1811 국립중앙도서관	1085	1230	1900	3666	4034	3927	5104	8180	10395
	1812 학·예술기관	579	756	825	1211	1526	1454	2309	1890	2594
	1812 학술원									
	1813 국사편찬위원회	343	471	538	601	1599	2248	2826	3316	1452
	항5100 교육훈련기관									
	2614 중앙교육연수원	847	1020	1207	2576	2662	1891	2000	1677	1774
	2615 재외국민교육원	261		1030	1128	945	975	1044	1154	
	2616 대학입학고사운영						1887	2062	2310	2452
	2617 중앙교육평가원								1278	1468

장 관	항 세항	1979	1980	1981	1982	1983	1984	FY1985	1986	1987
관 32 체위향상→ 77년 315 사회교육 및 체육	관 32 사회교육 및 체육		19775	20355	36724	31634	20878	29198	26821	30844
	항 1700 사회교육 및 체육		19775	20355	36724	31634	20878	29198	26821	30844
	1711 사회교육관리 (직업교육)		7056	8360	9119	6665	5259	4419	12751	15419
	세항1712 재외국민교육원		1180	519						
	1712 교직국제교육				22142	24965	15618	24779	14070	15425
	1713 체육진흥	2393	2739	2671	1749					
	1714 체육시설	5837	1623	5500	3000					
	1715 국비유학	684	980	1551						
	1716 국제체육경기	350	1695	1752	713					
관 33 행정기타	관 33 행정기타	3814	6898	14009	12507	5708	4904	5206	9214	10463
	항 1100 문교행정	3814	6898	14009	12507	5708	4904	5206	9214	10463
	세항 1101기획운영 (기관운영)	1069	906	3244	2614	1745	1848	2075	2568	2845
	1111 장학지도(교과서)	2369	1537	2153	1278	429	409	638	605	657
	1112 교육시설관리		3318	4401	4122	1383	952	806	473	471
	1113 교과서편수		1136	4210	4493	2149	1693	1686	1621	2281
	1114 과학교육								3945	4207
76년 장 35 과학기술 —관36 실업교육→ 77년 장 320 인력개발 및 인구대책	장 35 과학기술	51209	56710	74617	60964	75592	86782	89745	105285	117049
	관36 실업교육	51209	56710	74617	60964	75592	86782	89745	105285	117049
	1500 실업교육진흥	33605	34673	43181	19661	31077	39927	44448	52433	57817
	1511 실업교육행정(관리)	5932	5267	5955						
	1512 교육차관시설	27673	29406	37226	19661	31077	39927	44448	52433	57817
	2200 실업계대학운영	2942	3039	4735	6313	7350	12607	13999	15617	19422
	2213 개방대학						5136	5753	6954	7978
	2212 실계학교시설지원									
	2914 실계대학입시 논문심사	27	25	26	24	33	63	63	63	66
	3100 실업계대학시설	1694	2302	2473	3070	3772	4682	3235	5028	7521
	3200 실업전문대학운영	6527	8463	11636	15471	18556	14859	16036	17578	17435
	3215 실업전문대					803	965	1095	17578	1454
	3216 실업전문대 입시	108		67	58	62	39	39	39	38
	3300 실업전문대 시설	2427	4643	8485	11219	9522	9506	6685	8698	8164
	2500 기타 실업학교운영									
	3400 실업공고교육	4012	3587	4103	5227	5312	5198	3540	5928	6689
	3411 실업공고운영	1740	2233	2834	3523	4215	4365	4776	5330	5893
	3412 실업공고입시	2		7	9	9	9	9	9	9
	3413 실업공고시설	2269	1351	1266	1695	1087	823	554	588	786
장 330 보건 및 생활환경 개선관 보건 8578	장 330 보건 및 생활환경개선	11862	7608	7507	9447	9928	8754	8578	7990	9013
	관 331 보건	11862	7608	7507	9447	9928	8754	8578	7990	9013
	항 3500 병원관리	8097	4804	4667	4136	4234	3061	3699	3216	3313
	항 9100 타회계전출	3765	2803	2840	5311	5694	5693	4879	4774	5700
	세항 9111병 특전출금	3765	2803	2840	5311	5694	5693	4879	4774	5700
	교육부 총계	884924	1150920	1464630	1916360	2174857	2275267	2491673	2768970	3123880

158

전두환 대통령은 정통성확보를 위해 여러 계층을 정치정책으로 제시하려 노력한 면이 보인다. 전두환 재임 시기 동안 시정연설과 문교부 역점사업 내용을 정리하면 다음과 같다.

〈표 38〉제5공화국의 강조내용 정리표

구분	국가충성	재정	초·중등교육	대학교육	국민정신	유아교육	환경개선
전두환 국정목표	목표: 정의·복지사회 구현 지표: 민주주의 토착화, 복지사회건설, 정의사회구현, 교육혁신과 문화창달						
대선공약	○	○		○	○		
시정연설 29개 항목	주인의식 1회 애국심 1회		교원자질향상 2 과밀학급 2회 교육여건개선 5회 의무교육 4회 (도서와 벽지 중학)	대학 내실 1회 대학교육질 1회 면학분위기 7회 학술연구 2회 산업체협력 3회	국민정신교육 1회		
	◎		◎	◎			
교육부 역점사업	문화재 보호 육성발굴 5	교육재정 확보 1회	교원처우개선 3회 과밀학급 3회 우수교원확보 5회 초·중등내실화 5회	과학기술 5회 대학시설확보 5회 공사립균형발전 3회	국민정신교육 1회	유아교육 기회확대 5회	환경개선 6회
	◎	○		◎	○	◎	◎

이상의 정책분석 내용을 보면 다음과 같은 특징이 있는 것을 알 수 있다.

교육에 있어서 유아교육과 환경개선 및 교원처우, 초·중등의 내실화 등을 강조하였다. 제5공화국의 정책을 보면 상당한 부분이 제3·4공화국의 사업을 계속사업으로 지속하고 있다는 점이다. 그리고 박정희에 비교하여 유아교육과 교육환경개선 및 초·중등 내실화를 이루겠다고 제시하였는데 이러한 정책내용들이 예산규모에 어떤 영향과 변화를 주었는지 비교하여 보자.

첫째, 장) 교육문화의 보통교육의 예산을 보면 시정연설과 문교역점사업에서 과밀학급 해소와 초·중등교육 내실화 및 교원자질향상, 중학 의무교육을 강조하였다. 그러나 제3·4공화국에서 볼 수 있듯이 강조한 내용에 대하여 뚜렷한 예산규모의 변화를 보이지 않고 전체적으로 보아 점증적인 증가로 나타나 있다. 약간 특징이 있다면 전두환 말기인 1987년에 보통교육예산이 약 3배 가까이 증가한 것 이외에는 뚜렷한 변화가 없다.

둘째, 대학교육에서는 대학교육의 내실화와 대학교육의 질적 향상 및 학술연구와 산학협력, 과학기술발전 등을 강조하였으나 매년 15% 내외의 증가수준으로 일관적 변화를 보이고 있다.

셋째, 특수교육부분의 예산을 보면 제5공화국에서 비교적 변화가 적은 예산배정이 되고 있으나 말기에 들어 크게 증가하였는데 시정연설이나 문교부 역점사업에서도 강조한 내용이 없다.

넷째, 박정희 대통령은 문화재 보호와 육성 및 발굴에 역대 어떤 대통령보다 많은 관심을 두고 강조하였다. 제5공화국에서도 제3·4공화국에서 추진한 문화재 보호와 육성사업을 특히 문교부 역점사업에서 강조하였다. 그러나 예산에 대한 반영은 거의 없이 평년과 같은 점증적 변화를 보이고 있을 뿐이다.

다섯째, 제5공화국에서 비교적 시정연설이나 역점사업에 강조된 내용이 예산으로 크게 반영된 것은 전문대학운영에 대한 예산반영이다. 대표적인 예가 1983년부터 실업전문대 예산이 배정되기 시작하였고, 개방대학(실업계 4년 대학)에도 1984년부터 예산이 크게 반영되었다.

여섯째, 제5공화국에서 가장 두드러진 특이한 점은 유아교육의 기회를 크게 강조하였다는 점이다. 시정연설과 문교부 역점사업에서 매년 강조하였다. 그러나 예산의 장·관·항·세항에는 구체적으로 반영된 예산이 없어 밝힐 수 없었다.

마지막으로 제5공화국에서 강조한 것이 교육환경개선사업으로 매년 6회나 강조하였다. 그 결과 본인의 임기가 지난 1년 후 1989년 12월 교육환경개선특별법이 제정되고 이를 계기로 초·중등학교의 열악한 교육여건과 환경이 개선되게 되었다.

5. 제6공화국(1988년~1992년)

가. 공약사항

1) 국정목표: 정의·복지사회 구현
2) 국정지표:
  가) 민족자존
  나) 민주화합
  다) 균형발전
  라) 통일번영
3) 취임 시 공약: 평화적 정권교체
         민간주도 경제
         과외 폐지
4) 취임사 특징: 정치과열 방지
        부정부패 척결과 의식구조 개혁

나. 시정연설 내용

1988년향

1) 예산편성지침: 교육여건 개선을 통한 질적 상

2) 시정연설 기본방향: 21세기를 주도할 한국인 육성―교육개혁심의회을 설치, 전반 문제 분석―장단기 실천계획 수립

　　가) 자치제 실시와 발맞추어 지방분권 확대 강화―사회변화 요구 수렴

　　나) 초·중등교육의 내실화

　　다) 과학기술교육 강화

　　라) 대학교육의 질적 향상

　　마) 대학학자금 1000억 지원

　　바) 교원적체 해소 위한 대폭 증원

1989년

1) 예산편성지침: 교육여건 개선을 통한 질적 향상

2) 시정연설 기본방향: 21세기 주도할 교육의 질 향상

　　　　　　　　　내년부터 교육자치를 실시하여 자율성 신장토록 개혁

　　가) 교육에 과감히 투자―교육개혁심의회를 통한 추진

　　나) 교육자의 자질 향상을 위한 초·중등교사의 해외연수 확대

　　다) 대학강사를 포함 교수와 교사의 처우 개선

1990년

예산편성지침: 교육환경여건 개선과 실업교육강화

1) 시정연설 기본방향: 전인교육을 지향하고 학생의 잠재력개발과 사고능력 함양

　　가) 교육환경개선을 위해 내년부터 교육환경개선특별회계 신설―3700억씩 3년 투자

　　나) 교원인사제도 보완

　　다) 교원지위향상을 위해 노력하고 특별법 제정

　　라) 교육예산을 GNP 대비 3.5%~4% 연차적 확보

　　마) 평생교육제도를 정착―대학진학을 못한 사람들을 위해 노력

1991년

1)예산편성지침: 교육환경여건 개선과 실업교육강화

2) 시정연설 기본방향: 교육재정교부금을 (4조 3105억)배정하여 사기 진작

　가) 초·중등교원의 처우 개선

　나) 과밀학급 완화를 통한 2부제 수업 해소

　다) 대학교육의 발전을 위해 시설 확충

　라) 어려운 대학생에게 학자금 지원 확대

　마) 대학교수에 대한 학술연구비 확대 지원

　바) 사학진흥기금에 200억 투자와 사학 시설투자에 국고보조 200억 계산 지원

1992년

　1) 예산편성지침: 교육환경여건 개선과 실업교육강화

　2) 시정연설 기본방향: 교육은 국가적 과업이므로 질을 높이고 산업사회가 요구하는 전문
인력 양성

　　가) 고도산업사회에 대비한 학교교육

　　나) 고등학교를 인문계중심에서 다양한 직업교육중심으로 전환

　　다) 전문대학가 개방대학에 산업체 근무자 우선입학—산학협력

　　라) 방송교육체제와 학위취득 다양화

　　마) 대학의 안정적 발전과 자율역량 발휘

　　바) 대학평가제 도입

　　사) 교육환경 개선과 교원사기 진작

　　아) 중학교 의무교육을 도서, 벽지에서 내년부터 전국 읍·면지역에 확대

다. 교육부 역점사업 내용

1988년

1) 초·중등교육 내실화 위한 교육환경 개선 추진—과밀학급과 2부제 해소, 노후교실 개축

2) 우수교원확보 및 자질향상과 처우개선—교직수당 인상, 교장 정보비, 교감업무추진비 지급

3) 농·어촌 실업계고교생에 장학금 지원

  4) 대학의 면학과 연구여건 지원—대학 학술연구비 지원 확대, 대학기숙사시설 확충, 지방
대학 육성 지원

  5) 과학기술교육 강화

  1989년

  1) 초·중등 교육환경 개선—과밀학급과 2부제 해소, 노후교실 개축, 국민학교 교지매입 위
한 특별교부금 지원

  2) 초·중등교원 자질향상과 사기 앙양—처우개선, 교원적채 해소, 해외연수 확대

  3) 교육기회의 균형적 확대—비진학청소년과 저소득층 자녀 학비지원, 장애자 특수교육

  4) 대학의 면학과 연구여건 지원—대학 학술연구비 지원확대, 대학시설 확충, 사학 재정지원.

  1990년

  1) 초·중등 교육환경의 획기적 개선—교육환경개선특회 운영

  2) 초·중등교원 사기 앙양—장기근속 호봉체제 개편, 미임용자 해소, 해외연수 확대

  3) 대학교육 내실화—실험실습기자재 확충, 기본시설 확충, 지방대 여건 개선 지원

  4) 사립학교 재정지원—사학진흥기금 조기확충, 전문대 실험실습 기자재 확충

  1991년

  1) 초·중등 재정의 획기적 개선—지방교육양여금 제도 도입으로 초·중등 교육재정 확충,
과밀학급 해소와 2부제 해소, 교원처우개선

  2) 실업계 기능인력 확보 위한 실업계 교육 강화

  3) 대학교육 내실화—실험실습기자재 확충, 첨단산업 연구비 증액, 학생장학 지원

  4) 사립학교 재정지원—사학진흥기금 조기확충, 전문대 실험실습 기자재 확충

  1992년

  1) 지방교육재정의 지속적 지원—교부금과 양여금을 통한 초·중등지원, 교육환경개선 특
별회계를 통한 환경과 근무여건 개선, 중학 의무교육 읍·면 확대

  2) 사학재정지원 강화—의무교육 대학 사립중학교원 봉급, 사립대 시설보조(사학진흥기금)

  3) 산업계 기술인력 수요 부응한 실업계 교육강화—실업고교 수용능력 일반: 실업=68:32
에서 50:50으로 뒷받침, 농업계 고교 지원

4) 방송교육 확대와 지원

라. 교육부 정책 방향

1988년~1990년 문교지표

교육의 질적 고도화

1) 국민정신 교육의 강화

2) 과학기술교육의 진흥

3) 전인 교육의 충실

4) 평생교육의 정착

5) 올림픽 대비 교육의 철저

1991년~1992년 교육정책의 기본방향

1) 민주시민의 육성

2) 도덕성의 함양

3) 교육의 민주성 재고

4) 교육체제와 과정의 다양화

5) 교단지원체제의 확립

마. 부문별 교육예산편성 결과

이상에서 살펴본 대통령의 공약내용과 시정연설 및 교육부의 역점사업에 대한 강조내용 등이 어느 정도로 예산규모에 반영되었는지 살펴보면 다음과 같다.

〈표 39〉부문별 교육예산편성 결과

(단위: 백만)

장 관	항 세항	1987	1988	1989	1990	1991	1992	1993
장 310 교육 및 문화관311 초중교육 94부터 보통교육을 지방교육 보통교육행정 —지방교육행정 * 지방교육 재정교부금 87년부터 92부터 중앙교육 평가원이 국립교육 평가원으로	장 310 교육 및 문화	2997818	3563677	4179717	5413069	5363689	6279269	7200751
	관 311 초·중등교육 2145770	2667097	3188784	3742348	4886212	4743464	5535325	6333707
	항 1300 보통교육	3456	5941	9451	7637	9740	11665	12154
	1311 보통교육행정	3456	5941	9451	7637	9740	11665	12154
	1312 실업계고교지원							
	1313 초·중등장학							
	1314 교원정책							
	1315 교육과정							
	1316 사립학교교원연금관리							
	1317 교원양성기관지원							
	1318 교원징계심의위원회							
	1319 교과과정개정편찬검정							
	1320 유아특수교육지원							
	1312 초등학교 중식지원							
	1313국립특수학교 실습기자재 확충							
	1314 국립공고 실습기자재확충							
	1315 일반계고교직업교육							
	1316 공고2.1체제운영							
	1317 실업계고교확충 및 내실화							
	1318 과학고교운영활성화							
	1319 학교컴퓨터교육지원							
	1320 국립특수학교신설							
	1326 특수교육진흥							
	1400 교육대학운영	26212	30963	35487	37871	41276	45572	47370
	1411 교육대운영	19306	22071	26572	30575	34966	38884	42118
	1412 교대입시경비	41	95	95	104	126	129	129
	1413 교육대시설	6865	8797	8819	7190	6183	6558	5122
	1500 지방교육재정(교부금)	2637428	3148145	3695388	4466933	4316387	5100620	6268091
	1511 지방교육재정교부금							
	1511 초·중등교원봉급	1101477	3148145	3695388	4466933	4316387	5100620	6268091
	1512 경상교부금	1173958						
	1513 초·중등교육시설	361992						
	1600 교육지원기관		1733	2021	3769	6060	7467	6091
	1611 중앙교육평가원	—	1733	2021	3769	6060	7467	6091

장 관	항 세항	1987	1988	1989	1990	1991	1992	1993
관 312 대학교육 *1989부터 1712 대학정책→ 1713 교육정책 으로 변경 92부터 대학정책이 대학학사로	관 312 대학교육	265359	294804	343044	419033	488065	588615	666245
	1700 대학교육	50048	57306	60847	84231	94082	111291	142329
	1711 대학교육행정	16358	17330	19701	39069	40665	61366	84985
	1712 교육정책 및 군사교육	33691	39976	3605	315			
	1713 산업교육							
	1713 학생복지							
	1712 대학정책			37540	38781	46659	41747	47709
	1714 학술진흥재단출연			—	2158	2442	3714	4781
	1715 한국정신문화연구원			—	3906	4314	4464	4852
	1716 사립대시설확충지원							
	1717 국립대교원연구보조							
	1718 우수교원연구인력초빙							
	1719 공과대학연구지원							
	1720 국사립대 자구노력							
	1716 대학교육 내실화							
	1717 대학의 다양화							
	1718 대학연구능력강화							
	17							
	1721 대학원중점지원							
	1722국립대실습기자재확충							
	1723학술연구조성사업지원							
	1800 대학운영	155640	181823	282196	334802	393982	477323	523916
	1811 대학운영							
	1811 종합대학교운영	127015	147623	30개 282196	31개			
	1812 단과대학운영	27742	31525					
	1813 대입시 및 논문심사	881	1273	1273	1400	2045	2129	2113
	1814 대학입학학력고사		1318	1553	1627	1860	1704	989
	1815 자비유학시험	—	82	121	121	123	124	103
	1836 대학수학능력시험							1199
	1900 대학시설	59671	55674					
	1911 서울대 및 29개교							
관 313 특수교육	관 313 특수교육	32760	3298	3459	4742	6079	6997	7634
	2200 특수교육	2760	3298	3459	4742	6079	6997	7634
	2211 특수학교운영	2085	2438	2847	4025	5318	6023	7010
	2212 특수학교시설	674	859	612	716	760	973	624
	2214 국립특수교육원							—

장 관	항 세항	1987	1988	1989	1990	1991	1992	1993
314 문화예술 * 1988년부터 항 5100 교육훈련기관 안에 세항 5111 중앙교육 연수원→교육행정연수원 (1998)	314 문화예술	21291	12577	11942	11981	8043	8767	9712
	2600 학 · 예술기관운영	21291	10613	9699	9519	4945	5402	6108
	2611 국립중앙도서관	10395	6792	5585	5097			
	2612 학 · 예술기관	2594	1818	1649	1475	1602	1637	1864
	2613 국사편찬위원회	1452	2003	2463	2946	3342	3764	4244
	항5100 교육훈련기관							
	2614 중앙교육연수원	1774		2243	2462	3098	3364	3603
	2615 재외국민교육원	1154						
	2616 대학입학고사운영	2452	1318					
	2617 중앙교육평가원	1468	1733	2021				
	5111 교육행정연수원							
관 315 사회교육 및 체육 * 87부터 2411이 사회국제교육 2412교직관리로 됨 88년 2412 재외국민교육원—92년 국제교육진흥원 95 교직관리가 교원지원으로	관 315 사회교육 및 체육	30844	43136	50090	52966	53909	60307	85376
	항 2400 사회교육 및 체육	30844	43136	50090	52966	53909	60307	85376
	2411 평생교육							
	세항 2411 사회직업교육	15419	22083	23497	15758	16271	17350	21382
	2412 교직국제교육	15425						
	2412 재외국민교육원		1340	1550	1811	2655	2941	4657
	2413 교직관리		19711	25042	6569	5508	5295	4543
	2414 사립학교교원연금관리			—	23327	29472	34350	54390
	2415 교원징계심의위원회			—	—	—	369	402
	2416 공공도서관건립			—	5500			
	2416재외동포교육							
	2417국비유학							
	2418해외한국학진흥							
	2419원어민 영여교사사업							
	2421지방교원연수원건립							
	2422초 · 중등교원국외연수							
	2423교원자녀보육시설확충							
	2424외국어교원연수원건립							
	2431학교시설개방							
	2432재외민족교육관설치							
	2413 사회교육지원							
	2414 국제교육협력							

장 관	항 세항	1987	1988	1989	1990	1991	1992	1993
관 316 문교행정 91부터 교육행정으로	관 316 문교행정	10463	23076	28832	38133	64127	79255	98076
	항 1100 문교행정	10463	23076	28832	38133	64127	79255	98076
	세항 1101기관운영	2845	4585	5185	6222	7967	9201	10395
	1111 장학지도	657	11115	10576	3908	2940	19701	1521
	1112 교육시설관리	471	132	185	170	9395	11217	17182
	1113 교과서편수	2281	2838	3187	2452	2736	4423	3366
	1114 과학교육	4207	4104	9169	11596	27717	33868	45083
	1103멀티미디어교육센터설립							
	1115 대학부설연구소운영		300	528	453	552	551	630
	1116 교육개발원출연			—	13326	12817	17790	19719
	1117 교육방송운영				—		231	176
	1103 교육정보							
	1104 교육행정정보화							
	1105 대학교육부문정보화							
	1104 교육정보매체운영							
	1111 교육정책							
	1113 학술지원 조사통계							
	1115 전국단위 연구소							
관 316 문교행정 91부터 교육행정으로	관 316 문교행정	10463	23076	28832	38133	64127	79255	98076
	항 1100 문교행정	10463	23076	28832	38133	64127	79255	98076
	세항 1101기관운영	2845	4585	5185	6222	7967	9201	10395
	1111 장학지도	657	11115	10576	3908	2940	19701	1521
	1112 교육시설관리	471	132	185	170	9395	11217	17182
	1113 교과서편수	2281	2838	3187	2452	2736	4423	3366
	1114 과학교육	4207	4104	9169	11596	27717	33868	45083
	1103멀티미디어교육센터설립							
	1115 대학부설연구소운영		300	528	453	552	551	630
	1116 교육개발원출연			—	13326	12817	17790	19719
	1117 교육방송운영				—	—	231	176
	1103 교육정보							
	1104 교육행정정보화							
	1105 대학교육부문정보화							
	1104 교육정보매체운영							
	1111 교육정책							

장 관	항 세항	1987	1988	1989	1990	1991	1992	1993
장 320 인력개발 및 인구대책 89745 관 실업교육 89745	장 320 인력개발 및 인구대책	117049	132155	157563	150711	185720	188304	204474
	관 실업교육	117049	132155	157563	150711	185720	188304	204474
	2800 실업교육진흥	57817	62796	75205	60144	79977	84981	86043
	2812 교육차관시설	57817	62796	75205	60144	79977	84981	86043
	2900 실업계대학운영	19422	22116	40154	40455	56313	54045	84045
	2911 한국해양대	4133	4593	7420	8288	9346		
	2912 부산수산대	7244	8289	9035				
	2913 개방대학	7978	9077					
	2911 개방대학운영							
	2912 개방대학시설							
	2913 개방대입시 및 논문							
	2914 실계대학입시 논문심사	66	156	158	172	269	233	323
	3100 실업계대학시설	7521	9828					
	3111-15							
	3200 실업전문대학운영	17435	19987	23870	28851	29831	29108	20838
	3211 해양전문대학	2712	3017				5234	
	3212 공업전문대학	4437	5134					
	3213-16							
	3215 실업전문대 운영	1454	1688	2053	2607	5504	7891	13798
	3216 실업전문대 입시	38	52	52	57	167	141	67
	87농업전문대		6416					
	3300 실업전문대 시설	8164	10151	9980	10865	8441	7893	6972
	3311-15 해양전문대시설							
	3400 실업공고교육	6689	7274	8351	10394	11157	12275	13546
	3411 실업공고운영	5893	6476	7428	8634	9696	11052	12312
	3412 실업공고입시설	9	9	9	9	9	8	8
	3413 실업공고시설	786	788	914	1749	1451	1213	1225
장 330 보건 및 생활 환경개선관 보건 8578	장 330 보건 및 생활환경개선	9013	8424	7364	7746	10050	16157	10394
	관 331 보건	9013	3547	7364	7746	10050	16157	10394
	항 3500 병원관리	3313	3547	2389	3246	3800	9757	5389
	항 9100 타회계전출	5700	4877	4975	370000	370000	370000	
	세항 9111 병특전출금	5700	4877	4975				
95년 세항 병특전출금 (장 310 교육 및 문화)	세항 9112 교육환경개선전출			—	370000	370000	370000	
	9100 타회계전출						6250	6400	5005
	9111교육환경개선특회전출							
	9111 병특전출금					6250	6400	5005
	교육부 총계	3123880	3704260	4344650	5571526	5559460	6483731	7415620

노태우 대통령은 1987년 6·29선언 이후 그리고 대통령 취임 시에 민주화와 국민화합을 이루겠다는 의지를 보이면서 교육에서는 수준 높은 교육을 받을 수 있도록 하겠다고 하였는데 노태우 대통령의 시정연설과 그 당시 문교부 역점사업 내용을 정리하면 다음과 같다.

〈표 40〉제6공화국의 강조내용

구분	교육개혁 (사교육비)	재정	대학교육 고급두뇌, 연구활동강화	교원복지	사학지원	평생교육	실업교육	자치제
국정지표	목표: 정의 복지사회구현 지표: 민족자존, 민주화합, 균형발전, 통일번영							
대선공약	○	○		○	○	○		○
시정연설 29개 항목	공교육내실 2회 복지·환경4회 처우개선 3회	2회 언급	질향상 4회 연구 2회 학자금 2회	교사복지 2회 인사 1회	1회	1회	4회	1회
	◎	○	◎	○	○	○	◎	
교육부 역점사업	초중등 3 환경개선 3 처우개선 1 기회균등 1	교육환경과 시설 3 지방재정 2	내실과 면학 4	처우개선 1	2	2	전문직업 3	
	◎	◎	◎	○	○	○	◎	

제6공화국 시기의 국정지표와 시정연설과 교육부의 역점사업에 대한 분석내용의 특징은 다음과 같다.

교육에 있어서 교육개혁에서 공교육, 즉 초·중등교육과 교육환경을 강조하고 그를 위한 지방교육재정확보를 강조하였다. 제6공화국의 정책을 제5공화국에서 강조한 환경개선 및 초·중등교육의 내실화와 대학교육의 질 향상 등의 정책사업은 지속적으로 강조하고 있다. 이러한 정책내용들이 예산규모에 어떤 영향과 변화를 주었는지 비교하여 보자.

첫째, 장) 교육문화의 보통교육의 예산을 보면 시정연설과 문교역점사업에서 과밀학급 해소와 초·중등교육 내실화 및 교원처우개선, 교육환경개선을 강조하였다. 그 결과 재임 5년 동안에 2배인 약 200%로 증액되었다. 초·중등교육 중에서도 특히 보통교육예산이 205% 증가하였으며 지방교육재정교부금이 193% 증가하였고 교육지원기관은 무려 300%나 증가되었다.

둘째, 대학교육에서는 대학교육의 질적 향상과 교수들의 연구지원 및 생활형편이 어려운 대학생 학자금 융자를 크게 강조하였다. 그 결과 관) 대학교육예산이 재임 5년 동안 226% 승가하였다. 이 중에서노 제5공화국 시기에 배정하지 않았던 대학징책 분야와 학술진흥재단

등에 재원을 크게 배분하였고 대학운영예산을 1988년 취임 당시 1818억에서 1993년 5239억으로 크게 증가하였다. 그리고 대학교육예산에서 달라진 점은 종합대학과 단과대학 운영비 및 대학시설비로 지출되던 예산을 대학운영비로 포함시켜 배정하였다.

셋째, 특수교육부분의 예산을 보면 제5공화국에서 변화가 적은 점증적 성격의 예산배정이었으나 제6공화국에 들어 증가 규모가 커지고 있다.

넷째, 문화예술부분의 예산규모를 보면 제6공화국에서 강조한 내용이 나타나 있지 않다. 그리고 예산규모도 증가보다는 삭감 현상을 보이고 있다. 이는 첫째, 국립중앙도서관이나 재외국민교육원 및 중앙교육평가원 등의 예산이 초·중등교육 분야와 문교행정 등의 부분으로 이전되었기 때문이며 둘째, 다른 문화예술기관에 대한 예산 증가규모를 국가예산의 점증수준에도 못 미치게 예산을 배정하였기 때문이다.

다섯째, 제6공화국에서 전문직업교육과 실업교육을 크게 강조하였다. 이러한 사실은 시정연설이나 역점사업에 강조된 내용을 보면 알 수 있는데 이와 병행하여 매년 11% 정도의 예산증가를 보였다. 이 중에서도 특히 실업계대학운영 예산규모는 1988년 221억 규모에서 1993년 840억 규모로 무려 380% 수준으로 크게 증가하였다. 그러나 실업교육진흥 부분은 예산증가가 아주 적었고 실업전문대학운영 예산규모도 증가율이 적어 정책에 대한 예산반영은 미흡했다. 반면 실업공고교육예산은 크게 반영되었다.

6. 문민정부(1992년~1997년)

가. 공약사항

1) 대선공약: 입시지옥 해소, 인간중심 교육 개혁
　　가) 21세기를 주도할 자주적, 창조적 인간 교육
　　나) 입시제도 개선과 정원 자율화로 입시지옥 해소
　　다) 교육재정을 98년까지 GNP의 5% 수준으로 증액
　　라) 대학 교육의 질 향상, 기초 학교 교육 강화
　　마) 다양한 평생 교육 체계 확충으로 생활교육
　　바) 교원의 지위 향상으로 신뢰받는 교직 사회 이룩

　사) 사학지원 대폭 강화로 건전 사학 육성

2) 국정목표: 신한국 창조

3) 국정지표:

　가) 깨끗한 정부

　나) 튼튼한 경제

　다) 건강한 사회

　마) 통일된 조국

4) 취임 시 공약

　가) 부정부패 척결

　나) 위로부터의 개혁

　다) 경제회생

　라) 국가기강과 권위회복

5) 취임사 특징:

　가) 문민시대 개막선언

　나) 신한국병 치유를 위한 변화와 개혁

　다) 고통분담

나. 시정연설 내용

1993년

1) 예산편성지침: 교육환경여건 개선과 실업교육강화

2) 시정연설 기본방향: 교육개혁의 추진과 전인교육을 통한 한국인 육성

　가) 교육자치를 통한 주민참여를 높이고자 교육환경의 현대화

　나) 산업기술인력 부족해소 위한 실업계고등학교 확충과 직업교육

　다) 대학의 교육·연구활동 확대 지원, 우수인력 초빙, 대학평가제

　라) 우수인재 위한 제도방안 마련과 교원복지 확충

　마) 교원복지 확충

1994년

1) 예산편성지침: 국제경쟁에서 국가 번영과 발전을 이루는 원동력은 교육에 있다.

2) 시정연설 기본방향: 민주시민 양성과 미래사회에 경쟁력 있는 교육

　가) 입시위주의 고통과 부담을 주는 것이 아닌 미래설계의 교육

　나) 민주시민을 양성하고 미래사회에 대비하는 교육실현과 개혁추진

　다) 초·중등교육에서 기초교육과 과학적 사고력 배양 및 협동과 봉사함양

　라) 직업기술교육 내실화

　마) 대학교육의 자율성과 질적 수준 향상으로 국제경쟁력 갖춤

　바) 교육의 질은 교사이므로 스승존경의 풍토 조성

　사) 전교조 해직교사를 교단에 복귀시킴

1995년

1) 예산편성지침: 없음

2) 시정연설 기본방향: 아시아·태평양 시대의 중심역할

　가) 입시위주의 교육은 문제점이 많다.

　나) 가치관과 도덕성 함양교육과 미래를 대비한 경쟁력을 갖춘 교육 실현

　다) 대학은 고급인력을 배출하여 국가경쟁력 강화의 선도 역할을 하게 한다.

　라) 대학 종합평가제와 교수평가제 도입하고 기업체 전문인을 교수요원활용

　마) 교육수준을 좌우하는 것은 교사이므로 긍지와 보람 갖도록 지원 강구

　바) 교육개혁위원회가 건의하는 방안으로 개혁 추진

　사) 국가 경쟁력 강화를 위해 과학기술교육에 힘을 씀

1996년

1) 예산편성지침: 교육개혁 위한 투자가 늘 것으로 예상

2) 시정연설 기본방향: 교육개혁을 통해 세계화 뒷받침하자 – 교육개혁의 성패에 미래가 달려 있다.

　가) 5월에 발표한 교육개혁안은 교육별리현상 치유와 신교육체제 수립 위함

　나) 입시위주의 획일화교육에서 다양하고 공급자 중심의 교육

　다) 48개 개혁과제 단계적으로 이루겠다 – 총리의 교육개혁추진위원회 발족

　라) 교육개혁 위해 62조 3천억을 교육에 투자하겠다 – GNP 5% 확보

1997년

1) 예산편성지침 : 교육비 분야 우선순위 분석

2) 시정연설 기본방향 : 수요자 선택 중심의 다양화 교육을 정립하여 인성과 창의성을 양성함

　가) 1년 동안 3차례에 걸쳐 발표한 교육개혁이 성과가 나타남

　나) 초등학교부터 열린교육의 확산

　다) 대학교육의 다양화와 특성화, 일류화 방안이 추진되고 있다

　라) 교육재정에 62조 원을 투자해 '98년까지 낙후된 초·중등교육환경을 개선

다. 교육부 역점사업 내용

1993년

1) 지방교육재정의 지속적 지원 - 교부금과 양여금을 통한 초·중등지원, 교육환경개선 특별회계를 통한 환경과 근무여건 개선, 중학 의무교육 읍·면 확대

2) 사학재정지원 강화 - 의무교육 대학 사립중학교원 봉급, 사립대 시설보조(사학진흥기금)

3) 산업계 기술인력 수요 부응한 실업계 교육강화 - 실업고교 수용능력 일반 : 실업 = 68:32에서 50:50으로 뒷받침, 농업계 고교 지원

4) 이공계 대학확충 및 대학 경쟁력 조성 - 특성화 공대 중점지원, 학술연구 확대, 고급두뇌 유치

5) 교육의 질적 개선 및 교육기회 확대지원 - 초·중등 창의력 발휘 중심 개선

6) 평생교육과 방송교육 지원

1994년

1) 대학교육의 내실화 - 국·사립대 지원, 대학연구 활성화

2) 농·어촌 공사립대학 지원

3) 초·중등교육의 질적개선과 교원복지 증진 - 도서벽지 급식지원, 교직수당 인상

4) 평생교육 확충

5) 공업계 고교 확충과 직업훈련원 시설 보강

6) 목적세 도입으로 인한 경상교부금 감소분은 담배세나 증액교부금으로 보전

1995년

1) 대학교육의 내실화 - 기자재 지원 확충, 대학연구 활성화, 학술연구비지원 확대

2) 농 · 어촌 공사립대학 지원

3) 초 · 중등교육의 질적개선과 교원복지 증진 - 도서벽지 급식지원, 교직수당 인상

4) 평생교육 확충

5) 공업계 고교 확충과 직업훈련원 시설 보강

6) 지방교육재정확충 - 목적세 도입으로 인한 경상교부금 감소분은 증액교부금으로 보전, 중학의무교육 결손액 지원

1996년

1) 교육여건 개선 위해 96~98까지 62조 원 교육투자 뒷받침 - GNP 5% 달성

2) 교육개혁 추진과제를 재정적 지원 - 세계화와 정보화, 대학의 다양화

3) 대학교육 내실화와 다양화 · 특성화 - 시설, 기자재와 연구비 대폭 확대, 공대와 대학원 중점지원, 농 · 어촌지역 공사립, 전문대 설립지원

4) 학술정보센터 설립과 외국어 교육강화, 교육의 정보화와 세계화

5) 초 · 중등교육의 내실화와 교원의 복지증진 - 교과과정개선, 특수학교지원확대, 평생교육과 사회교육, 담임수당 신설, 교직수당 인상

6) 공업교육 확충 및 과학교육 진흥

7) 지방교육재정 지원규모 획기적 증대 - 교육환경개선 특회 96~2000까지 5조
   초 · 중등환경개선사업에 국비 3.5조, 지방비 1.5조 원 지원

1997년

1) 교육여건 개선 위한 GNP 5% 달성

2) 대학교육 내실화와 다양화 - 시설, 기자재와 연구비 대폭 확대, 공대와 대학원 중점지원, 농·어촌지역 공사립, 전문대 설립 지원

3) 초 · 중등교육을 위한 지방교육재정 지원확대 - 교부금과 증액교부금 추가지원, 시 · 도시 과밀학급과 2부제 수업 해소, 초등학교 육성회비 전면폐지, 초등학교 급식시설 97년 중 완비

4) 직업능력 개발 및 고교와 대학의 직업교육 강화 - 고교, 전문대, 개방대 직업교육지원 확대

5) 초 · 중등 및 대학의 교육과 학술정보와 구축지원

6) 국제교육과 평생교육지원 확대

라. 교육부 정책 방향

1993년~1994년 교육정책의 기본방향

1) 사람다운 사람을 기르는 교육

2) 개성과 소질을 살리는 개별화 교육

3) 미래에 대응하는 과학기술교육

4) 자율성 신장과 책무성 제고

5) 질 높은 교육을 위한 기반 조성

1995년 교육정책의 기본방향

1) 세계와 정보화의 무한경쟁시대에 역량 갖춘 인재 양성

2) 세계와 정보화의 무한경쟁시대에 창의성계발과 자율화와 다양화 한국인 고양

3) 대학의 창의적 발전을 막는 정원정책과 학사운영 규제 완전 철폐

4) 초·중등교육에서 창의성 발휘를 위한 자율화와 다양화 교육

1996년 교육정책의 기본방향

교육개혁을 착근시켜 창의적이며 인간다운 학습자 중심의 교육

1) 초·중등교육의 인간화 중점교육을 통해 창의적 열린교육

2) 대학은 스스로의 개혁실천을 통해 자율과 책무성 바탕의 세계일류 수준의 교육력을 갖추도록 지원

3) 교육의 물적기반을 확충, 첨단화하여 누구나 원하는 교육을 언제 어디서나 가능토록 행. 재정제도의 쇄신-교원전문성제고와 사기 진작, 교육개혁 위한 지원체제 정비

1997년 교육정책의 기본방향

교육개혁의 가속화와 내실화

1) 교육개혁의 지속적 추진으로 창의적이며 인간다운 인간 육성

－열린교육, 교육정보화, 교육환경 개선, 부모부담 경감, 대학자율화, 대학특성화 유도, 대학경쟁력 제고

2) 교육개혁의 지속적 추진으로 삶의 질 향상

 3) 소외계층교육지원확대, 직업과 평생교육내실화, 재외동포교육지원

 4) 교원양성체제 개선, 교원임용제도 다양화, 교원복지 향상, 교육규제실명제, 교육운영방법 개선, 교육분쟁조정위 설치

1998년 교육정책의 기본방향 - 국민의 정부

1) 사람다운 사람을 기르는 교육

 - 학생입시고통 완화, 지덕체의 전인교육

2) 지식 · 정보화 사회를 선도하는 교육

3) 고등교육 다양화와 특성화 및 자율화, 국제경쟁력 있는 인력 양성

4) 국민의 고통을 덜어주는 교육

 - 사교육비 경감, 교육의 사회복지기능 확충

마. 부문별 교육예산편성 결과

 김영삼 대통령은 대선 공약 시기에 교육대통령을 칭하고 교육의 개혁과 투자 및 대학교육의 국제 경쟁력을 기르겠다고 공약하였는데 이러한 사항은 시정연설이나 교육부의 중점사업에도 잘 나타나 있다.

 따라서 이러한 내용들이 어떻게 예산규모에 반영되었는지 살펴보았는데 다음과 같다.

<표 41>부문별 교육예산편성 결과

(단위: 백만)

장 관	항 세항	1993	1994	1995	1996	1997	1998
장 310 교육 및 문화 관311초중교육 94부터 보통교육을 지방교육 보통교육행정 —지방교육행정 * 지방교육 재정교부금 87년부터 92부터 중앙교육 평가원이 국립교육 평가원으로	장 310 교육 및 문화	7200751	7997387	9494386	10705372	11894683	11645871
	관 311 초·중등교육 2145770	6333707	6981554	8113835	9043406	9831495	9824535
	항 1300 보통교육	12154	103904	81634	292291	292291	412254
	1311 보통교육행정	12154	103904	2993	2263	2263	2635
	1312 실업계고교지원				86518	113244	107303
	1313 초·중등장학				3453	7347	6971
	1314 교원정책				8937	15768	15768
	1315 교육과정				111	94	85
	1316 사립학교교원연금관리				176847	188756	146579
	1317 교원양성기관지원				827	16899	14771
	1318 교원징계심의위원회				814	866	851
	1319 교과과정개정편찬검정				6183	5495	6027
	1320 유아특수교육지원				6334	18851	10166
	1312 초등학교 중식지원			1620			
	1313국립특수학교 실습기자재 확충			220			
	1314 국립공고실습기자재 확충			280			
	1315 일반계고교직업교육			5841			
	1316 공고2.1체제운영			2573			
	1317 실업계고교확충 및 내실화			61745			
	1318 과학고교운영활성화			1500			
	1319 학교컴퓨터교육지원			2460			
	1320 국립특수학교신설			2399			
	1326 특수교육진흥			0			
	1321 초·중등 정보화						54563
	1322 과육과정 평가원						7229
	1323 한국교육개발원						6699
	1324 한국교육방송원						19394
	1325 멀티미디어 교육지원센터						13204
	1400 교육대학운영	47370	52795	61461	80137	92368	88233
	1411 교육대운영	42118	45607	52273	59675	65945	64024
	1412 교대입시경비	129	53	64	279	351	491
	1413 교육대시설	5122	7135	9123	20182	26071	23717
	1500 지방교육재정(교부금)	6268091	6819131	7964398	8567662	9260854	9324048
	1511 지방교육재정교부금				8567662	9260854	9324048
	1511 초·중등교원봉급	6268091	6819131	7964398			
	1512 경상교부금						
	1513 초·중등교육시설						
	1600 교육지원기관	6091	5723	6340	3315	8607	
	1611 중앙교육평가원	6091	5723	6340	3315	8607	

장 관	항 세항	1993	1994	1995	1996	1997	1998
관 312 대학교육 *1989부터 1712 대학정책→ 1713 교육정책 으로 변경 92부터 대학정책이 대학학사로	관 312 대학교육	666245	859645	1133459	1424058	1714907	1703914
	1700 대학교육	142329	284050	396734	527076	688435	749268
	1711 대학교육행정	84985	203269	615	1111	1223	1090
	1712 교육정책 및 군사교육						
	1713 산업교육		15798	294	195	226	4297
	1713 학생복지				8474	8426	8938
	1712 대학정책	47709	56676				
	1714 학술진흥재단출연	4781	3155	6389	6964	8967	8190
	1715 한국정신문화연구원	4852	5149	5905	6747	7840	7235
	1716 사립대시설확충지원			87500			
	1717 국립대교원연구보조			45726			
	1718 우수교원연구인력초빙			612			
	1719 공과대학연구지원			40000			
	1720 국사립대 자구노력			50000			
	1716 대학교육 내실화				185103	278376	229222
	1717 대학의 다양화				180000	210000	155000
	1718 대학연구능력강화				73767	79270	184168
	1719 대학정보화						15670
	1721 대학원중점지원			20000			
	1722 국립대실습기자재확충			45050			
	1723 학술연구조성사업지원			60000			
	1724 신진연구인력장려금지원			900			
	1725 고전국역사업			1863			
	1726 국제백신연구소지원			4800			
	1727 post-doc 지원						
	1733 외국석학공동연구						
	1734 이공계실습기자재첨단화						
	1735 국제전문인력양성특화						
	1741 사립전문대 내부시설비지원			15000			
	1742 공사립전문대설립			10500			
	1743 전문대실험실습비지원			1578			
	1744 공립전문대운영비지원						
	1741 전문대학교육지원				64712	94104	131663
	1720 첨단학술정보센터						3791
	1800 대학운영	523916	575594	736724	896982	1026472	954646
	1811 대학운영				686016	768564	746801
	1811 종합대학교운영		대학운영	584616			
	1812 단과대학운영						
	1813 대입 시 및 논문심사	2113	2000	4121	4617	6032	7776
	1814 대학입학학력고사	989	—				
	1815 자비유학시험	103	77				
	1836 대학수학능력시험	1199	4440	5760	6332	9291	
	1900 대학시설			142226	200015	242584	200068
	1911 서울대 및 29개교						

장 관	항 세항	1993	1994	1995	1996	1997	1998
관 313 특수교육	관 313 특수교육	7634	8942	11049	13405	15196	17333
	2200 특수교육	7634	8942	11049	13405	15196	17333
	2211 특수학교운영	7010	7570	8393	9615	11854	13734
	2212 특수학교시설	624	660	1199	2067	1212	1459
	2214 국립특수교육원	—	711	1456	1722	2130	2138
314 문화예술 * 1988년부터 항 5100교육 훈련기관으로 세항 5111 중앙교육연수원 →교육행정연수 원(1998)	314 문화예술	9712	10083	11613	13264	12968	12589
	2600 학·예술기관운영	6108	6347	7381	8464	9336	8916
	2611 국립중앙도서관						
	2612 학·예술기관	1864	1919	2336	2577	3417	3294
	2613 국사편찬위원회	4244	4427	5045	5887	5918	5621
	항5100 교육훈련기관			4231	4799		
	2614 중앙교육연수원	3603	3736	4231			
	2615 재외국민교육원						
	2616 대학입학고사운영						
	2617 중앙교육평가원						
	5111 교육행정연수원				4799	3631	3672
관 315 사회교육 및 체육 * 87부터 2411이 사회국제교육 2412교직관리 로 됨 88년 2412 재외국민 교육원—92년 국제교육 진흥원 95 교직관리가 교원지원으로	관 315 사회교육 및 체육	85376	91740	147733	28375	49928	55009
	항 2400 사회교육 및 체육	85376	91740	147733	28375	49928	55009
	2411 평생교육				57	48	62
	세항 2411 사회직업교육	21382	19651	1726			
	2412 교직국제교육						
	2412 재외국민교육원	4657	4410	4856	5496	6584	10780
	2413 교직관리	4543	4085	810			
	2414 사립학교교원연금관리	54390	62978	116952			
	2415 교원징계심의위원회	402	615	691			
	2416 공공도서관건립						
	2416재외동포교육			14775			
	2417국비유학			2864			
	2418해외한국학진흥			829			
	2419원어민 영여교사사업			379			
	2421지방교원연수원건립			1000			
	2422초·중등교원국외연수			2548			
	2423교원자녀보육시설확충			500			
	2424외국어교원연수원건립			—			
	2431학교시설개방			—			
	2432재외민족교육관설치						
	2413 사회교육지원			—	543	7143	1972
	2414 국제교육협력			—	22278	36151	35107
	2414 한국직업능력개발원						7086

장 관	항 세항	1993	1994	1995	1996	1997	1998
관 316 문교행정 91부터 교육행정으로	관 316 문교행정	98076	45402	76696	182861	270188	32489
	항 1100 문교행정	98076	45402	76649	182861	270188	32489
	세항 1101기관운영	10395	15562	28340	30593	33295	31475
	1102 기획관리(실운영)						225
	1111 장학지도	1521	2083				
	1112 교육시설관리	17182					
	1113 교과서편수	3366	6021				
	1114 과학교육	45083					
	1103멀티미디어교육센터설립		—	3869			
	1115 대학부설연구소운영	630	637				
	1116 교육개발원출연	19719	21115		6386	6855	
	1117 교육방송운영	176			23249	25783	
	1103 교육정보				100	132	
	1104 교육행정정보화						
	1105 대학교육부문정보화						
	1104 교육정보매체운영				13056	60313	
	1111 교육정책			1749	304	256	
	1113 학술지원 조사통계				107236	140611	
	1115 전국단위 연구소				1932	2940	
장 320 인력개발 및 인구대책 89745 관 실업교육 89745	장 320 인력개발 및 인구대책	204474	231546	250244	326474	345486	368610
	관 실업교육	204474	231546	250244	326474	345486	368610
	2800 실업교육진흥	86043	104211	130274	165137	169569	195596
	2812 교육차관시설	86043	104211	130274	165137	169569	195596
	2900 실업계대학운영	84045	92235	83965			
	2911 한국해양대			65615			
	2912 부산수산대			실계대학			
	2913 개방대학			운영	108339	110394	109118
	2911 개방대학운영				76824	77981	77903
	2912 개방대학시설				30644	31633	30129
	2913 개방대입 시 및 논문				870	779	1085
	2914 실계대학입시 논문심사	323	581	628			
	3100 실업계대학시설			17721			
	3111-15						
	3200 실업전문대학운영	20838	20710	19861	31635	37913	35086
	3211 해양전문대학						
	3212 공업전문대학						

장 관	항 세항	1993	1994	1995	1996	1997	1998
장 320 인력개발 및 인구대책 89745 관 실업교육 89745	3213-16						
	3215 실업전문대 운영	13798	13138	11985	15514	17851	17845
	3216 실업전문대 입시	67	29	0.6	73	109	204
	87농업전문대						
	3300 실업전문대 시설	6972	7541	7845	16047	19953	17036
	3311-15 해양전문대시설						
	3400 실업공고교육	13546	14388	16142	21362	27608	28809
	3411 실업공고운영	12312	12993	14441	16554	17691	18189
	3412 실업공고입시	8	3	10	6	8	8
	3413 실업공고시설	1225	1391	1690	4801	9908	10611
장 330 보건 및 생활환경 개선관 보건 8578	장 330 보건 및 생활환경개선	10394	12092	18505	42124	42306	41906
	관 331 보건	10394	12092	18505	42124	42306	41906
	항 3500 병원관리	5389	7257	15063	42124	42306	41906
	항 9100 타회계전출						
	세항 9111 병특전출금						
95년 세항 병특전출금 (장 310 교육 및 문화)	세항 9112 교육환경개선전출						
	9100 타회계전출	5005	4835		100000	100000	
	9111교육환경개선특회전출				100000	100000	
	9111 병특전출금	5005	4835	3442			
	교육부 총계	7415620	8241026	9763136	11073971	12282476	12056388

먼저 교육예산규모를 구체적으로 살펴보기 전에 대통령의 선거 공약과 시정연설 및 교육부 역점사업 그리고 교육지표 등에서 주로 어떠한 사업들이 강조되었는지 알아보기 위해 그 내용을 요약하였는데 다음 표와 같다.

국정목표: 신한국 창조
국정지표:
① 깨끗한 정부
② 튼튼한 경제
③ 건강한 사회
④ 통일된 조국

〈표 42〉문민정부의 강조내용 정리표

구분	교육개혁 (입시개혁)	재정	대학교육 고급두뇌, 연구활동강화	교원복지	사학지원	평생교육	실업교육	정보
국정지표	신한국창조 o 깨끗한 정부 0 튼튼한 경제 o 건강한 사회 o 통일된 조국							
대선공약	○	○	○	○	○	○		
시정연설 29개 항목	교육개혁 5회 대학 입시 3회	7회 언급	경쟁력 6회 연구활동 3회	교사복지 3회	3회	3회	3회	
	◎	◎	◎	○	○	○	○	
교육부 역점사업	초·중등 3 교육개혁 3	7회	내실과 다양 5	3	3	3	6	4
	◎	◎	◎	○	○	○	◎	○

문민정부에서 가장 강조하고 있는 사업은 교육재정의 확보였고. 그리고 초·중등교육의 내실과 교육개혁 및 초·중등 교원의 복지에 관한 것이었다. 특히 위에 제시된 8개의 개혁내용 중 교육개혁과 교원복지는 초·중등에 관련(정보의 부분은 초·중등, 고등교육에 해당)된 사업들로서 시정연설에서나 제안설명을 통한 역점사업에서 그 핵심을 이루고 있는 것으로 보아 우리나라의 지금까지 교육예산의 대부분이 초·중등교육에 배정되고 있음을 알 수 있다.

〈표 43〉부문별 교육예산편성 결과

연도	학교수 초·중합	학생 수 초·중합	교사수 초·중합	GDP	정부예산	문교전체 예산 (A)	초·중등 일반+특별 (B)	일반회계 초·중등	B/A 비율	투용자 특회 (경제개발)	교육양여금 특회	농특세 특회	농특세 초·중
1971	7777	7984169	162009	3423400	555345	103205	77642	55557	75,2	22085			
1981	10093	9983478	235912	47656700	7851125	1522195	1209315	1209315	79,4				
1993	10404	8816336	332988	277496500	41936226	10224807	8785136	6339384	85,9	30000	2415752		
1994	10329	8668877	335935	323407100	47593865	11278941	9705294	6924895	86	30000	2750399	10000	
1995	10285	8544891	337367	377349800	54845022	13216474	11347093	8129062	85,8	50000	3160031	42000	8000
1996	10293	8423830	339431	448596400	64926817	16073791	13302293	8857982	82,7	75000	4361311	40000	8000
1997	10333	8300994	341005	491134800	76639467	18939884	15624363	9721472	82,5	60000	5839891	35000	3000
1998	10345	8172909	342082	484102800	77737582	18636134	15348257	9743891	82,3	85000	5516816	41850	2550
1999	10228	8083633	336125	529499600	88302427	18635956	15336233	9150355	82,3	900000	5282678	35650	3200
2000	9955	7951998	336940	578664500	93937057	20417457	16999498	10297552	83,2	1000000	5699098	33398	2848
2001	10061	7831754	340414	622122700	102528518	22294788	19435318	15248897	87,1		4182721	21700	3700
2002	10188	7774900	357084	684263500	113898884	22746729	19701526	15916548	86,6		3782248	17730	2730
2003	10344	7796796	369621	721345900	120477623								

위 표에서 보는 바와 같이 1971년대에 초·중등에 지출되는 예산이 교육 전체 예산의 75% 이상을 차지하였는데 1990년대 이후 2004년 현재까지 82% 이상~87%까지 대부분을 차지하고 있다.

그리고 교육예산의 18%~13%인 나머지 예산으로 대학교육, 실업교육, 특수교육, 사회문화 교육예산을 충당하고 있다.

이제 정권별로 강조한 내용에 대한 구체적 세항들의 예산규모의 변화를 보면 다음과 같다.

가장 두드러진 사항은 초·중등교육에 대한 예산규모가 제6공화국 시기보다 상당히 증가하였다는 점이다. 이는 1990년대에 들어서며 중학교 의무교육이 확대, 실시되면서 교육비가 증가하여 2002년 현재 86.6%의 높은 비율을 차지하고 있다.

이러한 추세는 2004년까지 전국의 도서벽지와 읍·면지역은 물론 시지역의 1학년·3학년 학생들 모두에게 입학금과 수업료 및 교과서대금을 면제해주기 위함으로 더 증가할 추세에 있고 2004년에는 이러한 예산으로 8700억 원을 더 투자하기로 되어 있다. 이러한 내용은 다음 그림의 점선부분으로 된 사각형 부분에 잘 나타나 있다.

〈그림 7〉교육부 예산규모와의 관계

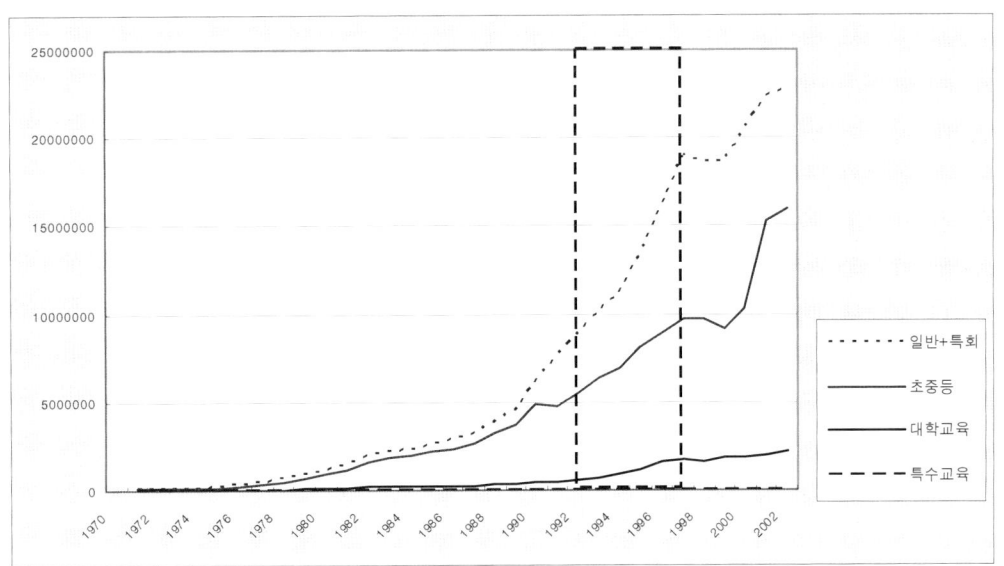

위 그림에서 보듯이 문민정부에는 초·중등교육의 예산규모가 역대 어느 대통령 때보다 급증하고 있음을 알 수 있다.

둘째, 초·중등교육의 환경개선과 교원들의 복지정책을 강조하였는데 그 결과 가장 두드러진 부분이 지방재정교육재정교부금이 크게 증가하고 있다. 이는 제6공화국 말기인 1990년에 교육환경개선특별회계를 통해 3년간 운용되었고 이어 1996년부터 2000년까지 운용하기로 되어 예산이 확충되는 등에 힘입어 더 증가율이 높은 것으로 보인다.

또한 교원정책의 세항 분야의 예산항이 설정되어 1996년 이후 크게 증가되어 2년 후인 1998년에는 176%의 높은 증가율을 보이고 있다.

그리고 문민정부 말기 1997년 예산편성에서 1998년 예산으로 초·중등 정보화와 멀티미디어 교육지원을 위한 예산투자가 새로운 항으로 신설되어 크게 반영되었다.

셋째, 대학교육의 내실화와 다양화와 국제경쟁력 및 연구활동이 크게 강조되었는데 이와 병행하여 대학교육 예산도 크게 증가하고 있다. 특히 1995년의 예산규모는 1994년에 비해 128%의 예산규모로 증가하였다. 특히 대학교육의 내실화와 대학교육의 다양화 및 대학 연구능력 강화에 대한 사업을 강력히 추진하고자 1996년부터 세항으로 과목을 신설하여 예산을 배정한 것이 두드러진다.

이 중에서도 산업교육에 대한 투자가 두드러지는데 1994년부터 1998년까지 5년에 걸쳐 약 208억이 투자되었고 학술연구를 위한 학술진흥재단에 출연금이 1994년 31억에서 1998년 81억으로 무려 260%가량 크게 증가되었다.

그리고 대학시설에 대한 투자가 문민정부 후반기에 접어들면서 크게 증가하고 있다.

이외에 특수교육과 문화교육 분야에서는 크게 두드러진 특징은 보이지 않고 있다. 그러나 사회교육에서는 새로운 예산 '항'인 국제교육협력 항을 신설하여 1996년부터 300억 이상을 집중, 투자한 것이 두드러진다.

장 320, 인력개발 및 인구대책의 관 실업교육은 제3·4공화국 이후로 실업교육을 통한 전문기술인력 배출을 크게 강조하였다. 그 결과 이들이 국가산업발전에 기여한 몫은 아주 크다. 그리고 그 이후 현재에 이르기까지 특히 문민정부에서도 실업교육과 직업교육 및 평생교육을 강조하였다. 특히 1996년 2월과 8월에 제2차와 제3차 교육개혁위원회의 교육개혁방안이 발표되었는데 이때 강조된 것이 특성화 고등학교 확대와 실업계 고등학교 교육 강화 및 전문대 및 개방(산업)대학, 그리고 교육의 정보화 사업을 강조하였다. 그리고 이를 반영하듯이 실업교육에 대한 예산이 증가되었고 1996년에는 초·중등의 보통교육예산에서조차 실업고교 확충과 내실화로 61억이 배정되기도 하였으며 관) 문교행정비의 세항 교육정보매체운영과 교원정책 및 학술지원 조사통계 등으로 세항이 신설되어 예산이 배정되었다.

마지막으로 문민정부에서 가장 크게 강조한 정책은 교육예산 GNP 5% 확충이었다. 그러나 김영삼 재임 기간 동안 교육예산의 증가는 제6공화국 말기인 1992년에서 1993년으로 오면서 14%가 증가되었으나 1994년에 11%, 1995년 18%, 1996년 13%, 1997년 11%, 1998년 −0.2%로 증가하였는데 이는 교육예산 GNP 5% 확충을 위한 예산의 증가로 보기 어려우며 일반적으로 증가한 각 부처의 예산증가보다 약간 높은 정도에 불과할 뿐 교육재정확보를 위한 대선공약 달성으로 보기 어렵다.

7. 국민의 정부(1998년~2002년)

가. 공약사항

1) 대선공약
  가) 학생위주 교육
  나) 사교육비 부담 경감
  다) 교원 근무여건 개선
  라) 교육부문 효율 제고
  마) 산업교육체제 구축
  바) 기타 공약: GNP 5% 확보, 2부제 해소
2) 국정목표: 국난 극복과 국민화합
3) 국정지표
  가) 국민화합의 구현
  나) 국정개혁의 완수
  다) 신지식인 사회 실현
  라) 세계일류 경제 지향
  마) 남북협력의 촉진

4) 취임 시 공약

가) 정치보복 및 지역차별 금지

나) 작지만 작은 정부

다) 물가안정과 기업개혁

라) 교육개혁: 세대가 지식정보사회의 주역이 되도록 한다. 초등학교부터 컴퓨터를 가르친다. 대학입시에서도 컴퓨터 과목을 선택할 수 있게 한다. 대학입시를 획기적으로 개혁하여 능력위주의 사회를 만든다. 과외로부터 해방되고 사교육비 부담을 덜어 준다. 교육개혁은 만난을 무릅쓰고 반드시 성취한다.

그리고 국민의 정부는 임기 중 추진할 주요 과제를 100가지로 정하여 추진하였다

나. 시정연설 내용

1998년

1) 예산편성지침: 교육재정 62조는 기본골격은 유지하되 사업에 따라 일부 조정

2) 시정연설 기본방향: 세계화 · 정보화시대에 대비하기 위해 교육개혁을 추진코자 GNP 5% 투자

가) 초 · 중등교육에서 열린교육 확산으로 학교단위 교육자치문화가 형성됨

나) 고등교육에서는 대학의 다양화 특성화 기틀로 정착되도록 노력하겠다.

다) 지방교육자치의 문제를 해소하고자 지방교육운영체제 개선하겠다.

라) 학급당 학생 수의 축소와 교육내용의 감축 등 교육여건을 개선하겠다.

마) 학교폭력 근절을 위한 장 · 단기 종합대책을 추진하고 인성교육 강화 한다.

1999년

1) 예산편성지침: 100대 국정과제 추진지원과 30대 중심관리사업인 교육시설확충 노력

2) 시정연설 기본방향: 새 시대가 요구하는 인재 육성 위한 국가역량 집중, 학교장추천제로 진학하는 무시험 추진

가) 입시위주에서 벗어나 지덕체의 전인교육

나) 학교폭력으로부터 보호받을 학생인권선언 곧 마련

다) 청소년의 자질을 키워나가며 학교급식 확대와 결식아동 지원

라) 세계적 수준의 대학원중심 대학 육성과 산업인력 육성 적극 지원

마) 학부형 중심의 아래로부터 교육과 현장중심 교육개혁

2000년

1) 예산편성지침: 국립대학구조조정, 연구중심대학원육성, 대학 다양화지원(30대 중점관리)

2) 시정연설 기본방향: 미래를 이끌어 갈 창의적 인재 육성

가) 초·중등학생 위한 교육환경 조성에 투자

나) 국민공통기본교육과정을 바탕으로 스스로 학습할 수 있는 능력 육성

다) 열린교육풍토 조성과 교육정보화 추진

라) 경쟁력 있는 고급인력을 육성코자 대학의 연구의 질 높이고 특성화

마) 학교-직장을 연결한 평생학습기회 마련

바) 교육사회의 활성화를 위해 교원을 증진하고 처우개선 노력

2001년

1) 예산편성지침: 초·중등교육은 투자효율화를 위한 사교육 흡수 시스템에 우선지원, 교육정보화와 프로그램 개발

2) 시정연설 기본방향: 교육은 전 국민의 인적자원을 개발하는 정책이어야 한다.

가) 공교육 내실화를 위한 투자 확충

나) 초·중·고등학교 교육여건 획기적 개선과 교원편의시설 확충, 정보기술교육

다) 우수교원확보 위한 담임수당인상과 처우개선

라) 교육세 시한을 5년 연장하고 일부를 지방교육세로 전환

마) 대학교육의 연구의 질을 높여 고도의 질을 갖춘 특성화

바) 국공사립대학의 지원강화와 지방대학 육성

사) 평생교육확대 지원

다. 교육부 역점사업 내용

1998년

1) 교육개혁 위한 GNP 5%달성

2) 대학교육 내실화와 다양화-시설, 기자재지원 확대, 교육개혁 추진

3) 초·중등교육의 질적개선 위한 지방교육재정지원 확대-신도시지역 과밀학급과 2부제수업 해소, 초·중등학교 교육환경개선 5조원 본격 추진

4) 직업능력 개발 및 고교와 대학의 직업교육 강화

5) 장애인 근로청소년 등 사회교육과 평생교육지원 확대

6) 교육의 세계화와 정보화교육 지원

1999년

1) 교육개혁의 지속추진으로 여건개선과 국가경쟁력 제고-대학교육 질 향상으로 고급인력 양성, 산업현장과 연계 확충, 초·중등교육 내실화

2) 세계수준의 연구중심대학으로 육성-대학원 연구중심대학, 지역우수대학 육성, 대학교육 내실화

3) 전문직업인 양성-산학연계, 직업교육중심의 전문대학으로 전환, 실업고지원

4) 초·중등 및 대학의 교육과 학습정보화 구축

5) 장애인, 근로 청소년에 대한 교육기회 확대-국립특수전문대 설치, 특수교육, 결식아동 지원

6) 초·중등 교육의 질적 개선과 지방교육재정 지원-초·중학교의 학생 수 감축, 학교운영비의 현실화로 학부모부담 경감, 학습방법 개선, 초·중등의 환경개선 5조 투자 지속화

2000년

1) 모든 학생에 균등한 교육기회 부여-농·어촌 유치원, 저소득층과 도시 자영업자 자녀 40만 명, 가정이 어려운 대학생 등록금 전액 융자(30만 명)

2) 대학교육 질적 수준 향상과 연구능력 강화-대학원중심 육성, 학술연구조성비 확충, 대학경쟁력 재고

3) 초·중등교육 혁신과 교원처우 개선-급당 학생 수 감축, 초·중등학교 교육환경 개선, 교육혁신 위한 교수학습개발 보급

4) 전문직업인력 양성을 위한 산학연계 직업교육 강화-실업계고교 개편, 전문대별 특성화 추진, 실험실습의 내실 운영

5) 초·중등, 대학의 교육정보화 구축-초·중등학교 전산망 구축, 대학정보화 구축

6) 평생교육 및 취약계층 교육기회 확대

2001년

1) 모든 학생에게 교육기회 균등화-저소득층 5세아 유치원 입학금 및 수업료 면제, 형편이 어려운 대학생 20만 명 등록금 저액 융자, 저소득층 자녀 중고생 40만 명 학자금 지원

2) 대학교육의 질적 수준 향상과 연구능력 강화-연구중심대학 육성, 학술연구비조성 확충, 국공사립대 경쟁력 제고

3) 초·중등교육혁신과 교원처우 개선-학급당 학생 수 감원, 교수학습 개발과 보급, 초·중등 환경개선 투자확대, 우수교사 확보 및 교원권익 보장

4) 전문직업인력 양성을 위한 산학연계-실업계 고교 체제개편과 내실화, 전문대학 특성화 추진, 실험실습으로 내실화

5) 초·중등 및 대학의 교육정보화-초·중등의 전산망 구축, 초·중등의 학사업무 전산화와 종합정보관리체제 구축, 도서관 정보화와 국립대 학내 전산망 확충

6) 평생교육 및 취약계층 교육기회 확대-평생교육센터, 국립특수전문대학 설립, 결손가정 학생 중식비 지원

2002년

1) 공교육 내실화와 초·중등교육 혁신적 투자-학급당 인원 25명, 교수학습법 개발, 교원수당 인상으로 사기 진작

2) 지식강국 구현 위한 기초학문 진흥과 대학 경쟁력 강화-기초학문에 학술연구비 대폭 확충, 대학 질적 향상 위한 시간강사 처우 개선, 대학생 학자금 지원

3) 전문직업인력 양성 위한 사학연계-실업계 고교 특성화, 실험실습 내실운영, 기술계 학생에 수강료 지원

4) 초·중등 및 대학의 교육정보화 구축-교육용 정보화, 초·중등의 종합정보관리체계 구축, 도서관 정보화와 국립대 학내 전산망 확충

5) 평생교육 및 취약계층 교육기회 확대-평생교육센터, 국립특수전문대학 설립, 결손가정 학생 중식비 지원

라. 교육부 정책 방향

1998년 교육정책의 기본방향 - 국민의 정부

1) 사람다운 사람을 기르는 교육

- 학생입시고통 완화, 지덕체의 전인교육

2) 지식·정보화 사회를 선도하는 교육

3) 고등교육 다양화와 특성화 및 자율화, 국제경쟁력 있는 인력 양성

4) 국민의 고통을 덜어주는 교육

- 사교육비 경감, 교육의 사회복지기능 확충

1999년 교육정책의 기본방향

지식기반사회가 요구하는 창의적 인간 육성으로 21세기 두뇌강국

1) 새 학교 문화창조 - 인성·창의성 중심의 초·중등교육

2) 대학의 경쟁력 강화 - 새로운 지식을 창출하는 고등교육

3) 직업교육의 활성화 - 산업현장의 수용에 부응하는 직업교육

2000년 교육정책의 기본방향

지식기반사회가 요구하는 창의적 인재양성을 통한 제2의 교육입국

1) 인적자원 개발·관리 체제 구축

2) 교육 전 부문에 걸친 자율화의 가속화

3) 국민기초학력의 강화를 위한 초·중등교육의 내실화

4) 전 국민의 지식 정보화를 위한 교육정보화

5) 교직사회 안정화 및 교원안전망 구축

6) 교육재정 확충 및 효율적 집행

2001년 교육정책의 기본방향

1) 교육개혁을 토대로 국가인적자원을 개발 인적자원 강국으로 도약

- 2005년까지 인적자원 경쟁력 세계 10위 수준으로 제고

- 인적자원 개발 정책의 기획과 조정, 평가시스템 구축, 공교육 내실화

- 교육개혁과 인적자원개발의 주체자로서 교원역할 제고,

－교육개혁과 인적자원개발정책의 연계

2) 지속적 성장과 사회통합을 통한 균형적인 국가발전 토대 마련

－지식기반사회에 부응한 개발과 활용 극대화

2002년 교육정책의 기본방향

세계인류국가로의 도약－2005년까지 세계 10위 인적자원 경쟁력

1) 초·중등 기초교육의 내실화－교육정보화, 학교교육 자율성과 책무성

2) 고급인력 개발과 지식 창출을 위한 대학 육성－대학자율, 특성화, 대학교육 연구·질적 수준 제고, 핵심 전문인력 양성

3) 사회통합을 위한 전 국민 기본역량 강화－능력중심 평생학습 구현, 여성과 취약계층 인적자원 개발, 중학교 무상의무교육 확대

4) 국가인적자원개발체제의 조기정착－국가인적자원개발 구체화, 인적자원 평가와 관리 강화

마. 부문별 교육예산편성 결과

이상에서 살펴본 대통령의 공약내용과 시정연설 및 교육부의 역점사업에 대한 강조내용 등이 어느 정도로 예산규모에 반영되었는지 살펴보면 다음과 같다.

〈표 44〉부문별 교육예산편성 결과

(단위: 백만)

장관	항 세항	FY1997	1998	1999	2000	2001	2002
장 310 교육 및 문화관 311초중교육 94부터 보통교육을 지방교육 보통교육행정—지방 교육행정 * 지방교육재정 교부금 87년부터 92부터 중앙교육 평가원이 국립교육 평가원으로	장 310 교육 및 문화	11894683	11645871	10841536	12651344	17801651	18710672
	관 311 초·중등교육 2145770	9831495	9824535	9068917	10174578	15204937	15871672
	항 1300 보통교육 ('94지방교육)	369664	412254	340912	433168	508914	525658
	1311 보통교육행정	2753	2635			15946	
	1311 학교정책총괄과 기본사업비			247	0	1006	781
	1313 학교정책심의관기본사업비			1105	0		
	1314 학교정책실						
	1312 실업계고교지원	113244	107303				
	1313 초·중등장학	7347	6971				
	1314 교원정책	15854	15768				
	1316 교원정책심의관			180617	268375	364546	375421
	1318 교육자치지원				56945	65922	78402
	1320 교육자치심의관 (기본사업비)				605	726	707
	1317 교원정책심의관기본사업비			232	349	948	345449
	1312 학교정책			28306	0		
	1315 교육과정 (200교육과정정책)	94	85	19754	31727		
	1315 교육과정심의관 기본사업비			155	1413		
	1316 사립학교교원연금관리	188756	146579				
	1317 교원양성기관지원	16899	14771				
	1318 교원징계심의위원회	866	851	578	713	803	879
	1321 재심위기본사업비			208	319	622	
	1319 교과과정개정편찬검정	5495	6027				
	1320 유아특수교육지원	18351	10166				
	1312 초등학교 중식지원						
	1318 초·중등교육환경개선				20121		
	1319 초·중등환경 개선기본사업시				73		
	1313국립특수학교 실습기자재 확충						
	1317 실업계고교확충 및 내실화						
	1318 과학고교운영활성화						
	1319 학교컴퓨터교육지원						
	1320 국립특수학교신설						
	1321초·중등정보화 (국제교육정보화국)		54563	64269	72718	58392	54880
	1323 교육정보화국 기본사업비			25242	0		
	1326 특수교육진흥						
	1322 교육과정평가원		7229				
	1323 한국교육개발원		6699				
	1324 한국교육방송원		19394				

장 관	항 세항	FY1997	1998	1999	2000	2001	2002
장 310 교육 및 문화관 311초중교육 94부터 보통교육을 지방교육 보통교육행정—지방 교육행정 * 지방교육재정 교부금 87년부터 92부터 중앙교육 평가원이 국립교육 평가원으로	1325 멀티미디어교육지원센터		13204				
	1400 교육대학운영	92368	88233	93544	98974	104503	113798
	1411 교육대운영	65945	64024	53374	59951	65313	72734
	1412 교육대운영기본사업비			12892	11261	12100	12157
	1412 교대입시경비	351	491	464	701	745	1123
	1413 교육대시설	26071	23717	26812	27058	26344	27783
	1414 수입대체경비						
	1500 지방교육재정(교부금)	9260854	9324048	8634460	9642436	14591519	15232171
	1511 지방교육재정교부금	9260854	9324048	8634460	9642436	14591519	15232171
	1511 초·중등교원봉급						
	1512 경상교부금						
	1600 교육지원기관	8607					
	1611 중앙교육평가원	8607					
관 312 대학교육 *1989부터 1712 대학정책→ 1713교육 정책으로 변경 92부터 대학정책이 대학학사로	관 312 대학교육	1714907	1703914	1652874	1818491	1929129	2144081
	1700 대학교육	688435	749268	730266	742196	730899	819283
	1711 대학지원국 (고등교육지원)				726271	713166	797798
	1712 고등교육지원국기본사업비				5090	1928	481
	1713 기획관리실						
	1711 대학교육행정	1223	1090				
	1712 교육정책 및 군사교육						
	1713 산업교육	226	4297				
	1713 학생복지	8426	8938				
	1714 학술진흥재단출연	8967	8190				
	1715 한국정신문화연구원	7840	7235				
	1716 사립대시설확충지원						
	1717 국립대교원연구보조						
	1718 우수교원연구인력초빙						
	1719 공과대학연구지원						
	1720 국사립대 자구노력						
	1716 대학교육 내실화	278376	229222				
	1717 대학의 다양화	210000	155000				
	1718 대학연구능력강화	79270	184168				
	1719 대학정보화 (03국제교육정보화국)		15670	19875	10834	15804	21004
	1716 대학정보화기본사업비			1220			
	1721 대학원중점지원						
	1722 국립대실습기자재확충						
	1711 학술연구지원			465258			
	1712 학술연구지원국기본사업비			3449			

장 관	항 세항	1997	1998	1999	2000	2001	2002
관 312 대학교육 *1989부터 1712 대학정책→ 1713교육 정책으로 변경 92부터 대학정책이 대학학사로	1713 교육환경개선			240176			
	1714 교육환경개선국기본사업비			285			
	1720 첨단학술정보센터		3791				
	1724 신진연구인력장려금지원						
	1725 고전국역사업						
	1726 국제백신연구소지원						
	1727 post-doc 지원						
	1733 외국석학공동연구						
	1734 이공계실습기자재첨단화						
	1735국제전문인력양성특화						
	1741사립전문대내부시설비지원						
	1743 전문대실험실습비지원						
	1744공립전문대운영비지원						
	1741 전문대학교육지원	94104	131663				
	1800 대학운영	1026472	954646	922607	1039753	1125993	1229495
	1811 대학운영	768564	746801	589781	663177	739121	850121
	1812 대학운영기본사업비			135166	143636	150724	144744
	1811 종합대학교운영						
	1812 단과대학운영						
	1813 대입시 및 논문심사	6032	7776	7867	7958	10489	12679
	1814 대학입학학력고사						
	1815 자비유학시험						
	1836 대학수학능력시험	9291					
	항 1900 대학시설	242584	200068	189792	224980	225657	221949
	1814 수입대체경비						
	항3500 병원관리				36243	71963	94979
	3511 대학지원국						
	3512 기획관리실						
	항 9700전대차관원리금상환				298	323	323
관 313 특수교육	관 313 특수교육	15196	17333	16822	19513	23909	28994
	2200 특수교육	15196	17333	16822	19513	23909	28994
	2211 특수학교운영	11854	13734	10802	12912	16496	17604
	2212 특수학교운영기본사업비			2415	2260	2393	2668
	2212 특수학교시설	1212	1459	1281	1859	1397	5185
	2214 국립특수교육원	2130	2138	1319	1486	2486	2229
	2215 국립특수교육원기본사업비			1002	994	1136	1308

장 관	항 세항	1997	1998	1999	2000	2001	2002
314 문화예술 * 1988년부터 항 5100 교육훈련 기관으로 세항 5111 중앙교육연수원→교 육행정연수원(1998) 315 사회교육2000	314 문화예술	12968	12589	8117			
	2600 학·예술기관운영	9336	8916	8117	8419	12365	13627
	2611 학술원사무국			548	574	632	685
	2612 학술원사무국기본사업비			2448	2544	2811	3061
	2611 국립중앙도서관						
	2612 학·예술기관	3417	3294				
	2613 국사편찬위원회	5918	5621	3140	3279	6801	7708
	2614 국사편찬위기본사업비			1939	2119	2119	2171
	9100 타회계전출금				0	15586	15439
	9119 책특회계전출금				0	15586	15439
	항5100 교육훈련기관	3631	3672				
	2614 중앙교육연수원						
	2615 재외국민교육원						
	2616 대학입학고사운영						
	2617 중앙교육평가원						
	5111 교육행정연수원	3631	3672				
관 315 사회교육 및 체육 * 87부터 2411이 사회국제교육 2412교직 관리 로 됨 88년 2412 재외국민 교육원―92년 국제교육진흥원 95 교직관리가 교원지원으로	관 315 사회교육 및 체육	49928	55009	51756	48071	81593	68205
	항 2400 사회교육 및 체육 (평생교육 및 국제교육)	49928	55009	51756	39652	53641	39137
	2411 평생교육	48	62	16986	1255	2667	5922
	2412 평생교육국기본사업비			2466	2799	1132	337
	세항2411 사회직업교육						
	2412 교직국제교육						
	2412 재외국민교육원	6584	10780	5686	8474		
	2416 국제교육진흥원기본사업비			3968	2570		
	2413 교직관리						
	2414 사립학교교원연금관리						
	2415 교원징계심의위원회						
	2416 공공도서관건립						
	2416재외동포교육						
	2417국비유학						
	2418해외한국학진흥						
	2419원어민 영어교사사업						
	2421지방교원연수원건립						
	2422초·중등교원국외연수						
	2423교원자녀보육시설확충						
	2424외국어교원연수원건립						
	2413 사회교육지원	7143	1972				
	2414 국제교육협력(03정보화국)	36151	35107	20295	22088	23957	29783
	2414 국제교육협력관기본사업비			2352	2465	25885	3094
	2414 한국직업능력개발원		7086				

장 관	항 세항	1997	1998	1999	2000	2001	2002
관 316 문교행정 91부터 교육행정으로	관 316 문교행정(교육행정)	270188	32489	43046	62741	44478	47747
	항 1100 문교행정	270188	32489	43046	62741	44478	47747
	세항 1101기관운영	33295	31475	30688	30105	32480	36260
	1102 인적자원정책국					7966	7960
	1108 인적자원정책국기본사업비					757	463
	1103 학교정책실						
	1104 교원정책심의관						
	1105 교육자치심의관						
	1106 대학지원국						
	1107 평생직업교육국						
	1102 총무과기본사업비			1046	1008	1442	1382
	1103 공보관기본사업비			660	1184	229	225
	1104 감사관기본사업비			192	230	297	300
	1102 기획관리(실운영204)		225	820			
	1106 기획관리실기본사업비			693	25593	1304	1155
	1107 교육정책기획관운영			8030	3479		
	1108 교육정책기획관기본사업비			878	1139		
	1109 비상계획관기본사업비			36			
	1111 장학지도						
	1112 교육시설관리						
	1113 교과서편수						
	1114 과학교육						
	1103멀티미디어교육센터설립						
	1108 국제교육정보화국						
	1115 대학부설연구소운영						
	1116 교육개발원출연	6855					
	1117 교육방송운영	25783					
	1103 교육정보	132	120	0			
	1104 교육행정정보화						
	1105 대학교육부문정보화						
	1104 교육정보매체운영	60313					
	1111 교육정책	255	666	0			
	1113 학술지원 조사통계	140611					
	1115 전국단위 연구소	2940					
	1113 교과서편수						
	1121교과교육연구활동지원						
	1122학생교육원신설						
	1123대학생학자금융자						

장 관	항 세항	1997	1998	1999	2000	2001	2002
관 316 문교행정 91부터 교육행정으로	1125첨단학술정보센터건립						
	1130교육과정개정						
	1131 1종교과용도서편찬						
	1132 2종교과용도서검정						
	1199 교육전산망 구축						
	항1200 학술정보망구축						
	세항1299 학술정보망구축						
	1200 교육이적자원개발						
	1201 인적자원정책국						
장 320 인력개발 및 인구대책 89745 관 실업교육 (203년14 실업교육 *** 2000결산부터 장 320) 인력개발이 없어지고 장310 교육의 314 관 실업교육으로 됨	장 320 인력개발 및 인구대책	345486	368610	596164			
	관321 실업교육	345486	368610	596164	527948	517603	550013
	2800 실업교육진흥	169569	195596	201014	1734	209	137
	2811 기획관리실						
	2812 교육차관시설	169569	195596	201014	1734	209	137
	2900 실업계대학운영(산업대)	110394	109118	103820	115056	126039	140208
	2911 한국해양대						
	2912 부산수산대						
	2913 개방대학(기본사업비)			16026	17069	17852	17084
	2911 개방대학운영	77981	77903	60311	68217	75374	86027
	2912 개방대학시설	31633	30129	26407	28704	31189	35064
	2913 개방대입시 및 논문	779	1085	1074	2914	1691	2033
	2914 실계대학입시 논문심사						
	2914 수입대체경비						
	3100 실업계대학시설						
	3111-15						
	3200 실업전문대학운영	37913	35086	209275	218742	207688	215253
	3211 평생직업교육						
	3211 전문대학지원			169151	174702	171085	184436
	3211 해양전문대학						
	3212 공업전문대학						
	3213-16						
	3215 실업전문대 운영	17851	17845	15240	17354	19199	17983
	3213 전문대운영기본사업비			3208	3729	4129	3035
	3216 실업전문대 입시	109	204	151	176	219	205
	87농업전문대						
	3300 실업전문대 시설	19953	17036	21523	10366	13054	9593

장 관	항 세항	1997	1998	1999	2000	2001	2002
장 320 인력개발 및 인구대책 89745관 실업교육 (203년14 실업교육 *** 2000결산부터 장 320) 인력개발이 없어지고 장310 교육의 314 관 실업교육으로 됨	3311-15 해양전문대시설						
	3215 수입대체경비						
	3400 실업공고교육	27608	28809	82054	77105	82959	80756
	3311 실업계고교지원			57707	52784	55102	54362
	3411 실업공고운영	17691	18189	14408	15491	17681	18322
	3313 공고운영기본사업비			3199	3403	3988	3899
	3412 실업공고입시	8	8	9	6		
	3413 실업공고시설	9908	10611	6728	5419	6187	4172
	3311 평생직업교육국						
	9700 전대차관원리금상환				115309	100707	113658
장 330 보건 및 생활환경개선 관 보건 8578	장 330 보건 및 생활환경개선	42306	41906	38834			
	관 331 보건	42306	41906	38834			
	항 3500 병원관리	42306	41906	38834			
	항 9100 타회계전출						
	세항 9111 병특전출금						
95년 세항 병특전출금 (장 310 교육 및 문화)	세항 9112 교육환경개선전출						
	9100 타회계전출금전출	100000					
	9111교육환경개선특회전출	100000					
	9111 병특전출금						
	교육부 총계	12282476	12056388	11476535	12651344	17801651	18710672

* 중앙교육평가원 2616이 88부터 항 1600 교육지원기관의 세항 1611 중앙교육평가원으로 됨.
* 대학입학학력고사 2617이 88부터 항 1800 대학운영의 세항 1814 대학입학력고사 코드로 됨
* 1986년부터 대학입학고사운영이 2617, 중앙교육평가원 2616으로 변경

교육예산규모를 구체적으로 살펴보기 전에 대통령의 선거 공약과 시정연설 및 교육부 역점 사업 그리고 교육지표 등에서 주로 어떠한 사업들이 강조되었는지 알아보기 위해 그 내용을 요약하였는데 다음과 같다.

<표 45> 국민의 정부의 강조내용 정리표

구분	교육개혁 (사교육비)	재정	대학교육 고급두뇌, 연구활동 강화	교원복지	사학지원	평생교육	실업교육	정보
국정지표	새 천년 새 희망 0국민화합의 구현 0국정개혁의 완수 0신지식인 사회 실현 0세계일류 경제 지향 0남북협력							
대선공약	○	○	○					○
시정연설 29개 항목	공교육내실 5회 복지·환경 6회	2회 언급	다양화 3회 내실–연구질 5회 경쟁력 2회	교사복지 2회	2회	1회	1회	2회
	◎	○	◎	○	○	○	○	
교육부 역점사업	초·중등 9 처우개선 3 교육개혁통한 기회균등 5	교육환경과 시설 4	내실과 질적 수준향상 6	2	2	4	전문직업4	6
	◎	◎	◎	○	○	◎	◎	◎

국민의 정부에서 강조하고 있는 사업을 보면 문민정부와 크게 다를 바가 없다. 그러나 국민의 정부에 들어서면서 공교육 내실화와 초·중등교육의 복지와 환경을 크게 강조하였다. 반면 교육재정 측면에서는 문민정부에 비해 크게 약화되었다.

또한 대학교육에서는 문민정부가 대학 경쟁력과 연구활동을 강조하였고, 국민의 정부에서는 대학의 다양화와 내실화 및 연구의 질 및 국제경쟁력을 강조하여 문민정부보다는 좀 더 세분화된 모습을 보인다.

국민의 정부에 들어서면서 시정연설의 내용이 교육부의 역점사업으로 좀 더 구체화가 잘 되어 있다.

국민의 정부에서 강조한 내용을 보면 초·중등교육을 가장 크게 강조하고 있는데 그중에서도 공교육의 내실화와 중학교 의무교육의 지속적 확대 및 초·중등학교의 교육환경시설과 초·중등교사들의 복지에 관한 내용이었다. 두 번째로 강조한 내용은 대학교육의 다양화와 대학의 내실화 및 연구능력 강화를 통한 국제경쟁력을 강조하였다. 그리고 교육예산 확보에 대한 강조는 문민정부에 비해 훨씬 약화된 모습을 보여 2회 정도 강조하였으며 특히 교육환경과 시설을 위한 지방재정확보를 강조하였다. 이제 강조한 시책에 따라 각 관–항별 예산규모의 변화를 구체적으로 살펴보자. 먼저 교육예산 전체적인 측면에서 보면 문민정부에서 1996년에 13%가 증액되었고, 임기 마지막 해인 1997년에는 11%가 증가되었다.

국민의 정부의 예산에서 가장 두드러진 점은 1997년 11월 21일 IMF에 직면하여 국가 전체 예산은 물론 교육예산에 크게 변화를 가져왔다.

IMF 전후의 교육예산규모의 변화 정도를 보기 위해 문민정부와 국민의 정부 각 5년간 GDP: 교육예산의 변화 비율을 보면 다음과 같다.

〈표 46〉부문별 교육예산편성 결과

연도	GDP	정부예산	교육예산	교육/정부
1993	277496500	41936226	9831373	23.4
1994	323407100	47593865	10879429	22.9
1995	377349800	54845022	12495810	22.8
1996	448596400	64926817	15565216	24
1997	491134800	76639467	18287608	23.9
1998	484102800	77737582	18127837	23.3
1999	529499600	88302427	17456265	19.8
2000	578664500	93937057	19172027	20.4
2001	622122700	102528518	20034364	19.5
2002	684263500	113898884	22278357	19.6

문민정부에서 GDP: 교육예산 비율은 약 2.4%를 차지하고 있으나 IMF 체제 이후인 국민의 정부에서의 교육예산 규모는 2.0%가 채 되지 못하고 있다.

이제 국민의 정부의 정책과 각 주요 항별 예산규모를 보면 다음과 같다.

첫째, 장) 교육 및 문화에서 관) 초·중등교육의 예산을 보면 보통교육에서 큰 폭으로 예산이 집중된 것을 볼 수 있다. 문민정부에는 항) 보통교육 예산규모가 4122억(1998년)이던 것이 1998년에는 3409억으로 줄었으나 2000년에는 4331억, 2001년에는 5089억으로 증가하였다. 이때의 예산배분과 규모의 특징이 문민정부와 확연히 다르게 배분되고 있다. 1998년까지는 문민정부에서 편성된 예산으로 운용되었는데 이때는 각 항별 사업중심으로 배정되었다. 그러나 국민의 정부에 오면서 초·중등교육의 예산은 크게 교원정책과, 교육자치지원 및 교육과정과 교육정보화 정책으로 구분한 다음 각 정책별로 정책심의관 기본사업비로 일괄하여 정책심의관 체제하에 예산을 배분하므로 책임성을 강조하도록 하고 있는 점이 특징이다. 그리고 과거 1980년대~1990년대에 장) 인력개발 및 인구대책의 관) 실업교육에 포함되어 있던 예산이 문민정부에는 장) 교육 및 문화의 관) 초·중등교육에 들어와 지원되도록 배정되었다가 국민의 정부의 1999년부터 다시 관) 실업교육으로 되돌아가서 배정되고 있다.

그리고 문민정부에 관) 초·중등교육의 항)으로 사립학교 교원연금관리와 교원양성기관 지원 및 교과과정 개편 편찬검정, 유아특수교육지원, 교육과정 평가원을 비롯하여 한국교육개발원, 한국교육방송원, 멀티미디어 교육지원센터 등에 지원되던 항과 목의 예산이 국민의 정부에 들어서 1999년부터 관) 문화·예술 쪽으로 일부 이동하는 등 변화가 있었다.

그리고 가장 큰 변화는 지방교육재정교부금이 2001년에 들어와 급증하였다. 2000년에 9조 600천억이던 예산이 2001년에 14조 3천억으로 149%로서 약 1.5배 증가하였는데 이는 봉급교부금과 경상교부금이 크게 증가하였기 때문이다.

둘째, 장) 교육 및 문화의 관) 대학교육의 예산의 변화를 보면 문민정부에서부터 특히 대학교육이 강조되기 시작하였다. 먼저 대학교육의 질 향상을 취임사를 통해 강조하였고, 이어 시정연설 때마다 대학교육, 연구활동, 다양화를 강조하였다. 그리고 김대중은 현재의 우리 세대가 지식정보사회의 주역이 되기 위해 대학에서 컴퓨터 교육을 도입하고 교육개혁을 이루겠다고 취임사에서 밝히고 이를 위해 시정연설에서는 대학의 다양화와 특성화 및 연구의 질을 높이므로 고급인력을 육성하겠다고 강조하고 있다.

그 결과 예산규모에 나타난 변화를 보면 문민정부에서는 관) 대학교육에 항) 대학교육행정 및 산업교육, 학생복지, 학술진흥재단출연, 한국정신문화연구원 그리고 대학교육 내실화와 다양화, 연구능력강화 등으로 세분화하여 배정하던 예산을 모두 대학지원국과 고등교육지원국 기본사업비로 일괄하여 배정하고 있다. 그러나 규모 면에서는 변화가 없다.

또 관) 대학교육 예산의 배정에서 달라진 점은 과거 이래 문민정부까지 장) 보건 및 생활환경개선의 관) 보건의 항) 병원관리로 배정되던 예산이 국민의 정부의 말기인 2000년부터 장) 교육 및 문화의 관) 대학교육의 병원관리로 배분되고 있다.

셋째, 관) 특수교육에 대한 예산규모 변화를 보면 국민의 정부에 들어 항) 특수학교운영 기본사업비가 신설되어 20억 이상이 배분되고 있으며 또한 국립특수교육원 기본사업비를 책정하여 특수교육의 일을 하도록 새로운 예산이 10억 이상 배분되고 있다.

넷째, 관) 사회교육 및 체육에 관한 예산을 보면 평생교육을 위한 예산이 1999년 이후 크게 급증하였고, 이를 위하여 평생교육국 기본사업비 예산을 1999년에 새로 신설하여 평생교육에 집중투자하고 있음을 보이고 있다.

다섯째, 관) 교육행정에 대한 예산규모 변화를 보면 위의 초·중등교육에서 보았듯이 국민의 정부에 들어서는 각 정책과 그 정책을 맡은 과 또는 심의관이나 기획관체제 중심으로 예산이 책임 배정되고 있다는 점이다. 역시 1999년에는 총무과 기본사업비와 홍보과 기본사업비, 감사관 기본사업비, 기획관리실 기본사업비, 교육정책기획관 기본사업비 항목이 신설되어 이에 따라 예산을 배정하고 있는 것이 큰 특징이다.

또한 문민정부까지 교육행정의 항목으로 배분되던 교육개발원 출연이나 교육방송 운영 및 교육정보매체운영, 교육정책, 학술자원 조사통계 등의 예산이 국민의 정부의 1998년과 1999년에 걸쳐 폐지되거나 다른 관)으로 가서 조정되어 배분되고 있다.

여섯째, 제3·4공화국 이후로 계속 끊임없이 강조되고 예산지원의 규모를 확대해 왔던 장) 인력개발 및 인구대책의 관) 실업교육의 예산규모를 보면 다음과 같다.

먼저 2000년부터 장) 인력개발 및 인구대책이 없어지고 관) 실업교육으로 되어 운영되고 있다.

우선 규모 면에서 실업교육예산은 국민의 정부에 들어 문민정부 때와 비교해 큰 증가를 보이고 있다.

문민정부 말기인 1997년에 7%의 증가를 보이고 있으나 국민의 정부의 1999년에는 3%, 2000년에는 61%로 급증하였고 2001년~2002년까지 약간 감소세를 보이다가 다시 2002년에 증가하고 있다. 그리고 실업교육진흥의 예산이 크게 줄고 그 대신 산업대학과 전문대학지원 쪽으로 예산이 크게 증가하였다.

또 하나 실업교육에서 두드러진 특징을 보면 문민정부시기인 1977년까지 실업공고 교육비가 180억 정도이던 것이 국민의 정부의 1999년 이후에는 800억 이상으로 무려 4.4배가 증가하는 변화를 보이고 있다.

8. 참여정부(2002년~2004년)

가. 공약사항

1) 대선공약:

  가) 대학생 학자금 융자 위한 '대학생 유동화채권기금' 조성

  나) 만 5세 아동에 대한 무상교육

  다) 실업계와 농어촌 고등학교 무상교육 실시

  라) 이공계 대학생 3명 중 1명에게 장학금 제공

2) 국정목표: 개혁과 통합을 바탕으로 국민과 함께하는 민주주의, 더불어 사는 균형발전사회 이룩

3) 국정지표

　가) 원칙과 신뢰

　나) 공정과 투명

　다) 대화와 타협

　라) 분권과 자율

4) 취임 시 공약

　가) 국민이 주인이 되는 정치개혁

　나) 제2의 과학기술입국

　다) 부정부패 척결

　라) 국민통합

　마) 노사화합

그리고 임기 중 추진할 사업을 150대 과제로 선정하여 추진하였다.

나. 시정연설 내용

2003년

1) 예산편성지침: 상업계에 부응한 인력양성, 교육기회의 균등을 위한 저소득층 중고생 학자금 보조 및 대학생 학자금 융자제도 확충

2) 시정연설 기본방향: 국가경쟁력 강화를 위한 인적자원 개발체제 강화하고자 인적자원개발기본계획을 수립

　가) 소질과 적성, 창의력을 개발할 교육과정 정착

　나) 초·중·고등학교의 학급당 학생 수 감축

　다) 교실증축 마무리하고 내년에 교원 1만 3천 명 증원 - 교원의 전문성 육성

　라) 중학교 2학년까지 완전 무상(2005년까지) -5세 아동 교육비 지원

　마) 기초학문지원, 대학교원 1000명 증원(1000억 투자), 여성교수 확대, 시간강사 처우개선

　바) 평생교육확대 지원

2004년

1) 예산편성지침

2) 시정연설 기본방향: 교육개혁안을 마련

  가) 사교육비 절감을 통해 서민들을 안정시킴

  나) 교육혁신 방안을 연말까지 마련하여 제시

다. 교육부 역점사업 내용

2003년

1) 공교육 내실화와 초·중등교육 혁신 - 초·중·고등학교의 학급당 학생 수 35명으로 감축, 교육과정시행 위한 시설 확충, 교육환경 개선, 우수교원 대폭 확보(연내 12000명)

2) 지식강국 구현 위한 대학구조조정과 연구능력 강화 - 시간강사 처우개선, 학술연구조성사업 및 BK21사업 지원, 국공사립대 특성화, 이공계 지원

3) 모든 국민에게 균등한 교육기회 부여 - 중학교 의무교육 2학년까지 확대, 저소득층 5세 유사 무상교육 지원, 농·어촌 출신 대학생 융자 지원

4) 전문직업인력 양성과 산학협력 - 실업계 고교 지원과 특성화, 산업계 부응한 교육으로 산업인력 양성

5) 초·중등 및 대학의 교육정보화 추진 - 우수 교육용 콘텐츠 보급과 인터넷 지원, 초·중등의 교육행정종합정보과나리체제 구축, 도서관 정보화

6) 평생교육확대 지원 - 평생교육센터와 노인재취업기획 확대, 특수학교 지원, 저소득층 중식비 지원

2004년

1) 고등교육 분야의 경쟁력 강화 및 대학교육의 질 제고 - 지역혁신을 주도할 지방인재 양성(지방대 지원), 산학협력 활성화, 학술연구 조성 위한 대학연구기능, 대학원 연구중심대학 육성(BK 21)

2) 초·중등교육 내실화와 사교육비 경감 - 교육여건개선, 교원 5200명 충원, 우수교원 양성, 전문성 제고, 사교육비 경감 위한 인터넷 강의

3) 균등한 교육기회를 보장하는 교육복지 확충 - 중학의무교육(시지역 1, 2→전학년), 저소

득층 유치원 학비보조(5세→3세~5세), 저소득 고교와 실고생 입학금 지원, 가계곤란학생 중식지원, 장애아 교육 정부지원

4) 국가차원의 인적자원 개발 지원 확충-범정부적 총괄조정체계 강화, 여성과 영재, 과학교육 투자

5) 전 국민 위한 평생교육과 전문직업 인력 양성 지원-평생교육센터 지원, 비정규 중학과정 학비보조(1, 2학년→전학년), 전문대 특성화, 실업계고교 체제개편

라. 교육부 정책 방향

2003년 교육정책의 기본방향

1) 교육주체의 참여와 자율을 통한 참여교육 실현

2) 교육본질을 추구하는 초·중등교육 내실화

3) 국민이 체감할 수 있는 사교육비 경감

4) 국가경쟁력 제고를 위한 고등교육 경쟁력 강화

5) 능력중심 사회구현을 위한 인적자원 정책 추진

2004년 교육정책의 기본방향

1) 국가발전을 선도할 국제경쟁력을 갖춘 인적자원개발 추진

-2만 불 시대 위한 인적자원개발, 대학구조조정, 과학인재육성, 교육국제화 개발화 촉진, 일자리 창출과 청년실업해소 대책

2) 국가균형발전과 지역경쟁력 확보를 위해 과감한 지방분권 지역혁신체계 구축

3) 단위학교 자율운영체제, 지방교육발전 위한 교육자치제 개선, 지방대학 혁신체제 구축

4) 교육복지 강화로 교육불평등을 완화시키고 사회통합 여건 조성

-교육복지강화로 사회안전망 확충, 전인교육, 평생교육 체제 구축, 사교육비 경감

마. 부문별 교육예산편성 결과

〈표 47〉부문별 교육예산편성 결과

(단위: 백만)

장 관	항 세항	2000	2001	2002	2003	2004
장 310 교육 및 문화관 311초중교육 94부터 보통교육을 지방교육 보통교육행정—지 방교육행정 * 지방교육 정교부금 87년부터 92부터 중앙교육 평가원이 국립교육 평가원으로	장 310 교육 및 문화	12651344	17801651	18710672	20709145	22046331
	관 311 초·중등교육 2145770	10174578	15204937	15871672	17623061	08802682
	항 1300 보통교육('94지방교육)	433168	508914	525658	471111	493284
	1311 보통교육행정		15946			
	1311 학교정책총괄과 기본사업비	0	1006	781		
	1313 학교정책심의관기본사업비	0				
	1314 학교정책실				9095	9109
	1312 실업계고교지원					
	1313 초·중등장학					
	1314 교원정책					
	1316 교원정책심의관	268375	364546	375421	306464	320395
	1318 교육자치지원	56945	65922	78402		
	1320 교육자치심의관(기본사업비)	605	726	707	87716	89795
	1317 교원정책심의관기본사업비	349	948	345449		
	1312 학교정책	0				
	1315 교육과정(200교육과정정책)	31727				
	1315 교육과정심의관기본사업비	1413				
	1318 교원징계심의위원회	713	803	879	1431	2981
	1321 재심위기본사업비	319	622			
	1319 교과과정개정편찬검정					
	1320 유아특수교육지원					
	1312 초등학교 중식지원					
	1318 초·중등교육환경개선					
	1319 초·중등환경개선기본사업시					
	1317 실업계고교확충 및 내실화					
	1318 과학고교운영활성화					
	1319 학교컴퓨터교육지원					
	1320 국립특수학교신설					
	1321 초·중등정보화(국제교육정보화국)	72718	58392	54880	66403	71003
	1323 교육정보화국기본사업비	0				
	1326 특수교육진흥					
	1322 교육과정평가원					
	1323 한국교육개발원					
	1324 한국교육방송원					
	1325 멀티미디어교육지원센터					
	1400 교육대학운영	98974	104503	113798	132491	140426
	1411 교육대운영	59951	65313	72734	93732	104776

장 관	항 세항	2000	2001	2002	2003	2004
장 310 교육 및 문화관 311초중교육 94부터 보통교육을 지방교육 보통교육행정―지방 교육행정 * 지방교육 정교부금 87년부터 92부터 중앙교육 평가원이 국립교육 평가원으로	1412 교육대운영기본사업비	11261	12100	12157		
	1412 교대입시경비	701	745	1123		
	1413 교육대시설	27058	26344	27783	37393	34325
	1414 수입대체경비				1365	1324
	1500 지방교육재정(교부금)	9642436	14591519	15232171	17019458	18168971
	1511 지방교육재정교부금	9642436	14591519	15232171		
	1511 초·중등교원봉급				4673719	5028549
	1512 경상교부금				11667390	12224108
	1513 증액교부금				678348	916313
	1513 초·중등교육시설					
	1600 교육지원기관					
	1611 중앙교육평가원					
관 312 대학교육 *1989부터 1712 대학정책→ 1713 교육정책 으로 변경 92부터 대학정책이 대학학사로 * 1986년부터 대학입학고사 운영이 2617, 중앙교육평가원 2616으로 변경	관 312 대학교육	1818491	1929129	2144081	2323520	2063111
	1700 대학교육	742196	730899	819283	878601	609632
	1711 대학지원국(고등교육지원)	726271	713166	797798	786647	520724
	1712 고등교육지원국기본사업비	5090	1928	481		
	1713 기획관리실				72000	70000
	1711 대학교육행정					
	1712 교육정책 및 군사교육					
	1713 산업교육					
	1713 학생복지					
	1714 학술진흥재단출연					
	1715 한국정신문화연구원					
	1716 사립대시설확충지원					
	1717 국립대교원연구보조					
	1718 우수교원연구인력초빙					
	1719 공과대학연구지원					
	1720 국사립대 자구노력					
	1716 대학교육 내실화					
	1717 대학의 다양화					
	1718 대학연구능력강화					
	1719 대학정보화(03국제교육정보화국)	10834	15804	21004	19954	18908
	1716 대학정보화기본사업비					
	1721 대학원중점지원					
	1722 국립대실습기자재확충					
	1711 학술연구지원					
	1712 학술연구지원국기본사업비					
	1713 교육환경개선					

장 관	항 세항	2000	2001	2002	2003	2004
관 312 대학교육 *1989부터 1712 대학정책→ 1713 교육정책 으로 변경 92부터 대학정책이 대학학사로 * 1986년부터 대학입학고사 운영이 2617, 중앙교육평가원 2616으로 변경	1714 교육환경개선국기본사업비					
	1720 첨단학술정보센터					
	1724 신진연구인력장려금지원					
	1725 고전국역사업					
	1726 국제백신연구소지원					
	1727 Post-Dc 지원					
	1733 외국석학공동연구					
	1734 이공계실습기자재첨단화					
	1735국제전문인력양성특화					
	1741사립전문대내부시설비지원					
	1742 공사립전문대설립					
	1743 전문대실험실습비지원					
	1744공립전문대운영비지원					
	1741 전문대학교육지원					
	1800 대학운영	1039753	1125993	1229495	1339084	1373851
	1811 대학운영	663177	739121	850121	1091376	1168162
	1812 대학운영기본사업비	143636	150724	144744		
	1811 종합대학교운영, 단과대 운영					
	1813 대입시 및 논문심사	7958	10489	12679		
	1815 자비유학시험					
	1836 대학수학능력시험					
	항 1900 대학시설	224980	225657	221949	234456	192656
	1814 수입대체경비				13251	13031
	1911 서울대 및 29개교					
	항3500 병원관리	36243	71963	94979	13251	13031
	3511 대학지원국				105535	79327
	3512 기획관리실				22199	8937
	항 9700전대차관원리금상환	298	323	323	298	300
	9711 기획관리실				298	300
관 313 특수교육	관 313 특수교육	19513	23909	28994	33120	38552
	2200 특수교육	19513	23909	28994	33120	38552
	2211 특수학교운영	12912	16496	17604	23753	25100
	2212 특수학교운영기본사업비	2260	2393	2668		
	2212 특수학교시설	1859	1397	5185	2576	9350
	2214 국립특수교육원	1486	2486	2229	6791	4101
	2215 국립특수교육원기본사업비	994	1136	1308		

장 관	항 세항	2000	2001	2002	2003	2004
314 문화예술 * 1988년부터 항 5100 교육훈련 기관으로 세항 5111 중앙교육 연수원→ 교육행정 연수원(1998) 315 사회교육2000	314 문화예술				관315 사회교육	
	2600 학·예술기관운영	8419	12365	13627	14950	20029
	2611 학술원사무국	574	632	685	4029	4261
	2612 학술원사무국기본사업비	2544	2811	3061		
	2611 국립중앙도서관					
	2612 학·예술기관					
	2613 국사편찬위원회	3279	6801	7708	10921	15767
	2614 국사편찬위기본사업비	2119	2119	2171		
	9100 타회계전출금	0	15586	15439	15709	15592
	9119 책특회계전출금	0	15586	15439	15709	15592
	항5100 교육훈련기관					
	2614 중앙교육연수원					
	2615 재외국민교육원					
	2616 대학입학고사운영					
	2617 중앙교육평가원					
	5111 교육행정연수원					
	관 315 사회교육 및 체육	48071	81593	68205	76987	80061
	항 2400 사회교육 및 체육(평생교육 및 국제교육)	39652	53641	39137	46326	44439
	2411 평생교육	1255	2667	5922	9281	10558
	2412 평생교육국기본사업비	2799	1132	337		
	세항2411 사회직업교육					
관 315 사회교육 및 체육 * 87부터 2411이 사회국제교육 2412교직관리 로 됨 88년 2412 재외국민 교육원—92년 국제교육진흥원 95 교직관리가 교원지원으로	2412 교직국제교육					
	2412 재외국민교육원	8474				
	2416 국제교육진흥원기본사업비	2570				
	2413 교직관리					
	2414 사립학교교원연금관리					
	2415 교원징계심의위원회					
	2416 공공도서관건립					
	2416재외동포교육					
	2417국비유학					
	2418해외한국학진흥					
	2419원어민 영어교사사업					
	2421지방교원연수원건립					
	2422초·중등교원국외연수					
	2423교원자녀보육시설확충					
	2424외국어교원연수원건립					
	2431학교시설개방					
	2432재외민족교육관설치					
	2413 사회교육지원					
	2414 국제교육협력(03정보화국)	22088	23957	29783	37045	33880
	2414 국제교육협력관기본사업비	2465	25885	3094		
	2414 한국직업능력개발원					

장 관	항 세항	2000	2001	2002	2003	2004
	관 316 문교행정(교육행정)	62741	44478	47747	91845	504084
	항 1100 문교행정	62741	44478	47747	51529	59441
	세항 1101기관운영	30105	32480	36260	45430	53492
	1102 인적자원정책국		7966	7960	437	398
	1108 인적자원정책국기본사업비		757	463		
	1103 학교정책실				895	894
	1104 교원정책심의관				792	792
	1105 교육자치심의관				791	636
	1106 대학지원국				537	580
	1107 평생직업교육국				391	391
	1102 총무과기본사업비	1008	1442	1382		
	1103 공보관기본사업비	1184	229	225		
관 316	1104 감사관기본사업비	230	297	300		
문교행정	1102 기획관리(실운영204)					
91부터	1106 기획관리실기본사업비	25593	1304	1155		
교육행정으로	1107 교육정책기획관운영	3479				
	1108 교육정책기획관기본사업비	1139				
	1109 비상계획관기본사업비					
	1111 장학지도					
	1112 교육시설관리					
	1113 교과서편수					
	1114 과학교육					
	1103멀티미디어교육센터설립					
	1108 국제교육정보화국				2253	2253
	1115 대학부설연구소운영					
	1116 교육개발원출연					
	1117 교육방송운영					
	1103 교육정보					
	1104 교육행정정보화					
	1105 대학교육부문정보화					
	1104 교육정보매체운영					
	1111 교육정책					
	1113 학술지원 조사통계					
	1115 전국단위 연구소					
	1113 교과서편수					

장 관	항 세항	2000	2001	2002	2003	2004
관 316 문교행정 91부터 교육행정으로	1121교과교육연구활동지원					
	1122학생교육원신설					
	1123대학생학자금융자					
	1125첨단학술정보센터건립					
	1130교육과정개정					
	1131 1종교과용도서편찬					
	1132 2종교과용도서검정					
	1199 교육전산망 구축					
	항1200 학술정보망구축					
	세항1299 학술정보망구축					
	1200 교육이적자원개발				40315	444643
	1201 인적자원정책국				40315	444643
장 320 인력개발 및 인구대책 89745관 실업교육 (203년14 실업교육 *** 2000결산부터 장 320) 인력개발이 없어지고 장310 교육의 314 관실업 교육으로 됨	장 320 인력개발 및 인구대책					
	관321 실업교육	527948	517603	550013	560609	557839
	2800 실업교육진흥	1734	209	137	108	31
	2811 기획관리실				108	31
	2812 교육차관시설	1734	209	137		
	2900 실업계대학운영(산업대)	115056	126039	140208	163507	170163
	2911 한국해양대					
	2912 부산수산대					
	2913 개방대학(기본사업비)	17069	17852	17084		
	2911 개방대학운영	68217	75374	86027	117428	118424
	2912 개방대학시설	28704	31189	35064	43846	39062
	2913 개방대입시 및 논문	2914	1691	2033		
	2914 실계대학입시 논문심사					
	2914 수입대체경비				2232	2676
	3100 실업계대학시설					
	3111-15					
	3200 실업전문대학운영	218742	207688	215253	217068	210907
	3211 평생직업교육				181036	175836
	3211 전문대학지원	174702	171085	184436		
	3211 해양전문대학					
	3212 공업전문대학					
	3213-16					
	3215 실업전문대 운영	17354	19199	17983	29228	32013
	3213 전문대운영기본사업비	3729	4129	3035		

장 관	항 세항	2000	2001	2002	2003	2004
장 320 인력개발 및 인구대책 89745관 실업교육 (203년14 실업교육 *** 2000결산부터 장 320) 인력개발이 없어지고 장310 교육의 314 관실업 교육으로 됨	3216 실업전문대 입시	176	219	205		
	87농업전문대					
	3300 실업전문대 시설	10366	13054	9593	6397	2702
	3311-15 해양전문대시					
	3215 수입대체경비				406	355
	3400 실업공고교육	77105	82959	80756	83563	82144
	3311 실업계고교지원	52784	55102	54362		
	3411 실업공고운영	15491	17681	18322	24468	25808
	3313 공고운영기본사업비	3403	3988	3899		
	3412 실업공고입시	6				
	3413 실업공고시설	5419	6187	4172	5533	7524
	3311 평생직업교육국				53562	48811
	9700 전대차관원리금상환	115309	100707	113658	96361	94592
장 330 보건 및 생활환경개선 관 보건 8578	장 330 보건 및 생활환경개선					
	관 331 보건					
	항 3500 병원관리					
	항 9100 타회계전출					
	세항 9111 병특전출금					
95년 세항 병특전출금 (장 310 교육 및 문화)	세항 9112 교육환경개선전출					
	9100 타회계전출					
	9111교육환경개선특회전출					
	9111 병특전출금					
	교육부 총계	12651344	17801651	18710672	22709145	22046331

* 중앙교육평가원 2616이 88부터 항 1600 교육지원기관의 세항 1611 중앙교육평가원으로 됨 대학입학학력고사 2617이 88부터 항 1800 대학운영의 세항 1814 대학입학력고사 코드로 됨

교육예산규모를 구체적으로 살펴보기 전에 노무현 대통령의 선거 공약과 시정연설 및 교육부 역점사업 그리고 교육지표 등에서 주로 어떠한 사업들이 강조되었는지 알아보기 위해 그 내용을 요약하였는데 다음과 같다.

〈표 48〉참여정부의 강조내용 정리표

구분	교육개혁 (사교육비)	재정	대학교육 고급두뇌, 연구활동강화	교원복지	사학지원	평생교육	실업교육	유아
국정지표	개혁과 통합을 바탕으로 국민과 함께하는 민주주의, 더불어 사는 균형발전사회 0 원칙과 신뢰 0 공정과 투명 0 대화와 타협 0 분권과 자율							
대선공약	○		○			○	○	○
시정연설 29개 항목	사교육비절감 1 교과과정정착 1 교원증원 1 중학의무교육 완성 1		기초학문지원 1 교수 증원 1 처우개선 1 학자금융자 1	교사복지 2 교육환경 개선1		1회	1회	1회
	◎		◎	○		○	○	○
교육부 역점사업	중학의무교육 1 저소득층 학비보조 1 초중등 2 처우개선 1 초중등교육혁신 2	교육환경개선 2	경쟁력강화 1 교육질 제고 1 학술지원 1 연구중심대학 육성 BK21 2	2	2	2	입학금지원1 산학협력 2	정보화 2 5세 유아 무상교육 1 장애자 교육지원 1
	◎	○	◎	○	○	○	◎	◎

참여정부에서 강조하고 있는 사업을 보면 국민의 정부와 세분된 차이만 약간 있을 뿐 강조점에서는 크게 다를 바가 없다. 참여정부에 들어 저소득층 학비보조를 크게 강조하였고 문민정부나 국민의 정부에 비해 5세 유아 교육비의 무상교육지원과 장애자 교육지원이 더욱 강조되었다. 그리고 대학교육에서는 국제 경쟁력 강화와 함께 연구중심대학육성(BK21)과 교수확충과 시간강사들의 처우개선을 강조한 점이 두드러진다. 그리고 교육재정의 측면은 참여정부에 들어 문민정부나 국민의 정부에 비해 크게 강조하지는 않았다.

또한 참여정부에 들어 국민의 정부에서 그러했듯이 시정연설의 내용을 교육부의 역점사업으로 좀 더 잘 구체화하여 나타내었다.

참여정부에서 강조한 내용을 주요 영역별로 살펴보면 다음과 같다. 먼저 교육개혁과 초·중등교육차원에서 시정연설 시에 사교육비 경감과 창의력 신장을 위한 교과과정 정착 및 교원증원, 중학의무교육 완성을 강조하였는데 이러한 내용이 그대로 교육인적자원부의 역점사업으로 연계되어 강조되고 있다.

교육환경 개선 면에서는 시정연설에서는 언급되지 않았지만 교육부 역점사업에서 계속 강조되고 있다.

대학교육에 있어서는 국제경쟁력 강화를 주목표로 교육의 질을 제고하고 동시에 학술연구를 아주 크게 강조하면서 농어촌과 저소득층의 대학생들에게 학자금 보조를 강조하였다.

교원복지영역에서는 문민정부나 국민의 정부에서처럼 크게 강조되지는 않았지만 그래도 언급은 되고 있는 편이다.

사학지원 측면에서는 시정연설이나 역점사업에서 거의 언급되지 않고 있어 앞의 前 대통령의 강조점과는 다르다.

평생교육과 실업교육에서는 다른 시기와 마찬가지로 산학협력과 기술인력 육성을 위한 실업고등학교 지원 등을 강조하고 있다.

마지막으로 정보와 유아 및 특수교육영역인데 문민정부와 국민의 정부에서는 정보화 교육을 강조하였고 유아교육이나 특수아 교육은 크게 강조하지 않았다. 유아교육과 특수교육은 국민의 정부에서부터 조금씩 강조되기 시작하여 참여정부에서 크게 강조하고 무상교육을 약속하고 있다.[7]

이제 강조한 시책에 따라 각 관-항별 예산규모의 변화를 구체적으로 살펴보자. 먼저 교육예산 전체적인 측면에서 보면 문민정부에서 1996년에 13%가 증액되었고, 임기 마지막 해인 1997년에는 11%가장 증가되었다. 그리고 국민의 정부에서는 IMF의 영향이 있긴 하지만 1999년도에서 2000년으로 넘어오면서 0.4%가 증가하였고 이어 2001년에는 40%가 증액되었다. 그리고 참여정부에 들어 2003년 예산에서 21%가 증액되었고 2005년에도 교육예산이 비교적 증액될 추세이다.

이제 참여정부의 정책과 각 주요 항별 예산규모를 보면 다음과 같다.

참여정부에서 주요 항별 예산 배정의 전체적인 특징을 보면 국민의 정부의 배정 스타일을 이어받아 심의관이나 지원국 중심으로 배정되고 있다.

첫째, 장) 교육 및 문화에서 관) 초·중등교육의 예산을 보면 국민의 정부에서 큰 폭으로 집중되었던 보통교육 예산이 줄어들고 ㄱ 대신 교육대학 운영이나 지방교육재정교부금 예산이 증가된 것을 알 수 있다. 국민의 정부에는 항) 보통교육의 세항 교원정책심의관 예산규모가 2002년 3745억이던 것이 2003년에는 3064억으로 줄었다가 FY2004년에 3204억으로 증가하고 있다.

그리고 교육자치지원과 교육자치심의관 기본사업비로 분리되어 배정되던 예산이 참여정부에 와서 교육자치심의관예산으로 하나로 통일되어 배정되고 있다.

참여정부에서 초·중등 정보화(국제정보화국)에 대한 관심이 국민의 정부보다 증가되어 국민의 정부에서 약간 삭감되어 배정되던 예산이 다시 참여정부에 들어 크게 증액되었다.

---

7) 국민의 정부에서 특수교육은 1999년 시정연설에서 강조하고 그 이후로는 언급은 없지만 이를 계기로 1999년부터 국립특수교육원 기본사업비를 책정하여 지원하도록 하였다.

그리고 지방교육재정 배분에 있어 세항인 초·중등교원 봉급과 경상교부금 및 증액교부금으로 구분하여 예산배정이 세항별로 얼마가 배분되고 있는지 나타내고 있다.

둘째, 장) 교육 및 문화의 관) 대학교육의 예산의 변화를 보면 문민정부에서부터 대학교육, 연구활동, 다양화를 강조하였고 국민의 정부에서는 대학이 지식정보사회의 주역이 되기 위해 컴퓨터 교육을 도입하고 대학의 다양화와 특성화 및 연구의 질을 높이므로 고급인력 육성을 강조하였다.

그리고 참여정부에서는 국제경쟁력 강화를 주목표로 교육의 질을 제고하고 동시에 학술연구를 아주 크게 강조하면서 농어촌과 저소득층의 대학생들에게 학자금 보조를 강조하였다.

그 결과 예산규모에 나타난 변화를 보면 문민정부에서는 대학교육 내실화와 다양화, 연구능력강화 및 산업교육, 학생복지 등으로 세분화하여 배정하던 예산을 국민의 정부에서는 대학지원국과 고등교육지원국 기본사업비로 일괄하여 배정하였고 이러한 배분 스타일이 참여정부까지 이어지고 있으며 규모 면에서는 큰 변화가 없다. 다만 배분과 예산의 관리 역할이 국민의 정부에서 대학지원국과 지원국 기본사업비로 구분되어 운영되던 것이 고등교육지원국(대학지원국) 예산으로 통합되어 운영되고 대신 기획관리실체제 중심으로 대학교육이 일원화되어 배정, 운영되고 있다.

항) 대학운영비 또한 대학운영기본사업비가 대학운영비로 통합되어 운영 배정되고 항) 병원관리와 전대차관원리금 상환이 장) 보건 및 생활환경 개선의 관) 보건의 項 예산으로 운용되던 것이 1998년 국민의 정부 이후 참여정부에 이르기까지 관) 대학교육의 항) 병원관리로 이동되어 배정되고 있다.

셋째, 관) 특수교육에 대한 예산규모 변화를 보면 국민의 정부와 거의 다를 바 없고 다만 특수교육부분의 예산이 어느 대통령 때보다 크게 증가하고 있다. 특히 특수학교 시설에서 국민의 정부에서 15억 정도이던 것이 2003년에 26억, 2004년에 93억으로 무려 357%가 증액되었고, 국립특수교육원을 위한 예산도 2001년 24억이던 것이 2003년에 68억, 2004년에 41억으로 크게 증가한 것으로 볼 때 시정연설과 교육부 역점사업에서 강조했던 사업이 예산증액으로 연계되어 반영했음을 알 수 있다.

넷째, 문화예술의 예산을 보면 다른 정부 때와 큰 차이는 없으나 예산항목별 배정방법은 변화가 있다. 참여정부의 이전 정부에서 관) 문화예술 예산의 항) 학·예술기관운영으로 배정되던 예산이 관) 사회교육 예산으로 바뀌어 배정되었고 타회계전출금이 국민의 정부 말기 2001년부터 참여정부에 이르기까지 15억 이상으로 책정되어 있다.

넷째, 관) 사회교육 및 체육에 관한 예산을 보면 평생교육을 위한 예산이 국민의 정부 말기인 2001년에 26억이던 것이 2002년에 59억, 2003년에 92억, 2004년에 105억으로 크게 증가하였고 이와 병행하여 평생직업교육국에 50억 이상의 예산을 배정하여 운용하고 있다. 그리고 재외국민교육원으로 배정되던 예산 등은 2001년부터 배정되지 않고 그 대신 국제교육협력 등의 예산으로 집중되어 편성되고 있다.

다섯째, 관) 교육행정에 대한 예산규모 변화를 보면 위의 이전의 정부와 크게 다를 바 없다. 그러나 국민의 정부에서 총무과와 공보관, 감사관, 기획관리실 기본사업비 중심으로 배정, 운영되던 예산이 학교정책실과 교원정책심의관, 교육자치심의관, 평생직업교육국, 대학지원국 등으로 심의관 또는 局 중심으로 예산이 배정되어 운영되고 있다. 또 한편 참여정부에서 나타난 특징으로 멀티미디어 교육센터설립예산이 새로이 신설되어 배정되었고, 항) 교육인적자원개발을 위한 새로운 항이 신설되어 인적자원정책국을 통해 예산을 운용, 관리하고 있으며 2004년 말에는 초부처적 성격을 띠고 인적자원관리 목적으로 총리실에 인적자원관리부서가 생기고 이와 연계되어 집중, 관리될 것으로 보인다.

여섯째, 장) 인력개발 및 인구대책의 관) 실업교육의 전체 예산규모 면에서는 국민의 정부 때와 거의 다를 바 없다. 그러나 항)의 예산규모 면에서는 일부 변화가 있다.

산업대학 운영비의 규모가 참여정부에 들어서면서 2001년에 126억이던 것이 2002년에 140억, 2003년에 163억 등으로 그 증가폭이 크다. 또한 국민의 정부에서 전문대학지원으로 배정되던 예산이 평생직업교육 예산으로 운영되고 있다.

Ⅳ. 외국의 교육재정

1. 일본의 교육예산

어느 나라나 마찬가지겠지만 일본의 교육은 "헌법 제26조의 의무교육" 실현을 위해 "의무교육비 국고부담법"이란 특례법을 정해 초·중등학교의 교육비를 부담하는 등 설치자 위주의 교육비 부담을 기본으로 교육재정의 확보를 위해 꾸준히 노력하고 있는 나라이다. 그리고 선진국으로서 그들의 국부를 유지하기 위해 더욱 교육에 노력을 가하고 있다.

일본의 교육비 지출에 대한 국가의 전체적 현황을 GNP 및 국가 행정비와 비교하여 살펴보면 다음과 같다.

〈표 49〉일본의 국가 교육비 지출 비율

(단위: 억엔)

연도	GNP	총 행정비	정부예산	문부/GNP	문부예산	문부/정부	총 공교육비	총 공교/정부
1970	751520	141698	82130	1.1	8834	10.7	28833	35.1
1975	1522094	363972	208371	1.5	24658	11.8	81189	38.9
1980	2453600	709397	436813	1.7	43421	9.9	140057	32
1985	3255011	900497	532228	1.4	46410	8.7	165681	31.1
1990	4415891	1226938	696511	1.1	50441	7.2	202583	29
1991	4663318	1282396	706134	1.1	52295	7.4	212927	30.1
1992	4765675	1313470	714896	1.1	54616	7.6	223349	31.2
1993	4808319	1387460	774375	1.2	59436	7.6	230509	29.7
1994	4826714	1382317	734305	1.1	54870	7.4	230439	31.3
1995	4940078	1435794	780340	1.2	61436	7.8	237663	30.4
1996	5103224	1463664	777712	1.1	58107	7.4	238958	30.7
1997	5141709	1457737	785331	1.1	57829	7.3	238418	30.3
1998	5040621	1523323	879914	1.2	64770	7.3	240183	27.3
1999	5106873	1550218	890189	1.1	60366	7.3	239229	26.8
2000	5154779	1525367	849870	1	53871	6.3	242960	28.6
2001	5026023	1492277	863525	1.3	65629	7.6	241369	27.9

자료: 문부성. 지방교육비조사보고서. 1999년. 14p

일본의 교육예산을 보면 절대 예산은 꾸준히 증가하고 있는 추세이다. 그러나 GNP 대비율은 1.1%~1.2% 선에서 정해지고 있다. 그러나 2001년에는 1.3%의 대비율로 증가되었다. 그리로 문부성의 교육예산을 일반정부 예산과 비교하여 보면 7%대에서 약간씩 변동을 보이고 있다. 또한 총 공교육비에 대한 추이변화를 보면 1970년대에는 일반적으로 30%대를 넘는 교육예산이 1998년 이후에는 26%~27%대로 크게 그 비율이 낮아졌는데 이는 1991년 이후 학생 수의 감소를 반영하였기 때문으로 보인다.

일본의 교육예산에서 나타나는 또 하나의 특징은 학교교육의 경비를 교육법 52조에 의해 설치자 부담주의 원칙으로 하고 있다는 점이다. 이 법에 의하면 학교의 설치자는 설치하는 자가 학교를 관리하며 법령이 정하고 있는 경우 외에는 그 학교 경비를 부담하는 것으로 되어 있다. 따라서 국가가 설치하였으면 국가가, 都·道·府·縣·市·町·村이 설치한 공립학교이면 都·道·府·縣·市·町·村이, 사립학교는 사립학교 설치자가 그 경비를 부담하고 있다.

먼저 일본의 교육법규에서 정하고 있는 국가와 지방단체의 역할 분담을 살펴보고 이어 예산액수를 통해 살펴보면 다음과 같다.

가. 일본의 교육재정

1) 국가의 교육재정 분담

일본에서 국가의 교육재정에 대한 부담은 "헌법 제26조의 의무교육"실현을 위해 "의무교육비 국고부담법"이란 특례법을 정해 초·중등학교의 교육비를 부담하고 있다. 이는 국가가 경비를 부담하므로 국민의 교육기회 균등 실현을 통해 적절한 수준의 교육을 유지하려 하고 있다.

의무교육비 국고부담법에서는 공립 의무교육기관의 교직원 급여비의 1/2과 학교 교재비의 1/2를 국고부담하고 있다. 그리고 시설경비에 있어서는 "의무교육 제 학교 시설비 국고부담법"에 의해 교사를 정비하는 비용은 1/3, 그 외에는 1/2을 부담하도록 하고 있다.[8]

한편 공립학교 시설 재해 복구를 위해 "공립학교 시설 재해 복구비 국고부담법"을 통해 복구비의 2/3를 부담하도록 하고 있으며 그 외에도 보조금을 통해 그 필요 경비를 부담하고 있다.

---

8) 문부법령요람, 1997.

2) 지방정부의 교육재정 책임

지방정부의 교육재정에 대한 규정은 "지방재정법 제10조"와 "지방교부세법 제6조와 12조"를 근거로 시행되고 있다.

지방재정법은 지방공공단체의 재정에 관한 기본법으로 지방재정의 운영에 있어 예산의 편성과 집행, 재산의 관리와 처분, 지방채 발행, 국가와 지방공공단체의 경비부담의 구분, 都·道·府·縣·市·町·村의 경비부담 정도 등을 규정하고 있다. 특히 부담하는 경비 중에서 주요한 것을 보면 의무교육 교직원의 급여, 건축 경비, 직업능력개발학교의 경비, 사업교육진흥경비, 학교 재해복구비 등이 있다.[9]

지방교부세법에서는 지방자치단체의 세수능력 및 자립도의 정도에 따라 자치단체 간 차이를 보정하기 위해 교부하는데 소득세, 법인세, 주세 수입액의 32%, 소비세 수입의 24%, 담배세 수입액 25%를 교육비로 교부하고 있다.

교부세는 보통교부세와 특별교부세로 구분하는데 보통교부세는 지방자치단체의 기준재정수요액과 기준재정수입액의 차이에 따라 교부세액의 94%를 교부하고, 특별교부세는 특별한 사유가 발생했을 때나 보통교부세액이 현저히 적다고 판단될 때 6%를 교부하고 있다.[10]

이어 일본의 국가와 지방의 교육비 부담 비율 내역을 살펴보면 다음과 같다.

---

9) 지방재정법, 2000.
10) 지방교부세법, 2000

<표 50>일본의 국가와 지방의 교육비 부담 비율

연도	문부성	총 공교육비	국가가 부담한 교육비				지방이 부담한 교육비	
			계	국가교육비	지방교육비보조	교부세 중 교육비	지방 부담 교육비	비율
1970	8834	28833	13578	3872	5642	4064	15254	52.9
1975	24658	81189	37761	9889	16759	11113	43428	53.4
1980	43421	140057	66185	19138	28308	18739	73871	52.7
1985	46410	165681	71858	22326	29680	19842	93823	56.6
1990	50441	202583	85312	27287	31466	26659	117270	57.8
1991	52295	212927	88101	28253	32621	27227	124826	58.6
1992	54616	223349	91681	29817	32989	28875	131667	58.9
1993	59436	230509	94596	34047	32839	27710	135912	58.9
1994	54870	230439	93217	32973	32495	27749	137221	59.5
1995	61436	237663	95682	35912	32935	27835	140960	59.3
1996	58107	238958	98276	35824	33621	29031	140681	58.8
1997	57829	238418	98611	33597	33238	29676	139807	58.6
1998	64770	240183	102406	38612	33612	30182	137777	57.3
1999	60366	239229	107026	39678	33364	33984	132201	55.2
2000	53871	242960	116133	47024	33031	36078	126826	52.2
2001	65629	241369	112643	45696	33321	33626	128725	53.3

자료: 문부성. 지방교육비조사보고서. 1999년. 14p

　　일본의 교육은 지방단체가 교육에 가장 중요한 역할을 하며 교육주체자로서 역할을 다 하고 있다. 대개 지방이 총 공교육비의 약 반 이상을 부담하고 있는데 1980년대 이후 지방이 부담하는 교육비가 꾸준히 증가하여 거의 60%대까지 육박하고 있다. 그러나 1994년 이후 다시 약간씩 감소하고 그 대신 중앙정부가 부담하는 교육비가 점차 증가하고 있다. 국가가 부담한 교육비는 국가교육비와 지방교육비 보조 및 지방교부세 중 교육비의 3영역으로 구분되는데 이 중에서도 국가교육비가 해마다 꾸준히 증가하고 지방에서 부담하는 교육비 비율이 줄어들고 있다. 특히 국가교육비는 1970년에 28%이던 것이 1990년에는 32%로 그 비율이 높아졌고, 1995년도에는 37%, 2000년도에는 41%로 크게 부담비율이 증가하고 있다.

3) 일본의 학교교육비에서 고등교육비

일본의 고등교육은 대학과 단기대학으로 구별되고 있는데 수업연한이 대학의 경우 4년~6년이며 단기대학은 2년~3년이다. 그리고 고등교육의 경우 사학 중 대학이 71.8%, 사학 단기대학이 83.3%를 차지하고 있다. 우선 고등교육의 교육비를 살펴보면 다음과 같다.

<표 51>일본의 국가와 지방의 교육비 부담 비율

(단위: 억)

연도	학교교육비(억)	유치원비	의무교육비	고등학교비	고등교육비(GNP 대비)	각종학교비
1970	32373	2.9	53.5	19.0	21.4(0.88%)	3.2
1975	88088	3.7	56.1	18.5	19.6(1.02%)	2.0
.	126122	4.1	55.4	18.0	20.2(1.12%)	2.2
1980	149426	4.1	52.3	18.1	19.6(1.16%)	5.9
1984	175346	3.8	49.2	19.4	21.3(1.23%)	6.3
1990						

자료: 일본 문부성, 문부통계요람, 1987

일본의 학교교육비 중에서 고등교육비가 차지하는 비중은 연도에 따라 다소 차이는 있으나 16%~23% 사이이며 GNP 대비로는 0.6%~1.2% 수준을 차지하고 있다. 학교교육비에서 의무교육비는 49.2%, 고등학교비는 19.4%, 고등교육비는 21.3%로 고등교육비가 고등학교교육비보다 높은 비율을 차지하고 있다. 그리고 국립과 사립의 격차는 일본교육에서 점차 격차가 줄어들고 있는데 국립이 사립보다 2배 이상 높은 것으로 나타나고 있다.

2. 미국의 교육예산

가. 미국의 교육재정

미국의 교육제도는 지방분권화와 대중화 및 미국화를 실현하기 위해 노력하고 있는데 주로 1)주정부에 교육의 책임을 지게하고 있다. 즉 미국의 학교와 교육제도는 주의 책임하에 다양하기 때문에 연방정의 차원에서 통일된 학제는 없다.

미국의 학교 교육은 일반적으로 취학 전 교육을 포함한 초등교육과 중등교육 및 고등교육으로 6-3-3제로 구분할 수 있다. 의무교육 기간은 7세~16세까지 10년이며 주에 따라 6세~18세까지 13년을 의무 교육하는 곳도 있다. 이렇게 주마다 학년을 중심으로 교육과정을 운영하고 있기 때문에 각기 다른 학제 간에 학생의 이동이 종적 및 횡적으로 가능하다.

초등교육은 1년~2년간의 취학전 교육과 6년~8년간의 기초교육으로 되어 있다. 공립학교의 대부분은 5세아를 위한 유치원을 개설, 운영하고 있으며, 4세 아이 이하의 어린이를 위한 유아교육도 있다. 기초교육 기간은 6학년~8학년까지가 보편적이며 철저하게 학년대로 운영되고 있다.

중등교육은 일반적으로 7학년 또는 9학년에서 시작하여 12학년에서 마치도록 되어 있다. 전통적으로는 8년간의 초등교육 후에 9학년에서부터 12학년까지를 중등교육 기간으로 하고 있으며 현재 6-3-3제에서는 중등교육 기간을 학급고등학교와 상급고등학교로 나누어 운영하고 있다.

한편 고등교육은 준학사학위과정, 학사학위과정, 석사학위과정, 박사학위과정, 박사후과정 및 연구과정으로 구성되어 있다. 고등학교 졸업자는 2년제 초급대학이나 직업기술대학, 4년제 단과대학이나 종합대학 및 직업전문대학에 입학할 수 있다. 2년제 초급대학은 일반적으로 4년제 대학이 1, 2학년 과정의 교육과정과 직업프로그램을 제공한다. 따라서 2년제 대학에서 획득한 학점은 4년제 대학에서 그대로 인정되고 있다. 준학사학위를 받기 위해서는 대학수준에서 최소한 2년간 과정을 이수하여야 하며 학사학위는 4년간의 과정을 이수하여야 한다. 1986년 가을학기를 기준으로 볼 때 미국의 초·중등학교와 고등기관의 재학생 총수는 약 5770만 명에 달한다.

미국의 초·중등학생 수를 보면 1950년대~1960년대에 급증하여 1971년에 최고조에 달했다가 감소되기 시작하였고 최근 들어 약간 증가 추세에 있다.

미국의 교육제도는 고등교육에 초점을 두고 있어 대학교육을 희망하는 사람 모두에게 학문적인 능력이나 자격에 구애됨이 없이 교육기회를 제공하고 있다.

이제 미국의 경우 학교 급별 학생 수와 그에 대한 교육예산 등에 관한 자료를 통해 분석결과를 보면 다음과 같다.

최근 미국의 학교 급별 학생 수와 그 증가율을 보면 다음과 같다.

〈표 52〉미국의 학교 급별 학생 수

(단위: 천명)

학교 급별	1980년	1985년	1987년	1990년
초·중등학교 공립	40987	39513	39916	40898
초·중등학교 사립	5331	5600	5700	5700
초·중등학교 계	463183	45113	45616	46593
고등교육 공립 학부	8556	8589	8661	8606
고등교육 공립 대학원	901	890	926	955
고등교육 사립 학부	2196	2282	2291	2262
고등교육 사립 대학원	443	486	490	490
고등교육 계	12097	12247	12368	12313
공립 계	50444	48992	49503	50459
사립 계	7971	8368	8481	8452
총 계	58414	57360	57984	58911

　　최근 미국의 학교 급별 학생 수를 보면 1985년까지는 학생 수가 점차 감소하고 있는 모습을 보이고 있으나 1987년대에 들어서면서 다시 약간씩 증가추세에 있다.

　　이어 미국의 초·중등학교 및 고등교육기관의 공교육비와 GNP 대비 학교 급별 교육비의 비율이 어느 정도를 차지하는지 그 비율을 보면 다음과 같다.

〈표 53〉미국 GNP 대비 공교육비 현황

연도별	GNP(10억 불)	교육비(100만 불)	교육비/GNP		
			초·중등	고등	전체
1959~1960	495.8	23860	3.4	1.4	4.8
1969~1970	963.9	68459	4.5	2.6	7.1
1974~1975	1472.8	108664	4.7	2.7	7.4
1979~1980	2508.2	165627	4.1	2.5	6.6
1985~1986	3998.1	266200	4.0	2.6	6.7

자료: 미국 Department of Education, National Center for Education Statistics, *Statistics of State School System: Revenues and Expenditures for Public Eleminentary Secondary Education: Financial Statistics of Institutions of Higher Education.*

미국의 학교 급별 교육비를 국민총생산인 GNP에 대비한 비율을 보면 초·중등학교의 경우 1959년 이후 1975년까지 꾸준히 증가하다가 학생 수가 감소하기 시작한 1979년 이후 감소하기 시작하였다.

그리고 초·중·고등학교와 고등교육기관에 있어 공립과 사립의 교육비 비율이 GNP에 대비하였을 때 얼마가 되는지 분석하여 보았는데 다음과 같다.

<표 54>미국 연도별 교육비 구성 비율

(단위: %)

연도별	초·중등교육			고등교육		
	공립	사립	계	공립	사립	계
1959~1960	65.4	4.6	70.0	16.4	13.6	30.0
1969~1970	59.4	3.7	63.1	23.7	13.2	36.9
1974~1975	59.7	3.7	63.4	24.8	11.8	36.6
1979~1980	57.9	4.3	62.3	25.0	12.7	37.7
1985~1986	55.4	5.0	60.4	25.6	13.9	39.6
1986~1987	55.3	5.0	60.3	25.7	14.0	39.7

자료: 미국 Department of Education, National Center for Education Statistics, *Statistics of State School System: Revenues and Expenditures for Public Eleminentary Secondary Education: Financial Statistics of Institutions of Higher Education.*

초·중·고등학교와 고등교육기관에 있어 공립과 사립의 교육비 비율을 GNP에 대비해보면 초·중등교육이나 고등교육 할 것 없이 사립학교에서 교육비 부담 비율이 약간씩 증가하고 있으며 공립은 반대로 사립의 증가 비율에 비해 비교적 크게 감소하고 있다.

그렇다면 중앙정부와 주정부 및 지방정부에서 초·중등학교와 고등교육기관에 부담하는 교육비는 어떻게 다른지 조사하여 보았는데 다음과 같다.

<표 55>미국 재원별 교육비 구성비

구분	연방	주	지방	기타
초 · 중등 공립	6.5	48.6	44.6	0.3
초 · 중등 사립				100
초 · 중등 공사 계	6.0	44.5	40.9	8.6
고등교육 공립	10.6	45.1	3.6	40.7
고등교육 사립	15.9	1.9	0.6	81.6
고등교육 공사 계	12.4	29.9	2.6	55.1
공립 계	7.8	47.5	31.6	13.2
사립 계	11.7	1.4	0.5	86.4
총　계	8.5	38.7	25.7	27.1

자료: 미국 Department of Education, Center for Education Statistics, Common Core of Data, Financial *Revenues* Statistics of Institutions of Higher Education.

중앙정부와 주정부 및 지방정부에서 초 · 중등학교와 고등교육기관에 부담하는 교육비를 보면 주정부에서 부담비율이 가장 높아 그의 반에 가까운 비율을 부담하고 있어 미국은 주와 지방정부의 부담이 교육에 가장 큰 몫을 차지하고 있음을 알 수 있고, 상대적으로 연방정부가 부담하는 비율은 10%대에 머물고 있는 것을 알 수 있다.

3. 국가별 교육비 비교

한국의 교육예산의 확보 정도가 어느 수준인지 외국의 여러 나라와 비교해 봄으로써 그 수준을 알 수 있다. 그러나 각국의 교육예산에 대한 수준비교는 공·사립 및 국가와 지방정부가 부담하는 정도 등 여러 요인에 따라 그 산출비교가 달라질 수 있다.

따라서 공신력 있게 표현된 OECD 자료를 통해 우리나라의 교육예산 수준을 외국과 비교해보았다. 먼저 정부의 총 지출에 대한 공교육비의 국제적 비교를 OECD 자료를 통해 살펴보면 다음과 같다.

〈표 56〉총 정부지출 대비 공부담 교육비(2000년)

비율(%)

국가	초·중등 및 비고등교육	고등교육	전체
한 국	13.6	2.7	17.6
미 국	10.9	3.5	15.5
일 본	7.9	1.6	10.5
영 국	8.3	2.5	11.8
호 주	10.6	3.2	13.9
프랑스	8.0	2.0	11.4
독 일	6.6	2.4	9.9
헝가리	8.8	3.0	14.1
OECD전체	8.9	2.9	13.0

2000년 현재 총 정부지출 대비 공부담 교육비의 비율을 보면 초·중등 및 비고등교육비로 투자된 비율이 한국의 경우 13.6%, 미국 10.9%, 일본 7.9%, 영국 8.35%, 호주 10.6%를 차지하고 있어 OECD 국가 중에서는 가장 상위비율을 차지하고 있어 초·중등교육에 있어서는 총 정부지출 대비율이 높은 편이다. 한편 고등교육(4년제 대학)의 경우를 보면 한국 2.7%, 미국 3.5%, 일본 1.6%, 영국 2.5%, 호주 3.2%로 정부 총 지출 대비 면에서 OECD 국가들 중 거의 중간수준을 차지하고 있다.

국민 1인당 GNP에 대한 학생 1인당 공교육비가 어떻게 다른지 미국 달러로 환산하여 2000년 현재 수준으로 비교하여 제시하면 다음과 같다.

〈표 57〉국민 1인당 GNP 대비 학생 1인당 공교육비 2000

(단위: 미국 달러)

국 가	초등학교	중·고등학교	고등교육	전체 초·중·고등	한국: 외국 전체 교육비 비율	한국: 외국 고등교육비 비율
한 국	21	27	40	28		
미 국	20	26	59	30	한: 미 비율 93.3%	한: 미 비율 67.9%
일 본	21	24	42	26	한: 일 비율 107.6%	한: 일 비율 95.2%
영 국	16	24	39	21	한: 영 비율 133.3%	한: 영 비율 102.5%
호 주	19	27	50	27	한: 호 비율 103.7%	한: 호 비율 80%
프랑스	18	30	33	24	한: 프 비율 116.7%	한: 프 비율 121.1%
독 일	16	26	42	26	한: 독 비율 107.6%	한: 독 비율 95.2%
헝가리	18	20	58	24	한: 헝 비율 116.72%	한: 헝 비율 68.9%
OECD전체	19	25	42	25	한: OE 비율 112%	한: OE 비율 95.2%

자료: OECD 2003

국민 1인당 GNP에 대한 학생 1인당 공교육비를 보면 초등학교의 경우 한국은 21달러이며 미국은 20달러, 일본은 21달러, 영국은 16달러, 호주는 19달러, OECD 국가 전체 평균은 19달러로 한국의 초등학생 1인당 교육비는 높은 편이다. 그리고 중·고등학교 학생의 경우 1인당 교육비는 한국 27달러, 미국 26달러, 일본 24달러, 영국 24달러, 호주 27달러, OECD 국가 전체 평균 25달러로 초등학교와 마찬가지로 가장 높은 편에 속한다.

그러나 고등교육비의 경우에는 초·중등교육비에 비교하여 높은 편은 아니다. 한국은 40달러이며 미국은 59달러, 일본은 42달러, 영국은 39달러, 호주는 50달러, OECD 국가 전체 평균은 42달러로 외국의 고등교육비에 비해 상당히 낮은 수준으로 나타나 있다. 이는 초·중등교육비에서 OECD 국가 중 가장 높은 측에 속하면서 고등교육비에서는 하위수준에 머무는 것을 보면 우리 고등교육이 초·중등교육에 너무 많은 치중을 하고 있다고 볼 수 있다.

이어 학생 1인당 국가별 공교육비가 얼마나 사용되고 있는지 OECD 자료를 통해 살펴보면 다음과 같다.

〈표 58〉학생 1인당 국가별 공교육비 2000

(단위: 미국 달러)

국 가	초등학교	중고등학교	고등교육	전체 초·중·고등	한국: 외국 고등교육비 비율
한 국	3155	4069	6118	4294	
미 국	6995	8855	20358	10240	한 : 미 비율 41.9%
일 본	5507	6266	10914	6744	한 : 일 비율 63.7%
영 국	3877	5991	9657	5592	한 : 영 비율 76.8%
호 주	4967	6994	12854	6904	한 : 호 비율 62.2%
프랑스	4486	7636	8373	6708	한 : 프 비율 64.0%
독 일	4198	6826	10898	6849	한 : 독 비율 62.7%
헝가리	2245	2446	7024	2956	한 : 헝 비율 145.2%
OECD전체	4470	5501	11109	6361	한 : OE 비율 67.5%

자료: OECD 2003

〈그림 8〉교육기관별 국가의 학생 1인당 공교육비 1999

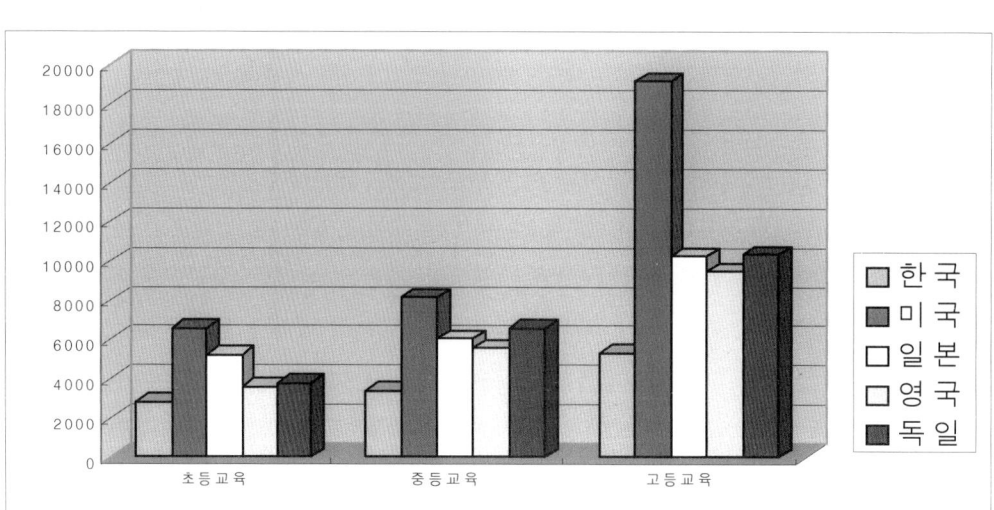

자료: OECD 2003

위 표와 그림에서 보는 바와 같이 2000년 현재 학생 1인당 공교육비는 한국이 3155달러, 미국 6995달러, 일본 5507달러, 영국 3877달러, 호주 4967달러이며 OECD 국가 평균은 4470달러로 초등교육의 경우 1인당 교육비가 달러비율로 볼 때 OECD 국가 평균에 70.6%수준이 이른다. 이어 중·고등학교의 경우를 보면 한국이 4069달러, 미국 8855달러, 일본 6266달러, 영국 5991달러, 호주 6994달러이며 OECD 국가 평균은 5501달러로 중등교육의 경우 1인당 교육비가 달러비율로 볼 때 OECD 국가 평균에 74.0% 수준으로 초등학교에 비해 약간 높다. 그러나 고등교육의 경우에는 한국이 6118달러, 미국 20358달러, 일본 10914달러, 영국 9657달러, 호주 12854달러이며 OECD국가 평균은 11109달러로 고등교육의 경우 1인당 교육비가 달러비율로 볼 때 OECD국가 평균에 55.1%밖에 이르지 못하고 있다. OECD 국가들의 교육비 경향을 보면 미국의 경우 초등교육비에 19.3%, 중등교육비에 24.5%, 고등교육비에 56.2%로 교육비의 반 이상이 대학교육비에 투자하므로 국제경쟁력을 높이고 있다. 일본의 경우에도 초등교육비에 24.3%, 중등교육비에 27.6%, 고등교육비에 48.1%로 고등교육비가 거의 반에 이르고 있으며 한국은 초등교육비에 23.6%, 중등교육비에 30.5%, 고등교육비에 45.8%로 다른 나라에 비해 고등교육비의 비율이 상대적으로 낮다.

이어 우리나라의 교육기관에 대한 공공: 민간투자의 상대적 비중을 OECD국가들과 비교하여 살펴보면 다음과 같다.

<표 59> 교육기관에 대한 공공: 민간 투자 상대적 비중(2000년)

비율(%)

국 가	초 · 중등 및 비고등교육			고등교육		
	공공재원	민간재원	민간재원 중 공공보조금	공공재원	민간재원	민간재원 중 공공보조금
한 국	80.8	19.2	0.9	23.3	76.7	1.1
미 국	90.0	10.0		33.9	66.1	
일 본	91.7	8.3		44.9	55.1	
영 국	88.7	11.3		67.7	32.3	4.6
호 주	84.8	15.2		51.0	49.0	0.9
프랑스	93.0	7.0	1.9	85.7	14.3	2.3
독 일	80.5	19.5		91.8	8.2	
헝가리	92.7	7.3		76.7	23.3	
OECD전체	92.8	7.2	0.4	78.6	21.4	1.9

자료: OECD 2003

교육기관에 대한 공공투자 대 민간투자의 상대적 비중을 2000년을 기준으로 살펴보았을 때 한국은 초 · 중등교육에서 80.8%: 19.2%, 고등교육은 23.3%: 76.7%의 비율로 초 · 중등에서는 공공재원중심의 교육투자가 이루어지고 있고, 고등교육에서는 민간재원 중심의 비율이 높음을 알 수 있다. 미국의 경우에는 초 · 중등교육에서 90%: 10%, 고등교육은 33.9%: 76.1%의 비율로 역시 초 · 중등에서는 공공재원중심의 교육투자가 이루어지고 있고, 고등교육에서는 민간재원 중심의 교육투자가 이루어지고 있음을 알 수 있다.

V. 교육정책과 재정의 시대적 특징

1. 교육정책과 재정의 시대적 특징

교육예산을 바로 알기 위해서는 교육의 이념과 함께 국가 정책 및 교육 정책, 그리고 교육의 역점사업, 작게는 교육예산 내에서 예산의 범위와 기준을 정한 예산의 내용(장·관·항·세항 등)과 그에 관련된 규모를 파악하여야 가능하다.

따라서 본 장에서는 교육의 이념과 장관별 주요 정책 및 일반회계와 특별회계로 지원되는 예산의 장·관·항의 기준의 변화가 어떠한지 1948년 이후 2004년까지 변화내용을 분류, 정리하여 그 시대적 특징으로 구분, 정리하였다. 특히 예산의 편성 규모와 방향은 국가의 정책에 의해 변화되기 때문에 교육과 관련된 대통령의 국정의지와 관련하여 장·관·항·세항에 따른 연차적 예산배분과 규모변화가 달라졌는데 가장 중요한 큰 관점은 교육의 이념이 홍익인간의 기본 이념 아래 각 정권에서 기본적으로 취하는 국가의 시책방향에 근접하도록 설정되었다는 점이다. 따라서 시대별로 대통령의 국정의지가 어떤 특징을 나타내고 있는지 파악하는 점이 가장 중요하다. 대통령의 국정의지는 국회에서의 대통령 시정연설 내용이나 상임위원회에서의 교육인적자원부 장관의 예산제안설명 및 대통령 공약사항과 교육인적자원부의 주요사업 등에 순차적으로 잘 반영되어 있다. 이러한 내용에 입각하여 1948년부터 2005년까지 교육예산서와 결산서를 종적, 횡적으로 살펴보았다.

그 결과 제1공화국 시기에는 민주주의와 공산주의로 양단된 국토와 사상대립 등의 문제를 해결하고자 국민정신 통합과 반공정신의 확립이라는 국가목표를 달성하고자 홍익인간의 이념을 실현하는 민주적 민족교육과 학도호국단을 창설하여 사상건설과 경제건설 및 애국정신을 함양하고자 하였다. 이 시기의 교육예산은 1948년부터 1951년까지 일반회계가 경상비와 임시비로 구분되어 운영되고 章의 구분 없이 款위주로 분류되었다. 그리고 1952년부터는 행정부비, 교육비, 문화사업비의 3개의 장이 신설되어 운용되었으나 구체적 款·項·目의 코드(code)별 체계가 없이 서술번호로 예산이 분류되었다.

제1공화국 시기는 교육부의 정책이 정부의 정치목적 도구로서 이용되었고, 6·25 전쟁 이후에는 국토와 문화 재선 등의 목석을 위해 인격교육의 도덕교육과 기술 징려 그리고 1인 1

기의 교육을 강화하였다. 교육예산은 행정부비, 교육비, 문화사업비의 3개의 장에 교부금 및 환부금의 장이 1954년 개설되어 4개의 장으로 되었다가 1958년 지방재정비로 바뀌었으며 1959년에는 한시적으로 5章 태풍피해복구비가 한시적으로 설정되었다. 교육정책은 민족주의, 도의교육, 생산교육을 위한 과학기술교육이 강조되었으나 성인교육보조비와 기술교육비 이외에는 예산에 대한 정책적 반영도가 부족하다.

특별회계예산을 보면 1952년에 국립극장특별회계가 문교부 특별회계로 처음 생겨났다가 1954년부터 폐지되었다. 그리고 1953년에 경제부흥특별회계가 신설되었으며 이어 1966년에는 국립대학부속병원특별회계가 신설되어 지금까지 유지되고 있다.

제2공화국은 1960년 4·19에서 1961년 5·16혁명시기까지 약 1년 동안의 시기인데 이 시기에는 국가의 정책이 교육에 차분히 반영될 수 있을 시간적 여유가 없었다. 특히 독재와 사회부조리를 척결하고 민주주의 수호와 자유권 신장 및 조국근대화를 통한 경제성장을 통해 혼란한 사회를 안정시키려 노력하였다. 따라서 학원의 정상화와 사도의 확립 및 교육의 중립성을 교육시책으로 내세우고 추진하였다. 예산은 일반행정비, 교육 및 문화과학비, 의무교육비의 3개의 장으로 축소되었다. 특히 기술교육비 및 재외동포교육비, 문화보존비, 계몽교화비 등을 2배 이상 증액하여 반영시키고 있으나 교육의 정책과 예산 간의 구체적 연계성이 부족하다.

그리고 제3·4공화국에서는 홍익인간의 이념 아래 한국 민주주의 토착화와 민족중흥 및 반공을 강조하였고 이를 위해 장기종합교육계획안(1972년~1986년)이 수립되었고 국가경제 발전과 교육정책이 예산으로 잘 반영되어 있다. 제5공화국에서는 민주주의 토착화와 복지사회, 정의사회, 교육혁신과 문화창달을 강조하여 이를 반영하고자 교육개혁심의회의(1985년)를 통해 교육개혁을 추진하도록 하였다. 그리고 제6공화국에서는 정의 복지사회와 평생교육을 강조하였고 중앙교육심의회에서 이를 추진하였으며 문민정부에서는 신한국창조와 인간중심주의 교육을 위해 교육개혁위원회를 구성하였다. 그리고 국민의 정부에서는 국민화합 위한 신지식 사회를 강조하여 신자유주의, 수요자 중심의 교육으로 개혁을 추진하였고, 참여정부에서는 국민과 함께하는 민주주의와 과학기술입국을 이루고자 인수위원회에서 교육개혁의 큰 흐름은 유지하면서도 그 세부적인 사항에 대해서는 국민의 정부의 강조 내용을 일부 수정하여 학부모의 교육 참여 확대를 통해 교육주체의 화합을 추진하고 있다.

각 정권별 국가정책으로 추진하였던 교육에 관련된 내용을 시정연설 및 교육인적자원부의 역점사업으로 구분하여 정리하여 보았다.

〈표 60〉제1·3공화국의 강조내용 정리표 1

구분	국가충성 (국방)	도덕교육	과학기술교육	의무교육	재정	국민체력	장학기금	문예
이승만 국정목표	반공과 애국							
대선공약								
시정연설	국가관 2회		과학과 생산 기술교육 4회	의무교육 4회	교실건축 재확보 1회		장학기금 설치 1회	
	○		◎	◎	○		○	
교육부 역점사업	반공 3회 애국 4회 국방 1회	도덕과 예절교육 5회	생산 위한 기술교육 5회	의무교육 5회	시설 1회	국민체력육 성 3회		민족문예 2회
	◎	◎	◎	◎	○	◎		○
구분	과학기술	의무교육	교육제도	재정(교실)	장학금	가치관 도덕	고등교육	반공
박정희 국정지표	조국근대화(3공화국)							
대선공약								
시정연설 29개 항목	과학기술 교육 6회	6회 언급	교육제도 개선 1회	교실확충과 재원확보 2회	1회	1회	1회	
	◎	◎	○	○	○	○	○	○
교육부 역점사업	과학기술과 생산성 5회	2회 언급	교육제도 개선 2회			5회	1회	1회
	◎	○	○			◎	○	○

제1공화국 시기의 이승만 대통령은 한국의 반공과 조국에 충성 및 과학기술교육 그리고 의무교육을 강조하면서 국가의 안정을 추진하였다. 그리고 그에 필요한 인력과 기술자를 교육을 통해 조달하도록 하고 있다. 특히 기술원 운영을 통한 생산성을 강화하였으나 대통령의 교육재정확보를 통한 구체적인 정책적 의지 반영이 미약하였다고 할 수 있다.

예산운용과 규모 면에서 보면 1948년부터 1951년까지 4년 동안 경상비와 임시비로 구분하여 章 없이 款을 중심으로 운용하다가 1952년 이후에 비로소 章이 등장하였다. 그리고 1963년부터 款중심의 예산에서 項중심의 예산으로 운용이 되었으며 효율적 관리를 위한 코드화 운용은 1970년대에 들어서부터이다. 구체적 영역별 규모를 보면 다음과 같다.

첫째, 교육본부의 예산은 인건비와 사무비나 검정비 및 편집비 등에 사용되는 예산인데 1948년 당시 3000만 원이던 것이 1958년에는 4억 7000만 원으로 약 15.7배가 증가되었다.

둘째, 대학교육예산으로 사용되는 예산은 1948년에는 1722만 원이있는데 1958년에는 2억

8100만 원, 4·19가 일어났던 1960년에는 6억 2540만 원으로 36.3배로 크게 증가되었으며 국립대학위주의 안정적 성장을 꾀하였다.

셋째, 특수교육에서는 1948년 당시 국립맹아학교를 중심으로 3백만 원의 예산이 배정되었으나 1959년에는 맹아학교와 농아학교로 구분하여 각각 2800만 원과 2700만 원이 배정되어 운용되었다.

넷째, 의무교육에 대한 예산을 보면 1950년에 초등교육비로 102억 3000만 원이 배정되었는데 이는 당시 교육 전체 예산 120억 500만 원의 84.9%에 해당되는 높은 비율이다. 그리고 1960년에는 의무교육비로 545억 5500만 원이 배정되었는데 이는 1950년의 예산에 비하여 5.3배이며 전 교육예산의 88.6%에 해당된다.

제2공화국 시기의 윤보선 대통령은 4·19 의거 이후 어수선한 사회를 안정화시키는 데 힘을 써야 하였기 때문에 예산의 효율적 운영이나 정책적 성과를 위한 노력보다는 정치·사회적 시국 안정을 위한 국정운영을 하였기 때문에 뚜렷한 변화내용을 정리하기가 어렵다.

제3공화국 시기의 국정지표와 시정연설과 교육부의 역점사업에 대한 분석내용의 특징은 다음과 같다.

교육에 있어서 과학과 기술교육을 통해 기술인력을 육성하고 생산성을 자주 강조하였으며 의무교육과 교육제도를 강조하였다.

또한 가치관과 도덕 교육을 통해 국민을 올바르게 계도할 것을 강조하였으며 이를 위해 국민교육헌장을 제정을 하고 있는데 이러한 정책내용들이 예산규모에 어떤 영향과 변화를 주었는지 비교하여 보자.

첫째, 무엇보다도 의무교육 정착과 중학교 무시험 진학을 통한 평준화 등을 추진하고자 지방교육재정비를 크게 확충해나가고 있는 것을 볼 수 있다. 1965년 지방교육재정비는 113억 1000만 원이었는데 1969년에는 397억 4000만 원으로 크게 증가하였다.

둘째, 과학기술교육에 있어서는 1967년에 款대항목으로 기술교육관리비를 신설하여 1억 8900만 원이나 배정하였는데 이는 우리나라 문화기관 전체에 배정한 예산액보다 훨씬 많은 액수이며 1969년에는 2억 8400백만 원으로 증액되어 배정되고 있는 것으로 보아 과학기술교육을 크게 강조하였음을 알 수 있다.

셋째, 특수교육부분의 예산을 보면 1965년에 4500만 원이었는데 1969년에는 8600만 원으로 크게 증가하였고 고등교육은 다른 분야에 비교하여 크게 증가하지는 않았으나 꾸준한 증가를 보이고 있다.

〈표 61〉정부별 강조내용 정리표 2

구분	국가충성	교육헌장	새마을운동	초중등교육	대학교육	국민체력	국민윤리	청소년
박정희 국정목표	주체적 민주. 민족주의(4공화국)							
대선공약	○		○					
시정연설 29개 항목	국가관 5회 국가공헌 1회	헌장이념 4회	새마을 정신고취 3회	시설균형 2회 의무교육 6회 무시험진학 2회	대학시설 3회 질적충실 2회 이공대 3회 지방대육성 1	국민체력 육성 2회	국민윤리와 도덕심 2회	청소년 보호 2회
	◎	◎	◎	◎	◎	○	○	○
교육부 역점사업	문화재 보호 육성발굴 5	교육과정에 반영	교육과정에 반영	의무교육 교과서무상 지급 3회 특수교육 1회	시설. 학술연구. 면학분위기 4회	체육시설 확충과 지도자 훈련 2회	사회교육강화 3회	청소년 지도자 훈련 2회
	◎	○	○	◎	◎	○	○	○

구분	국가충성	재정	초중등교육	대학교육	국민정신	유아교육	환경개선	
전두환 국정목표	정의 · 복지사회 구현 ㅇ 민주주의 토착화 ㅇ 복지사회건설 ㅇ 정의사회 구현 ㅇ 교육혁신과 문화창달							
대선공약	○	○		○	○			
시정연설 29개 항목	주인의식 1회 애국심 1회		교원자질향상 2 과학급 2회 교육여건 개선 5회 의무교육 4회 (도서와 벽지 중학)	대학 내실 1회 대학교육질 1회 면학분위기 7회 학술연구 2회 산업체협력 3회	국민정신 교육 1회			
	◎		◎	◎				
교육부 역점사업	문화재 보호 육성발굴 5	교육재정 확보 1회	교원처우 개선 3회 과밀학급 3회 우수교원 확보 5회 초중등 내실화 5회	과학기술 5회 대학시설 확보 5회 공사립균형 발전 3회	국민정신 교육 1회	유아교육 기회 확대 5회	환경개선 6회	
	◎	○	◎	◎	◎	◎	◎	

구분	교육개혁	재정	대학교육	교원복지	사학지원	평생교육	실업교육	자치제
노태우 국정지표	정의 복지사회구현 ㅇ 민족자존 ㅇ 민주화합 ㅇ 균형발전 ㅇ 통일번영							
대선공약	○	○	○	○	○	○		○
시정연설 29개 항목	공교육 내실 2회 복지·환경 4회 처우개선 3회	2회 언급	질향상 4회 연구 2회 학자금 2회	교사복지 2회 인사 1회	1회	1회	4회	1회
	◎	○	○	○	○	○	◎	
교육부 역점사업	초중등 3 환경개선 3 처우개선 1 기회균등 1	교육환경과 시설 3 지방재정 2	내실과 면학 4	처우개선 1	2	2	전문직업3	
	◎	◎	◎	○	○	○	○	

　제4공화국의 교육에 관하여 강조한 내용은 국가에 충성심을 갖는 국가관과 새마을 정신 및 교육헌장의 정신을 토대로 국민윤리와 정신교육을 가장 강조하고 있다. 또한 초등학교의 의무교육과 교과서 무상교육 등 의무교육에서 기본적으로 필요한 부분을 실천하고자 하였다.

　제5공화국에서는 유아교육과 환경개선 및 교원처우, 초·중등의 내실화 등을 강조하였다. 제5공화국 정책을 보면 상당한 부분이 제3·4공화국의 사업을 계속사업으로 지속하고 있다는 점이다. 그리고 박정희 대통령에 비교하여 유아교육과 교육환경개선 및 초·중등 내실화를 강조하였다.

　제6공화국에서는 초·중등의 내실화와 교육환경개선 및 교원처우개선 등을 강조하였다. 그리고 대학교육의 질 향상과 교수들의 연구 지원 및 면학을 강조하였으며 실업교육에서 전문직업교육을 강조하였다.

〈표 62〉정부별 강조내용 정리표 3

구분	교육개혁 (입시개혁)	재정	대학교육 고급두뇌, 연구활동강화	교원복지	사학지원	평생교육	실업교육	정보
김영삼 국정지표	신한국창조 o 깨끗한 정부 0 튼튼한 경제 o 건강한 사회 o 통일된 조국							
대선공약	○	○	○		○	○		
시정연설 29개 항목	교육개혁 5회 대학입시 3회	7회 언급	경쟁력 6회 연구활동 3회	교사복지 3회	3회	3회	3회	
	◎	◎	◎	○	○	○	○	
교육부 역점사업	초중등 3 교육개혁 3	7회	내실과 다양 5	3	3	3	6	4
	◎	◎	◎	○	○	○	◎	○
김대중 국정지표	새 천년 새 희망 o국민화합의 구현 o국정개혁의 완수 0신지식인 사회 실현 0세계일류 경제 지향 0남북협력							
대선공약	○	○	○	○	○	○		○
시정연설 29개 항목	공교육내실 5회 복지·환경 6회	2회 언급	다양화　3회 내실-연구질 5회 경쟁력 2회	교사복지 2회	2회	1회	1회	2회
	◎	○	◎	○	○	○		
교육부 역점사업	초중등 9 처우개선 3 교육개혁통한 기회균등 5	교육환경과 시설4	내실과 질적 수준향상 6	2	2	4	전문직업4	6
	◎	◎	◎	○	○	◎	◎	◎

구분	교육개혁 (입시개혁)	재정	대학교육 고급두뇌, 연구활동강화	교원복지	사학지원	평생교육	실업교육	정보
노무현 국정지표	개혁과 통합을 바탕으로 국민과 함께하는 민주주의, 더불어 사는 균형발전사회 0 원칙과 신뢰 0 공정과 투명 0 대화와 타협 0 분권과 자율							
대선공약	○		○			○	○	○
시정연설 29개 항목	사교육비절감 1 교과과정정착 1 교원증원 1 중학의무교육완성 1 ◎		기초학문지원 1 교수 증원 1 처우개선 1 학자금융자 1 ○	교사복지 2 교육환경개선1 ○		1회	1회	1회 ○
교육부 역점사업	중학의무교육1저소 득층학비보조 1 초중등 2 처우개선 1 초중등교육혁신 2 ◎	교육환경개선 2 ○	경쟁력강화 1 교육질 제고1 학술지원 1 연구중심대학 육성BK21 2 ◎	2 ○	2 ○	2 ○	입학금지원1 산학협력 2 ◎	정보화 2 5세 유아 무상교육 1 장애자교육 지원 1 ◎

문민정부에서 가장 강조하고 있는 사업은 교육재정(GNP 5%)의 확보였으나 1997년 2.5% (총 GDP 491조 1348억 중 교육예산 12조 2825조)에 머물렀다. 그리고 초·중등교육의 내실과 교육개혁 및 초·중등 교원의 복지를 시정연설에서나 제안설명을 통해 역점사업으로 강조하였고 예산배정에서도 그 규모가 증가되어 나타났다.

국민의 정부에서 강조하고 있는 사업을 보면 문민정부와 크게 다를 바가 없다. 그러나 국민의 정부에 들어서면서 공교육 내실화와 초·중등교육의 복지와 환경을 크게 강조하였다. 반면 교육재정 측면에서는 문민정부에 비해 크게 약화되었다. 대학교육에서는 문민정부가 대학 경쟁력과 연구활동을 강조하였고, 국민의 정부에서는 대학의 다양화와 내실화 및 연구의 질 및 국제경쟁력을 강조하여 문민정부보다는 좀 더 세분화된 모습을 보였다.

국민의 정부에 들어서면서 시정연설의 내용이 다른 정부에 비해 교육부의 역점사업으로 더 구체화가 잘 되어 있다. 국민의 정부에서 특히 초·중등교육, 그중에서도 공교육의 내실화와 중학교 의무교육의 지속적 확대 및 초·중등학교의 교육환경시설과 초·중등교사들의 복지를 강조하였다. 대학교육에서는 대학교육의 다양화와 내실화 및 연구능력 강화를 통한 국제경쟁력을 강조하였다. 그리고 교육예산 확보에 대한 강조는 문민정부에 비해 훨씬 약화된 모습을 보여 2회 정도 강조하였으며 특히 교육환경과 시설을 위한 지방재정 확보를 강조하였다.

참여정부에서는 저소득층 학비보조를 크게 강조하였고 문민정부나 국민의 정부에 비해 5세 유아교육비의 무상교육지원과 장애자 교육지원이 더욱 강조되었다. 그리고 대학교육에서는 국제 경쟁력 강화와 함께 연구중심대학육성(BK21)과 교수확충과 시간강사들의 처우개선을 강조한 점이 두드러진다. 그리고 교육재정의 측면은 참여정부에 들어 표면석으로 그게 강조하고 내세운 바는 없다.

이어 각 정권별 교육예산 규모의 변화는 어떠한지 정리하면 다음과 같다.

제3·4공화국에 들어 예산 코드별 분류가 정착화된다. 1977년 이전에는 교육의 장) 교육문화의 예산이 십 자리 단위로 되어 있으나 1977년 이후부터는 장을 백 단위 숫자로 분류하기 시작하였고 이때의 백 단위 코드별 분류가 지금 현재까지 사용되고 있다.

예산규모 면에서 첫째, 장) 교육문화의 보통교육에서 의무교육과 학교시설의 균형화 등을 이루려고 노력한 결과 보통교육은 특히 1977년 이후로 예산이 급증(1976년 예산은 3000억대에 불과하나 1980년에는 9400억으로 3.1배로 증가)하고 있다.

둘째, 대학교육에서는 이공대 육성을 강조하고 대학의 질적 성장을 강조하였다.

셋째, 문화재 보호와 육성 및 발굴에 대해 역대 어떤 대통령보다 많은 관심을 두고 강조하여 문화예술부분의 예산이 1978년 이후 급격히 증가하였고 동시에 중앙도서관이나 국사편찬위원회 등의 예산도 크게 증가하였다.

넷째, 박정희 대통령이 가장 강조한 내용 중의 하나가 과학기술인데 1978년 과학기술 예산규모가 342억이던 것이 1979년에는 512억으로 1년 사이에 무려 150%로 증가하였다. 그리고 실업전문대 등의 예산도 크게 증가하여 전문인력을 육성하는 데 노력하였다.

제5**공화국**에서는 장) 교육문화의 보통교육에서 과밀학급 해소와 초·중등교육 내실화 및 교원자질향상, 중학 의무교육을 강조하였고, 대학교육에서는 대학교육의 내실화와 대학교육의 질적 향상 및 학술연구와 산학협력, 과학기술발전 등을 강조하였으나 매년 15% 내외의 증가수준으로 일관적 변화를 보이고 있다.

제5공화국에서 시정연설이나 정부가 표명한 정책이 예산으로 반영된 것은 전문대학운영 (1983년부터 실업전문대 예산, 1984년부터 개방대학 예산이 크게 반영) 예산이며 타 정부와 비교하여 특이한 점은 유아교육을 강조하였으나 장·관·항·세항별 제시가 없어 예산규모변화는 밝힐 수 없었다.

그리고 교육환경개선사업을 크게 강조한 결과 임기가 지난 1년 후 1989년 12월에 교육환경개선특별법이 제정되었다.

문민정부에서 가장 강조하고 있는 사업은 교육재정의 확보와 초·중등교육의 내실과 교육개혁 및 초·중등 교원의 복지에 관한 것이었다. 그 결과 초·중등교육 부분의 예산이 역대 어떤 대통령보다 크게 반영되었는데 중학교 의무교육을 위한 투자가 두드러지게 나타났다.

그리고 말기인 1997년에 초·중등 정보화와 멀티미디어 교육지원을 위한 예산투자가 새로운 항으로 신설되어 크게 반영되었다.

둘째, 대학교육의 내실화와 다양화와 국제경쟁력 및 연구활동이 크게 강조되었는데 이와 병행하여 대학교육 예산도 크게 증가(1995년 128% 증가)하였으며 특히 대학교육의 내실화와 대학교육의 다양화 및 대학 연구능력강화에 대한 사업을 강력히 추진하고자 1996년부터 세항으로 과목을 신설하여 예산을 배정하였으며 임기 말기에 대학시설 투자가 증가하였다. 그러나 특수교육과 문화교육 분야에서는 저조하다.

셋째, 장) 인력개발 및 인구대책 관) 실업교육은 제3·4공화국 이후로 강조되어 왔는데 문민정부에서 실업교육과 직업교육 및 평생교육을 강조하여 비교적 예산증가가 많이 된 것으로 나타났다.

마지막으로 문민정부에서 가장 크게 강조한 정책은 교육예산 GNP 5% 확충이었다. 그러나 김영삼 재임 동안 교육예산의 증가는 제6공화국 말기인 1992년에서 1993년으로 오면서 14%가 증가되었으나 1994년에 11%, 1995년 18%, 1996년 13%, 1997년 11%, 1998년 −0.2%로 증가하였는데 이는 교육예산 GNP 5% 확충을 위한 예산의 증가로 보기 어려우면 일반적으로 증가한 각 부처의 예산증가보다 약간 높은 정도에 불과할 뿐 교육재정확보를 위한 대선공약 달성으로 보기 어렵다.

국민의 정부는 1997년 11월의 IMF를 수습하면서 국가 예산을 관리하는 중에도 첫째, 장) 교육 및 문화의 관) 초·중등교육 예산이 큰 폭으로 증가하였다. 문민정부에서 보통교육 예산규모가 4122억(1998년)이던 것이 1998년에는 3409억으로 줄었으나 2000년에는 4331억, 2001년에는 5089억으로 증가하였다.

대학교육의 질 향상을 취임사를 통해 강조하였고, 이어 시정연설 때마다 대학교육, 연구활동, 다양화를 강조하였다. 그리고 김대중은 현재의 우리 세대가 지식정보사회의 주역이 되기 위해 대학에서 컴퓨터 교육을 도입하고 교육개혁을 이루겠다고 취임사에서 밝히고 이를 위해 시정연설에서는 대학의 다양화와 특성화 및 연구의 질을 높이므로 고급인력을 육성하겠다고 강조하고 있다.

둘째, 대학교육 예산을 보면 문민정부에서 관) 대학교육 항) 대학교육행정 및 산업교육, 학생복지, 학술진흥재단출연, 한국정신문화연구원 그리고 대학교육 내실화와 다양화, 연구능력강화 등으로 세분화하여 배정하던 예산을 국민의 정부에는 대학지원국과 고등교육지원국 기본사업비로 일괄하여 통합, 배정하였는데 규모 면에서는 변화가 없다.

국민의 정부에서 예산배정의 모습이 사업별 중심보다는 각 정책별 및 정책심의관 기본사업비로 일괄하여 정책심의관 체제하에 예산을 배분하므로 책임성을 강조하도록 하였다는 점이다.

셋째, 지방교육재정교부금이 2001년에 들어 급증하였다. 2000년에 9조 600천억이던 예산이 2001년에 14조 3천억으로 149%로서 약 1.5배 증가하였는데 이는 봉급교부금과 경상교부금이 크게 증가하였기 때문이다.

넷째, 관) 특수교육에 대한 예산규모가 크게 변화했는데 항) 특수학교운영기본사업비가 신설되어 20억 이상이 배분되었고 또한 국립특수교육원 기본사업비를 책정하여 특수교육의 일을 하도록 새로운 예산을 10억 이상 배분하였다.

참여정부에서 주요 항별 예산 배정의 전체적인 특징을 보면 국민의 정부의 배정 스타일을 이어받아 심의관이나 지원국 중심으로 배정되고 있다.

장) 교육 및 문화에서 관) 초·중등교육의 예산을 보면 국민의 정부에서 큰 폭으로 집중되었던 보통교육 예산이 줄어들고 그 대신 교육대학 운영이나 지방교육재정교부금 예산이 증가된 것을 알 수 있다. 국민의 정부에는 항) 보통교육의 세항 교원정책심의관 예산규모가 2002년 3745억이던 것이 2003년에는 3064억으로 줄었다가 FY2004년에 3204억으로 증가하고 있다.

그리고 교육자치지원과 교육자치심의관 기본사업비로 분리되어 배정되던 예산이 참여정부에 와서 교육자치심의관 예산으로 하나로 통일되어 배정되고 있다.

참여정부에서 초·중등 정보화(국제정보화국)에 대한 관심이 국민의 정부보다 증가되어 국민의 정부에서 약간 삭감되어 배정되던 예산이 다시 참여정부에 들어 크게 증액되었다. 그 외에 문화예술 부분 예산이나 인력개발 및 인구대책의 관) 실업교육의 예산규모는 큰 변화가 없이 항) 단위에서 일부 규모 변화만 있었다.

참고문헌

1. 한국문헌

공은배 · 천세영. (1989). 「한국교육투자 정책의 진단」. 서울: 한국교육개발원.

교육부. (1971-2003). 「예산서」. 서울: 교육부.

교육부. (1996.5). 1996-98 교육재정 투자 계획 . 「교육월보」통권 173호. 69-71.

교육부. (1998). 「줄어든 교육예산에 대한 지방교육재정의 효과적 대응 수범사례」 서울: 교육부.

교육부 · 한국교육개발원. (2002). 「교육통계연보」. 서울: 교육인적자원부 · 한국교육개발원.

교육재정연구회. (1999). 「교육재정백서」. 서울: 교육재정연구회.

김기언. (1991). 「한국정부의 재정지출 추이와 변화요인에 관한 분석적 연구」, 박사학위논문.
　　　　연세대학교 대학원.

김명숙. (1984). 「교육재정의 현황 및 문제점과 정책 방향」. 서울: 한국개발연구원.

김신복 (1996). 교육개혁추진상의 영향요인과 저항. 「행정논총」, 제34권 1호. 서울: 서울대학교.

김영철. (1982). 교육투자의 경제적 효과. 「한국교육」, 제9권 1호. 서울: 한국개발연구원.

김윤태. (1990). 「교육행정 · 경영신론」. 서울: 배영사.

김재범. (1994). 「교육재정론」. 서울: 교육출판사 458

김종철. (1994). 한국 교육재정의 과제와 전망(下). 「학교경영」. 제6권 4호. 80-82 면.

＿＿＿. (1991). 「교육행정학 신강」, 서울: 세영사.

김종현 (1994.7-8). 지방교육재정제도의 발전방향. 「입법조사월보」, 통권 231호. 1-18면

김하준. (1993.12). 문민시대의 교육 1년. 그 실적과 전망. 「교육월보」, 제12권 12호. 22-27면.

문교부. (1980). 「한국교육30년」. 서울: 문교부.

문형균 · 고형선. (2000). 「재정운용의 현안문제와 개선방향」. 서울: 비봉출판사. 455.

박영강. (1994). 일본의 지방재정 구조: 한국과의 비교. 「동의대지방의정」. 41-51

배종근. (1987). 「교육재정운영의 효율화 방안」. 서울: 교육개혁심의회.

백성준. (1997.4). 단위 학교 재정 운영의 개선 방향 . 「교육월보」, 통권 184호. 61-63면

백현기. (1963). 「교육재정」. 서울: 을유문화사 458.

서형우. (2003). 「학교재정실무정해」. 서울: 세종출판사 532.

손인수. (1994). 「한국교육운동사 1」. 서울: 문음사.

_____. (1994). 「한국교육운동사 2」. 서울: 문음사.

_____. (1994). 「한국교육개혁」. 서울: 문음사.

송대희. (1993). 예산제도의 개선과 재정지출의 합리화. 「국회보」, 206-209.

유 훈 (1982). 예산과정의 점증주의. 「행정논총」, 제20권 2호. 서울: 서울대학교.

윤정일. (1987). 「교육필요에 근거한 교육재정 배분」. 서울: 서울대 교육연구소.

윤정일. (1994.1). 교육 예산 GNP 5%의 확보 과제. 「교육월보」, 제13 1권호. 45-49면.

윤정일. (1997.4). 교육 재원의 확충과 다양화 . 「교육월보」, 통권 184호. 55-59면

이용원. (1997.1). 교육 예산과 사업 계획 . 「교육월보」, 통권 181호. 24-27면.

이용원. (1997.1). 교육 예산과 사업 계획. 「교육월보」, 제16권 1호. 24-27면.

주재연 (1994.5). 교육재정에 관한 소고. 「입법조사월보」, 통권 229호. 20-35면

한국교육개발원. (1990). 「일본지방교육행정의 조직과 운영」. 서울: 한국교육개발원.

한국교육분제연구소. (1974). 「문교사」. 서울: 중앙대학교.

한국교육재정연구회. (1992). 「한국교육재정연구」. 서울: 한국교육재정경제학회.

행정쇄신위원회. (1994). 교육재정의 구조 개편. 「행정쇄신백서」, 107-113면.

2. 일본문헌

大藏省. (1956). 「昭和財政史」. 日本: 大藏省編集室.

文部省. (1991). 「新 時代へ對應する 敎育の 諸制度 改革」. 日本: 大藏省編集室.

文部省. (1995-2002). 「敎育豫算」. 日本(일본): 文部省.

小島 昭. (1970). 「豫算にいける 意思決定の 理論」. 日本: 剄草書房.

小島和夫. (1990). 「豫算ヵ 成立するまて」. 日本: きようせい.

須田八浪. (1985). 「教育財政과 教育費」. 日本: 協同出版.

神田修·山住正己. (1985). 「史料 日本 教育」. 日本: 學陽書房.

財務省. (2002). 「平成 14年度 一般會計豫算」. 日本: 財務省.

朝日新聞社. (2002). 「朝日年鑑」. 日本: 朝日新聞社.

河野一之. (2001). 「豫算制度」. 日本: 學陽書房.

3. 외국문헌

Campbell, John C. (1977). *Contemparary Japaness Budget Politics*. Berkely: University of Califonia Press.

Guthrie, W.I., Garm, W.I., & Pierce, L.C. (1988). *School Finance and Education Policy*. Englewoood Cliffs, N.J.,: Prentice Hall Inc.,

Hanushek, E.A., (1988). *Education and Race: An Analysis of the Educational Production process*. Cambridge, M.A.,: Heath-Lexington.

Johns, H.J., (1983). *The Economis and Financing Education*. New Jersey: Prenticw Hall Inc.,

McMahon, W.W., (1982). *Efficiency and Equity Criteria for Educational Budgeting and Finance*. Urbana: University of Illinois Press.

Monphet, Johns R.L., and Alexander, K., (1983). *The Economics and Financing of Education*, (4th *ed.*), Englewoood Cliffs, N.J.,: Prentice Hall Inc.,

Mort, P.R., Russer, W.C., & Polley, J.W., (1960). *Public school Finance*. New York: McGraw Hill.

Stiglitz, J., (1996). Setting Budget Priorities: Education and Economic Growth. *Vital Speeches of the Day*. Vol: 62.

Thomas, Jones. (1985). *Introduction to School Finance*. New York: MacMillan Publishing Co.

Toffler, Alvin. (1980). *The third wave*. New York: William Morrow.

1. 한국예산: 해방 이후 교육예산의 항목별 분류와 예산규모

1948 단위(백만)	1948	1950 단위(백만)	1950	1951 단위(백만)	1951	1952 단위(백만)	1952
총 결산 합계(경상+임시)	1711	총 결산 합계(경상+임시)	12052	총 결산 합계(경상+임시)	15946	총 결산 합계	435
세출경상비 합계	251	세출경상비 합계	1537	세출경상비 합계	2931	제1장 행정부비	4.2
1관 문교부 본부	30	1관 문교부 본부	164	1관 문교부 본부	160	1관 문교부 본부	4.2
1항 사무비	22	1항 봉급	30	1항 봉급	39	1항 봉급	0.4
2항 위원회비	2	2항 사무비	21	2항 사무비	68	2항 사무비	1.8
3항 편수비	6	3항 검정비	4	3항 검정비	19	3항 검정비	0.7
4항 특별판공비	0.1	4항 편수비	108	4항 편집비	23	4항 편집비	0.9
2관 국립서울대학교	97	7항 특별판공비	0.6	5항 계몽교화비	10	5항 국유재산정리비	0.4
3관 서울대의대	62	2관 국립서울대학교	783	7항 특별판공비	1	6항 회관비	0.1
4관 대구사범대	8	3관 서울대의대	180	2관 국립서울대학교	1162	7항 특별판공비	0.02
11관 국립맹아학교	3	4관 대구사범대	41	3관 서울대의대	174	제2장 교육비	405
1항 사무비	3	5관 대구농과대학	13	4관 대구사범대	103	1관 서울대학교	46
5관 국립도서관	3	7관 국립부산대학	17	5관 대구농과대학	27	2관 서울대의대	8
1항 사무비	3	6관 부산수산대학교	27	7관 국립부산대학	69	3관 경북대학교	11
6관 국립관상대	41	18관 공주사범대학	6	6관 부산수산대학교	92	4관 전북대학교	3
1항 사무비	41	8관 사범학교	299	8관 공주사범	31	5관 전남대학교	10
7관 국립박물관	3	9관 국립맹아학교	15	9관 사범학교	695	7관 부산대학	2
1항 사무비	3	1항 봉급	8	10관 국립맹아학교	33	6관 부산수산대학교	2
8관 국립과학박물관	2	2항 사무비	7	1항 봉급	10	8관 공주사범	1
1항 사무비	2	10관 국립도서관	14	2항 사무비	23	9관 사범학교	21
9관 국립민족박물관	2	1항 봉급	9	3항 보전비	0	10관 맹아학교	1
1항 사무비	2	2항 사무비	5	11관 국립도서관	19	1항 봉급	0.1
10관 국사관	1	11관 중앙관상대	173	1항 봉급	12	2항 교비	0.9
1항 사무비	1	1항 봉급	52	2항 사무비	7	11관 초등교육비	271
12관 제지출금	0.4	2항 사무비	121	12관 국립중앙관상대	318	1항 교원봉급보조	217
1항 제지출금	0.4	12관 국립박물관	13	1항 봉급	91	2항 정부부족보조	53
세출 임시비		1항 봉급	8	2항 사무비	227	3항 피난학교경비보조	1
1관 문교본부	1341	2항 사무비	5	13관 국립박물관	27	12관 중등교육비	12
1항 훈련비	8	13관 국립과학관	4	1항 봉급	13	1항 교원봉급보조	12
2항 초등학교 경상비 보조	1039	1항 봉급	3	2항 사무비	14	13관 고등교육비	10
3항 국민학교 신영비보조	153	2항 사무비	1	14관 국립과학관	4	1항 교원봉급보조	10
4항 사범학교 경상비 보조	64	14관 국립민족박물관	3	1항 봉급	3	14관 교사양성비	2.5
5항 사범학교 신영비 보조	10	1항 봉급	2	2항 사무비	1	1항 중등인문교사양성비	0.3
6항 임시중등교원 양성비보조	2.5	2항 사무비	1	15관 국사편찬위원회	5	2항 중등교사양성비	2.1
7항 임시초등학교 양성비보조	1.4	15관 국사편찬위원회	5	1항 봉급	4	3항 초등교사양성비	0.1
8항 교원재교육보조	0.6	1항 봉급	2.3	2항 사무비	1	15관 성인교육비	4
9항 고적 수리비보조	4	2항 사무비	2.2	16관 국립국악원	11	1항 사업비	2
10항 교화사무비보조	0.3	17관 제지출금	81	1항 봉급	8	2항 성인교육보조	2
11항 공업기술원보조	22	1항 제지출금	81	2항 사무비	3	16관 기숙교육비	1

1948 단위(백만)	1948	1950 단위(백만)	1950	1951 단위(백만)	1951	1952 단위(백만)	1952
12항 교통기술원양성비보조	6	세출 임시비		17관 제지출금	2	1항 기술원양성비	1
13항 체신기술원양성비보조	7	1관 초등교육비	10230	1항 제지출금	2	3장 문화사업비	25.5
14항 전기기술원양성비보조	2	1항 일반경비보조	10230	세출 임시비		1관 국립도서관	2.4
15항 연초기술원양성비보조	0.4	2관 기술교육비	13	1관 교육비	12576	1항 봉급	0.4
16항 직업기술원양성비보조	21	1항 기술원양성비	13	1항 초등학교사봉급보조	10184	2항 사무비	2
2관 서울대학교	9	3관 교화사업비	20	2항 중등학교사봉급보조	1472	2관 국립중앙관상대	12
3관 서울대 의대	77	1항 전룡수호비보조	1	3항 고등학교사봉급보조	213	1항 봉급	1
4관 청년—민심수습 계도비	32	3항 구왕궁아악부경비보조	8	4항 피난학교경비	707	2항 사무비	11
1항 훈련비	16	4항 문화단체경비보조	10	3관 교화사업비	15	3관 국립박물관	0.7
2항 의류비	14	5항 특수교육비보조	1	1항 전룡수호비보조	2	1항 봉급	0.2
3항 민심수습계도비보조	2	4관 성인교육비	55	2항 체육장려비보조	1	2항 사무비	0.5
1948 단위(백만)	1948	1950 단위(백만)	1950	1951 단위(백만)	1951	1952 단위(백만)	1952
		1항 사업비	3	3항 문화단체경비보조	10	4관 국립과학관	0.1
		2항 성인교육비보조	52	4항 특수교육비보조	2	1항 봉급	0.4
		5관 학도호국단경비	8	2관 성인교육비	71	2항 사무비	0.6
		1항 사업비	6	1항 사업비	3	5관 국사편찬위원회	0.15
		2항 학도호국단경비보조	2	2항 성인교육비보조	68	1항 봉급	0.05
		6관 교사양성비	50	4관 학도호국단경비	106	2항 사무비	0.1
		1항 중등인문교사양성비	2	1항 사업비	102	6관 국립국악원	0.3
		2항 중등과학교사양성비	46	2항 학도호국단경비보조	4	1항 봉급	0.1
		3항 초등교사 양성비	2	5관 교사양성비	126	2항 사무비	0.2
		9관 대한청년단경비	20	1항 중등인문교사양성비	22	7관 국민사상지도원	1
		1항 대한청년단경비보조	20	2항 중등과학교사양성비	94	1항 봉급	0.3
		10관 교과서 발행비	15	3항 초등교사 양성비	10	2항 사무비	0.7
		1항 실업교과서발행보조비	15	23관 구왕궁재산 관리비	18	8관 계몽교화비	1.2
		11관 국보급 고적보존비	0	1항 구왕국재산관리비보조	18	1항 사업비	0.2
		1항 국보급 고적수리비보조	0	24관 국민사상지도비	102	2항 전룡수호비	0.1
		13관 대한 기술원	90	1항 봉급	18	3항 체육장려비	0.1
		1항 대한기술원경비보조	90	2항 사무비	84	4항 문화단체경비	0.4
		14관 과학교육진흥비	0	25관 고적보존비	2	5항특수교육비(2장교육비)	0.4
		1항 과학도서관설치비	0	1항 남대문수리비	2	9관 학도호국단경비	0.2
		2항 과학기술보급비	0			1항 학도호국단경비	0.2
		3항 외국도서구입비	0			10관 국보고적보존비	7
		4항 교육용기계설치비보조	0			1항 국보고적보존비	7
		15관 과학교육시설확충비	0			16관 기술교육원(2장으)	
		1항 농과대과학교육시설확충비	0			제4장 제지출금	0.4
		2항 공과대과학교육시설확충비	0			1관 제지출금	0.4
		3항 수산과대학과학교육시설비	0			1항 제지출금	0.4
		4항 의과대학과학교육시설비	0				
		5항 중등학교과학교육시설비	0				
		32관 구왕궁재산 관리비	14				
		1항 구왕국재산관리비보조	14				

*1948년~1969년까지 예산 단위: 백만 원

1. 한국예산: 해방 이후 교육예산의 항목별 분류와 예산규모

1953 단위(백만)	1953	1954 단위(백만)	1954	1955 단위(백만)	1955	1957 단위(백만)	1957
총 결산 합계	1248.6	총 결산 합계	6029.2	총 결산 합계	24916	총 결산 합계	30613
제1장 행정부비	15.5	제1장 행정부비	49.2	제1장 행정부비	221	제1장 행정부비	183
1관 문교부 본부	15.5	1관 문교부 본부	49.2	1관 문교부 본부	221	1관 문교부 본부	183
1항 사무비	6.4	1항 사무비	15.6	1항 사무비	46	1항 사무비	59
2항 검정비	2.2	2항 검정비	8	2항 도의교육비	4	2항 도의교육비	4
3항 편집비	2.1	3항 편집비	5.2	3항 국어심의회비	1	3항 국어심의회비	2.5
5항 외국도서 변역비	4	4항 장학지도비	4.4	5항 검정비	26	5항 검정비	11
6항 국유재산정리비	0.2	6항 중앙교육위원회비	1.3	6항 편집비	15	6항 편집비	10
7항 회의비	0.2	7항 외국도서 변역비	6.7	8항 장학지도비	42	8항 장학지도비	47
8항 특별판공비	0.02	8항 동식물도감 제작비	3.5	4항 중앙교육위원회비	2	4항 중앙교육위원회비	1.4
제2장 교육비	1178	9항 전람회비	0.8	9항 외국도서 변역비	67	9항 외국도서 변역비	31
1관 서울대학교	138	10항 국유재산정리비	0.6	10항 동식물도감 제작비	5	10항 동식물도감 제작비	4.3
2관 서울대의대 부속병원	31	11항 회의비	0.2	11항 전람회비	6	11항 전람회비	5.3
3관 경북대학교	20	12항 특별판공비	0.3	12항 회의비	1	12항 회의비	2
4관 경북대 의대 부속병원	8	제2장 교육비	5688.7	13항 판공비	1	13항 판공비	1
5관 전북대학교	11	1관 서울대학교	455.8	14항 원자력전시회비	2	14항 제지출금	1
6관 전남대학교	22	2관 서울대의대 부속병원	133.7	제2장 교육비	22520	제2장 교육비	2908
7관 전남대의대 부속병원	9	3관 경북대학교	106.3	1관 서울대학교	821	1관 서울대학교	547
4관 대구사범대		4관 경북대 의대 부속병원	54.8	2관 서울대의대 부속병원	269	2관 서울대의대 부속병원	190
5관 대구농과대학		5관 전북대학교	68.7	3관 경북대학교	247	3관 경북대학교	259
9관 부산대학	9	6관 전남대학교	93.5	4관 경북대 의대 부속병원	98	4관 경북대 의대 부속병원	73
8관 부산수산대학교	4	7관 전남대의대 부속병원	27.1	5관 전북대학교	160	5관 전북대학교	155
10관 공주사범	2	4관 대구사범대		6관 전남대학교	211	6관 전남대학교	210
11관 사범학교(17개 사범)	56	5관 대구농과대학		7관 전남대의대 부속병원	76	7관 전남대의대 부속병원	57
12관 맹아학교	2.7	8관 부산대학	55.3	4관 대구사범대		4관 대구사범대	
1항 맹아학교비	2.5	9관 부산수산대학교	17.4	5관 대구농과대학		5관 대구농과대학	
2항 보도비	0.2	10관 공주사범	10	8관 부산대학	210	8관 부산대학	203
13관 초등교육비	675	11관 춘천농대	9.7	9관 부산대학교의대 부속병원	53	9관 부산대의대 부속병원	50
1항 교원봉급보조	554	12관 사범학교(17개 사범)	197.6	10관 부산수산대학교	64	10관 부산수산대학교	44
2항 재정부족경비보조	117	13관 맹아학교	9.3	11관 공주사범	26	11관 공주사범	43
3항 피난학교경비보조	4	1항 맹아학교비	7.9	12관 춘천농대	37	12관 춘천농대	47
14관 중등교육비	49	2항 보도비	1.4	13관 광주사범대학	23	13관 광주사범대학	48
1항 교원봉급보조	49	14관 초등교육비	3847	14관 부산사범대학	27	14관 부산사범대학	
15관 고등교육비	38	1항 교원봉급보조	3015	28관 한국해양대학	43	15관 한국해양대학	72
1항 고등교육비	38	2항 재정부족경비보조	832	15관 사범학교(18개 사범)	501	16관 사범학교(18개 사범)	552
16관 교사양성비	3.8	15관 중등교육비	226.3	16관 맹아학교	28	17관 맹아학교	36
1항 중등인문교사양성비	1	1항 교원봉급보조	226.3	1항 맹아학교비	27	1항 맹아학교비	
2항 중등(과학)교사양성비	2.6	16관 고등교육비	192.5	2항 보도비	1	2항 보도비	
3항 초등교사양성비	0.2	1항 고등교원봉급보조	191	17관 목포해양고등학교	3.5	18관 목포해양고등학교	11
17관 성인교육비	34	2항 고등기술학교교원봉급보조	1.5	1항 목포해양고등학교	3.5	1항 목포해양고등학교	
1항 사업비	10	17관 교사양성비	20.2	18관 초등교육비	18082	20관 교사양성비	10
2항 성인교육보조	24	1항 중등인문교사양성비	5.8	1항 교원봉급보조	8319	2항 중등인문교사양성비	8

1953 단위(백만)	1953	1954 단위(백만)	1954	1955 단위(백만)	1955	1957 단위(백만)	1957
18관 기술교육비	1.7	2항 중등(과학)교사양성비	14.4	2항 재정부족경비보조	6035	1항 중등(과학)교사양성비	2
1항 기술원양성비	1.7	18관 성인교육비	75.3	3항 신영비	3728	21관 사회교육비	121
19관 교사재교육비	1.8	1항 사업비	12.3	19관 중등교육비	663	1항 사업비	35
1항 중등교사재교육비	1.2	2항 성인교육보조	63	1항 교원봉급보조	663	2항 성인교육보조	86
2항 초등교사재교육비	0.6	19관 기술교육비	7.9	20관 고등교육비	533	22관 기술교육비	9
20관 특수교육비	1.9	1항 사업비	3.1	1항 고등교원봉급보조	529	1항 사업비	4
1항 재외류학생파견비	1.4	2항 기술원양성비	4.8	2항 고등기술학교교원봉급보조	3.3	2항 기술원양성비	5
3항 영어학교경비보조	0.3	20관 교사재교육비	9.7	21관 교사양성비	23	23관 교사재교육비	21
4항 대구맹아학교경비보조	0.2	1항 중등교사재교육비	6.6	1항 중등인문교사양성비	6	1항 중등교사재교육비	13
21관 사립학교경비보조	60	2항 초등교사재교육비	3.2	2항 중등(과학)교사양성비	17	2항 교사재교육비보조	8
1항 사립학교경비보조	60	21관 특수교육비	16.1	22관 성인교육비	162	24관 섭외교육비	47
3장 문화사업비	55	1항 재외교육관파견비	0	1항 사업비	18	1항 재외유학생파견비	32
1관 국립도서관	3	2항 재외유학생파견비	8.6	2항 성인교육보조	144	2항 재외국민교육지도비	15
1항 사업비	3	3항 영어학교경비보조	6.5	23관 기술교육비	24	25관 연구학교경비보조	5
2관 국립중앙관상대	29.6	4항 대구맹아학교경비보조	1	1항 사업비	7	1항 연구학교경비조조	5
1항 사업비	29.6	22관 사범교육비	2.6	2항 기술원양성비	17	26관 사립학교경비보조	49
3관 국립박물관	2.8	1항 제주사범학교경비보조	2.6	24관 교사재교육비	43	1항 사립학교경비보조	49
1항 사업비	2.8	23관 사립학교경비보조	48	1항 중등교사재교육비	31	3장 문화사업비	480
4관 국립과학관	0.3	1항 사립학교경비보조	48	2항 초등교사재교육비	8	1관 국립도서관	20
1항 사업비	0.3	24관 광주사범대학	1.9	3항 실업기술연수원경비보조	4	1항 사업비	20
5관 국사편찬위원회	0.9	1항 광주사범대학	1.9	25관 특수교육비	21	2관 국립중앙관상대	112
1항 사업비	0.9	25관 부산사범대학	1.7	1항 재외교육관파견비	0	1항 사업비	112
6관 국립국악원	0.9	1항 부산사범대학	1.7	2항 재외유학생파견비	21	2항 천문기상연구비	0
1항 사업비	0.9	3장 문화사업비	161.3	26관 연구학교경비	13	3관 국립박물관	16
7관 국사사상연구원	0.8	1관 국립도서관	9.6	1항 연구학교경비조조	13	1항 사업비	16
1항 사업비	0.8	1항 사업비	9.6	27관 사립학교경비보조	60	4관 국립과학관	2
8관 학술원	0.4	2관 국립중앙관상대	72	1항 사립학교경비보조	60	1항 사업비	2
1항 사업비	0.4	1항 사업비	72	3장 문화사업비	665	5관 국사편찬위원회	50
9관 예술원	0.3	3관 국립박물관	10.1	1관 국립도서관	22	1항 사업비	50
1항 사무비	0.3	1항 사업비	10.1	1항 사업비	22	6관 국립국악원	18
10관 계몽교화비	7	4관 국립과학관	0.8	2관 중앙관상대	157	1항 사업비	8
1항 사업비	3.2	1항 사업비	0.8	1항 사업비	156.5	2항 악사양성비	10
2항 전릉수호비	0.1	5관 국사편찬위원회	4.7	2항 천문기상연구비	0.5	7관 학술원	8
3항 체육장려비	0.1	1항 사업비	4.7	3관 국립박물관	22	1항 사업비	8
4항 문화단체경비	1.6	6관 국립국악원	3.8	1항 사업비	22	8관 예술원	5
5항 중앙교육연구소경비	1.5	1항 사업비	3.8	4관 국립과학관	3.5	1항 사무비	5
6항 유네스코문화기구경비	0.4	7관 국민사상연구원	3	1항 사업비	3.5	9관 계몽교화비	68
12관 학도호국단경비보조	0.3	1항 사업비	3	5관 국사편찬위원회	58	1항 사업비	15
1항 학도호국단경비보조	0.3	8관 학술원	4.4	1항 사업비	58	2항 전릉수호비	1
11관 국보고적보존비	8.7	1항 사업비	4.4	6관 국립국악원	19	3항 체육장려비	4
1항 국보고적보존비	8.7	9관 예술원	3.1	1항 사업비	11	4항 문화단체경비	25
제4장 제지출금	0	1항 사무비	3.1	2항 악사양성비	8	5항 중앙교육연구소경비	18
1관 제지출금	0	10관 계몽교화비	22.6	7관 국민사상연구원	7	6항 유네스코문화기구경비	5
1항 제지출금	0	1항 사업비	1	1항 사업비	7	10관 국보고적보존비	140

1953 단위(백만)	1953	1954 단위(백만)	1954	1955 단위(백만)	1955	1957 단위(백만)	1957
		2항 전릉수호비	0.7	8관 학술원	12	1항 사업비	28
		3항 체육장려비	9.8	1항 사업비	12	2항 국보고적보존비 보조	112
		4항 문화단체경비	5.3	9관 예술원	7	11관 국립극장	41.2
		5항 중앙교육연구소경비	4.8	1항 사무비	7	1항 사업비	40.9
		6항 유네스코문화기구경비	1	10관 계몽교화비	87	2항 회의비	0.3
		12관 학도호국단경비보조	1.1	1항 사업비	6	제4장 지방재정비	27040
		1항 학도호국단경비보조	1.1	2항 전릉수호비	2	1관 의무교육비	14138
		11관 국보고적보존비	26.2	3항 체육장려비	52	1항 초등교원봉급보조	147138
		1항 사업비	2.1	4항 문화단체경비	10	2관 교육구 및 시교육위원회	8470
		2항 국보고적보존비 보조	24.1	5항 중앙교육연구소경비	11	1항 재정부족보조	6580
		제3장 제지출금	2.9	6항 유네스코문화기구경비	6	2항 토지수득세환부금	1890
		1관 제지출금	2.9	11관 국보고적보존비	63	3관 교실신영비	2500
		1항 제지출금	2.9	1항 사업비	17	1항 재정부족보조	799
		제5장 38이북 수복지구	127.1	2항 국보고적보존비 보조	47	2항 토지수득세환부금	1701
		1관 초등교육비	116.9	12관 방송비	206	4관 중등교육비	1059
		1항 초등교원봉급보조	23.7	1항 방송관리비	65	1항 중등교원봉급보조	1059
		2항 재정부족보조	93.2	2항 서울지방방송국	100	5관 고등교육비	873
		2관 중등교육비	1.2	3-14항.부산.대구.대전.이리 광주.목포.청주.춘천.제주.강릉	40	1항 고등교원봉급보조	868
		1항 중등교원봉급보조	1.2			2항 고등기술학교원봉급보조	5
		3관 고등교육비	0.6	마산.남원 지방방송국			
		1항 고등교원봉급보조	0.6	13관 특수방송비	2.4		
		4관 교사양성비	0.6	1항 육상이동방송비	2		
		1항 초등교사양성비	0.6	2항 가두방송비	0.4		
		5관 성인교육비	7	제4장 교부금 및 환부금	1510		
		1항 사업비	4.5	1관 교부금 및 환부금	1510		
		2항 성인교육비보조	2.5	1항 토지수득세환부금	1510		
		6관 교사재교육비	0.8				
		1항 수복지구보조	0.8				

*1948년~1969년까지 예산 단위: 백만 원

1. 한국예산: 해방 이후 교육예산의 항목별 분류와 예산규모

1958 단위(백만)	1958	1959 단위(백만)	1959	1960 단위(백만 환)	1960	1961 단위(백만 환)	1961
총 결산 합계	39611	총 결산 합계	56944	총 결산 합계	61562	총 결산 합계	73479
제1장 행정부비	470.6	제1장 일반행정부비	241	제1장 일반행정비	127	제1장 일반행정비	262
1관 문교부 본부	470.6	1관 문교부 본부	241	1관 행정부비	127	1관 행정부비	262
1항 사무비	57.6	1항 사무비	94	1항 본부사무비	114	1항 본부사무비	138
2항 도의교육비	3.5	5항 검정비	12	2항 검정비	13	2항 검정비	124
3항 국어심의회비	1.8	2항 위원회비	4	제2장 교육 문화과학비	6254	제2장 교육 문화과학비	9634
5항 검정비	12.2	3항 교육행정지도비	5	1관 서울대학교	1368	1관 서울대학교	2339
6항 편집비	16	4항 교육지도비	59	2관 경북대학교	518	2관 경북대학교	803
8항 장학지도비	49.8	6항 편집출판비	51	3관 전북대학교	222	3관 전북대학교	341
4항 중앙교육위원회비	1	7항 전람회비	12	4관 전남대학교	388	4관 전남대학교	602

1958 단위(백만)	1958	1959 단위(백만)	1959	1960 단위(백만 환)	1960	1961 단위(백만 환)	1961
9항 외국도서 번역비	22	8항 회의비	3	5관 부산대학	398	5관 부산대학	673
10항 동식물도감 제작비	4	9항 특별판공비	1.2	6관 기타대학	572	6관 기타대학	914
11항 전람회비	6	제2장 교육 문화과학비	5195	1항 부산수산대학교	160	1항 부산수산대학교	
13항 회의비	2	1관 서울대학교	1241	4항 공주사대	46	4항 공주사대	
14항 판공비	1.2	2관 서울대의대 부속병원(59-항)		2항 춘천농과대학	56	2항 춘천농과대학	
12항 원자력전사업비	289.8	2관 경북대학교	517	5항 광주사범대학	39	5항 광주사범대학	
15항 제지출금	1.4	4관 경북대 의대 부속병원(59-항)		6항 부산사범대학	42	6항 부산사범대학	
제2장 교육비	2810	3관 전북대학교	157	3항 한국해양대학	228	3항 한국해양대학	
1관 서울대학교	586	4관 전남대학교	352	7관 사범학교(18개 사범)	756	7관 사범학교(18개 사범)	937
2관 서울대의대 부속병원	245	7관 전남대의대 부속병원		8관 특수학교		8관 특수학교	202
3관 경북대학교	204	5관 부산대학	357	3항 서울맹인학교	30	3항 서울맹인학교	42
4관 경북대 의대 부속병원	194	9관 부산대학교의대 부속병원		4항 서울 농아학교	32	4항 서울 농아학교	42
5관 전북대학교	98	6관 부산수산대학교	88	1항 목포해양고등학교	67	1항 목포해양고등학교	104
6관 전남대학교	152	9관 공주사대	46	2항 농촌지도자 훈련소	22	2항 농촌지도자 훈련소	12
7관 전남대의대 부속병원	103	10관 광주사범대학	37	10관 교육문화사업비	1214	10관 교육문화사업비	1678
4관 대구사범대		11관 부산사범대학	37	1항 사회교육비	74	1항 사회교육비	65
5관 대구농과대학		8관 한국해양대학	197	2항 기술교육비	156	2항 기술교육비	160
8관 부산대학	138	12관 사범학교(18개 사범)	717	3항 교원재교육비	18	3항 교원재교육비	16
9관 부산대학교의대 부속병원	74	13관 서울맹인학교	28	4항 재외교포교육비	205	4항 재외교포교육비	379
10관 부산수산대학교	24	1항 교비	28	5항 사립학교경비보조	113	5항 사립학교경비보조	33
11관 공주사대	27	14관 서울 농아학교	27	7항 문화보존비	201	7항 문화보존비	282
12관 춘천농대	24	1항 교비	27	8항 편집출판비	76	8항 편집출판비	69
13관 광주사범대학	26	15관 목포해양고등학교	61	9항 교육행정지도비	73	9항 교육행정지도비	58
14관 부산사범대학	27	1항 교비	61	10항 대부장학금	0	10항 대부장학금	397
15관 한국해양대학	101	16관 신생활교육원	20	9항 문화기관	666	6항 계몽교화비	214
16관 사범학교(18개 사범)	463	1항 원비	20	1항 국립도서관	59.5	11항 향토학교건설추진비	0
17관 맹아학교	31	26관 사회교육비	72	2항 국립중앙관상대	318	9관 문화기관	1141
1항 맹아학교비	30	1항 사업비	72	3항 국립박물관	48	1항 국립도서관	89
2항 보도비	1	27관 기술교육비	81	4항 국립과학관	4	2항 국립중앙관상대	699
18관 목포해양고등학교	42	1항 사업비	81	9항 국사편찬위원회	58	3항 국립박물관	69
1항 목포해양고등학교	18	28관 교원재교육비	17	5항 국립국악원	36	4항 국립과학관	54
2항 급식비	24	1항 사업비	17	7항 학술원	40	9항 국사편찬위원회	50
19관 교사양성비	8	29관 섭외교육비	105	8항 예술원	30	5항 국립국악원	33
2항 중등인문교사양성비	1.4	1항 재외유학생지도비	2	6항 계몽교화비(10관으로	299	7항 학술원	55
1항 중등(과학)교사양성비	6.6	2항 재외국민교육지도비	103	6항 국립극장	72	8항 예술원	36
20관 사회교육비	84	30관 사립학교경비보조	111	제3장 의무교육비	54555	6항 국립극장	52
1항 사업비	24	1항 사립학교경비보조	111	1관 의무교육비	50583	제3장 지방재정비	63600
2항 사회교육보조	60	32관 문화보존비	75	1항 의무교육재정교부금	42697	1관 의무교육비	58627
21관 기술교육비	77	1항 사업비	20	2항 환부금	7887	1항 의무교육재정교부금	50958
1항 사업비	4	2항 문화재보존비보조	54	2관 중등교육비	2185	2항 환부금	7669
3관 교실신영비	3871						
1항 재정부족보조	1500						
2항 토지수득세환부금	2125						
3항 교육세 환부금	246						

1958 단위(백만)	1958	1959 단위(백만)	1959	1960 단위(백만 환)	1960	1961 단위(백만 환)	1961
4관 중등교육비	1339						
1항 중등교원봉급보조	1339						
5관 고등교육비	1110						
1항 고등교원봉급보조	1104						
2항 고등기술학교 교원봉급보조	6						
6관 긴급국고채 무부담교실신영비	34						
1항 국고채무부담행위신영비	33						

*1948년~1969년까지 예산 단위: 백만 원

1. 한국예산: 해방 이후 교육예산의 항목별 분류와 예산규모

1963 단위(백만 원)	1963	1963 단위(백만 원)	1964	1965 단위(백만 원)	1965	1966	1967 단위(백만 원)	1967
총 결산 합계	10016	총 결산 합계	11243	총 결산 합계	13285	19292	총 결산 합계	
제1장 일반행정비	348	제1장 일반행정비	399	제1장 일반행정비	419	868	제1장 교육 및 기술진흥비	2982
1관 문교본부	348	1관 문교본부	373	1관 교육행정비	419	868	1관 문교본부	783
1항 본부사무비	31	1항 본부사무비	28	1항 본부	30	42	1항 사무관리비	61
2항 학사지도비	39	1세항 사무관리비	26	1세항 사무	27	36	1세항 기관운영비	56
3항 학교관리비	112	2세항 기획관리비	2	2세항 기획관리비	4	6	2세항 기획관리비	5
4항 체육진흥비	133	5항 편수비	10.5	5항 편수비	17	18	9세항 편찬검인정비(2항)	24
5항 문예장려비	33	1세항 편찬검인정비	7	1세항 편찬검인정비	13	10	10세항 도서공급비(2항)	6
제2장 교육 문화사업비	9607	2세항 도서공급비	2.6	2세항 도서공급비	3	4	3세항 시청각교육비(2항)	
1관 교육기관	1038	3세항 시청각교육비	1	3세항 시청각교육비	1	4	2항 교육관리비	533
1항 서울대학교	277	2항 장학지도비(부활)	9	2항 장학지도비(부활)	19	17	1세항 장학지도비	14
15항 서울의대부속병원	86	1세항 장학지도비	9	1세항 장학지도비	11	9	2세항 중앙교육연구소	8
19항 서울치대부속병원	3	3항 보통교육비	88	2세항 중앙교육연구소	8	8	3세항 보통교육행정비	1
2항 충남대학교	45	1세항 교육행정비	0.4	3항 보통교육비	93	116	4세항 보통교육재정비	7
5항 경북대학교	91	2세항 교육재정비	3.3	1세항 교육행정비	0.6	1	5세항 보통교육시설비	1
17항 경북의대부속병원	34	3세항 실업교육비	84.1	2세항 교육재정비	5	6	6세항 대학교육관리비	7
3항 전북대학교	50	4세항 교육시설비	0.2	4세항 실업교육비	49	68	7세항 교직관리비	10
4항 전남대학교	68	4항 고등교육비	26	3세항 교육시설비	0.5	1	8세항 교원재교육비	11
16 전남의대부속병원	22	1세항 대학교육비	2.3	5세항 대여장학금관리비	37.6	40	11세항 사회교육비	69
6항 부산대학	81	2세항 교직관리비	1.3	4항 고등교육비	30	153	12세항 체육진흥비	187
18항 부산의대부속병원	29	3세항 교원재교육비	12.4	1세항 대학교육관리비	3.6	7	13세항 예술진흥비	5
12항 부산수산대학교	0	4세항 과학교육비	10	2세항 교직관리비	1.4	60	14세항 제외교포교육비	164
9항 공주사대	15	6항 문예체육비	202	3세항 교원재교육비	10	11	15세항 국제문화교류비	19
7항 춘천농과대학	12	1세항 사회교육비	5	4세항 과학교육비	15	75	3항 기술교육관리비	189
5항 광주사범대학		2세항 국민체육비	109	6항 문예체육	231	521	1세항 과학교육비	40
6항 부산사범대학		3세항 학교체육비	25	1세항 사회교육비	7	73	2세항 시청각교육비	4
8항 한국해양대학	44	4세항 예술진흥비	3	2세항 국민체육비	157	287	3세항 대여장학금	40
10항 제주대학	18	5세항 제외교포교육비	61	3세항 학교체육비	15	22	4세항 농수산교육비	25
11항 충북대학	17	0 연구조성	8.5	4세항 예술진흥비	4	4	5세항 상공교육비	80
13항 교육대학	97	0 교원연구수당승급단축	26	5세항 제외교포교육비	40	112	2관 교육기관비	2086
20항 연구조성비	18	제2장 교육 문화사업비	10844	6세항 국제문화교류비	8	23	1항 대학기관 운영비	1698
14항 기타 외교	30	1관 교육기관	1079	7항 공무원처우개선비	0	0	1세항 서울대학교	

1963 단위(백만 원)	1963	1963 단위(백만 원)	1964	1965 단위(백만 원)	1965	1966	1967 단위(백만 원)	1967
2관 문화기관	44	1항 대학비	695	제2장 교육 문화비	12865	18424	—14개 대학	
1항 도서관	15	1세항 서울대학교 외 12	272	1관 교육기관	1508	1680	2항 교육대학운영비(15개)	303
2항 박물관	8			1항 대학비	975	1377	3항 특수학교 (해양. 맹. 농아 부산직업)	85
3항 과학관	2	2항 교육대학(14개 교대)	100	1세항 서울대학교 외 12				
6항 국사편찬위원회	8	3항 기타 학교(해양. 맹아. 농아. 제주사범)	29				4항 국립이관학교	0
10항 시청각교육원	4			2항 교육대학(14개 교대)	155	252	1세항 농과대학	
4항 학술원	14	4항 부속병원(5개대병원)	255	3항 특수학교 (해양, 맹아, 농아, 제주사범)	45	51	2세항 전문학교	
5항 예술원	3	2관 문화기관	42				3관 문화기관	113
장 폐 지		1항 도서관	13	4항 부속병원(5개대병원)	0		1항 국립도서관	23
3관 지방재정	8586	1세항 도서관	13	2관 문화기관	48	86	1세항 기관운영비	13
1항 도교육행정비	73	2항 박물관	8	1항 도서관	13	22	2항 사서관리비	10
2항 의무교육비	7712	1세항 박물관	8	1세항 사무비	7	15	2항 국립박물관	18
3항 중등교육비	437	3항 과학관	2.5	2항 사서관리비	6	7	1세항 기관운영비	12
4항 고등교육비	361	1세항 과학관	2.5	2항 박물관	9	13	2세항 유물관리비	6
5항 실업전문교육비	3	6항 국사편찬위원회	7	1세항 사무비	7	9	3항 국립과학관	16
6항 지방교육교부세	0	1세항 국사편찬위원회	7	2세항 유물관리비	2	4	1세항 기관운영비	4
		7항 시청각교육원	6	3항 과학관	4	9	2세항 과학진흥비	12
		1세항 시청각교육원	6	1항 사무비	2	2	6항 국사편찬위원회	18
1963 단위(백만 원)	1963	1963 단위(백만 원)	1964	1965 단위(백만 원)	1965	1966	1967 단위(백만 원)	1967
		4항 학술원	4.2	2세항 과학진흥비	2	7	1세항 기관운영비	6
		1세항 학술원	4.2	6항 국사편찬위원회	7	12	2세항 사료편찬	12
		5항 예술원	3	1세항 사무비	3.4	5	7항 중앙시청각교육원	17
		1세항 예술원	3	2세항 사료편찬	3.6	7	1세항 기관운영비	9
		장 폐 지		7항 시청각교육원	7	11	2세항 사업비	8
		3관 지방재정비	9722	1세항 사무비	4.3	6	4항 학술원	12
		1항 도교육행정비	93	2세항 사업비	2.7	5	1세항 기관운영비	8
		1세항 도교육행정비	93	4항 학술원	4.6	13	2세항 학술진흥비	4
		2항 의무교육비	8	1세항 사무비	2.4	7	5항 예술원	8.3
		1세항 의무교육비	8	2세항 사업비	2.2	6	1세항 기관운영비	5.5
		3항 중등교육비	724	5항 예술원	3	6.7	2세항 예술진흥비	2.8
		1세항 중등교육비	724	1세항 사무비	1.7	4.4	제2장 지방교육재정비	21661
		4항 고등교육비	9	2세항 사업비	1.3	2.3	1관 지방교육재정비	21661
		1세항 고등교육비	9	3관 지방교육재정비	11310	16657	1항 지방교육재정비	21661
		5항 지방교육교부세	541	* 도교육행정비	100		1세항 의무교육비	18968
		1세항 지방교육교부세	541	1항 의무교육재정교부금	9691	14507	2세항 중등교육비	1650
				1세항 의무교육교원봉급	6605	9413	3세항 고등교육비	54
				2세항 의무교육경상비	3086	5094	4세항 지방교육교부세	989
				2항 중등교육비	914	1212		
				1세항 중등교육비	914	1212		
				3항 고등교육비	25	35		
				1세항 고등교육비	25	35		
				4항 지방교육교부세	579	903		
				1세항 지방교육교부세	579	903		

*1948년~1969년까지 예산 단위: 백만 원

1. 한국예산 : 해방 이후 교육예산의 항목별 분류와 예산규모

1968 단위(백만 원)	1968	1969 단위(백만 원)	1969	1970(천만 원)	1970	1971(천만 원)	1971	1972
총 결산 합계	35332	총 결산 합계	45338	총 결산 합계	5800	총 결산 합계	7383	9427
제1장 교육 및 기술진흥비	4274	제1장 교육 및 기술진흥비	5599	25 교육문화	5687	25 교육문화	7251	9237
1관 문교본부	1308	1관 문교본부	1733	26 보통교육행정	4386	26 보통교육행정	6657	8495
1항 사무관리비	84	1항 사무관리비	114	1200 의무교육행정	8	1200 보통교육행정	28	26
1세항 기관운영비	77	1세항 기관운영비	95	1211 의무교육관리	0.5	1211 교육행정관리	1	1
2세항 기획관리비	7	2세항 기획관리비	19	1213 교과서편찬	2	1212 교육재정관리	12	3
9세항 편찬검인정비(2항)	16	9세항 편찬발행비(2항)	63	1214 교과서 공급	0.6	1213 교과서편수	8	15
10세항 도서공급비(2항)	5	2항 교육관리비	1336	1212 초등교원관리	5	1214 초중등교원관리	8	8
2항 교육관리비	902	1세항 장학지도비	98	1215 학교급식관리	0.3	1215 교육시설관리		
1세항 장학지도비	38	2세항 학사지도비	67	1800 교육대학운영	89	1800 교육대학운영	118	147
2세항 중앙교육연구소	14	3세항 보통교육관리	17	2600 의무교육교원봉급	4288	1811 교육대학		
3세항 보통교육행정비	2	4세항 고등교육관리비	329	2611 의무교육교원봉급	2731	2600 지방교육재정	6511	8322
4세항 보통교육재정비	8	5세항 교직관리비	50	2700 지방교육재정	809	2611 초등교원봉급	3401	4103
5세항 보통교육시설비	1	7세항 사회교육비	115	2712 지방교육부세	412	2612 중등교원봉급	560	756
6세항 대학교육관리비	64	8세항 체육진흥비	337	2711 중등교원봉급	398	2613 지방교육재정경상교부금	2550	3464
7세항 교직관리비	11	9세항 국제교육비	257	2612 의무교육경상보부	1558	28 대학교육	437	555
8세항 교원재교육비	17	3항 기술교육관리비	284	항 1300 중등교육행정	819	1400 대학교육행정	56	72
11세항 사회교육비	136	1세항 과학교육비	29	세항 1311 중등교육관리	2	1411 고등교육관리	49	66
12세항 체육진흥비	378	2세항 실업교육관리비	210	1312 교과서편찬검인정	4	1412 학사지도비	6	6
13세항 예술진흥비	8	3세항 대여장학금관리비	45	1313 중등교원관리	2	1900 대학운영	382	483
14세항 제외교포교육비	185	2관 교육기관운영비	3688	28 대학교육	370	1911-1921 각 국립대학		
15세항 국제문화교류비	18	1항 대학기관 운영비	2805	1400 대학교육행정	43	1922 대학논문심사(수입대체)		
3항 기술교육관리비	323	1세항 서울대학교		1411 고등교육관리	36	1523 대학입시경비(수입대체)		
1세항 과학교육비	162	—14개 대학		1412 학사지도비	6	1524 통신대학운영(수입대체)		
2세항 시청각교육비	6	2항 교육대학기관운영비(16)	609	1900 대학운영	33	29 특수교육	7	10
3세항 대여장학금	45	3항 고등전문학교(5개)	188	1911-1921 각 국립대학		2300 특수교육기관	7	10
4세항 농수산교육비	28	4항 특수학교(해양, 맹아농아	86	29 특수교육	6	2311 특수학교운영	7	
5세항 상공교육비	82	부산직업)		2300 특수교육기관	6	30 문화예술	32	38
2관 교육기관비	2794	3관 학예술기관	178	2311 특수학교운영	6	2000 학예술기관운영	32	38
1항 대학기관 운영비	2070	1항 국립도서관	40	30 문화예술	24	2011 국립도서관	10	11
1세항 서울대학교				2000 학예술기관운영	24	2012 학술원	5	7
—14개 대학		1세항 기관운영비	26	2011 국립도서관	7	2013 예술원	4	5
2항 교육대학기관운영비(15)	415	2항 사서관리비	14	2012 학술원	5	2014 국사편찬위원회	6	7
3항 특수학교(해양. 맹.농아	175	4항 국사편찬위원회	42	2013 예술원	3	2015 중앙시청각교육원	7	8
부산직업)				2014 국사편찬위원회	5	32 사회교육 및 체육	89	108
4항 국립이관학교	134	1세항 기관운영비	10	2015 중앙시청각교육원	5	1700 사회교육 및 체육	89	108
1세항 농과대학	39	2세항 사료편찬	32	32 사회교육 및 체육	65	1711 사회교육관리	14	17
2세항 전문학교	95	5항 중앙시청각교육원	43	1700 사회교육 및 체육	65	1713 체육진흥	48	39
3관 문화기관	172	1세항 기관운영비	17	1711 사회교육관리	15	1712 교포 및 국제교육	28	52
1항 국립도서관	30	2세항 사업비	26	1713 체육진흥	24	33 행정기타	28	32
1세항 기관운영비	18	2항 학술원	33	1712 교포 및 국제교육	26	1100 문교행정	28	32
2항 사서관리비	12	1세항 기관운영비	25	33 행정기타	16	1101 기획운영	7	10

1968 단위(백만 원)	1968	1969 단위(백만 원)	1969	1970(천만 원)	1970	1971(천만 원)	1971	1972
2항 국립박물관	10	2세항 학술진흥비	8	1100 문교행정	16	1102 장학지도	21	22
1세항 기관운영비	7	3항 예술원	19	1101 기획운영	5	35 과학기술	132	190
2세항 유물관리비	3	1세항 기관운영비	14	1102 장학지도	11	36 실업교육	132	190
3항 국립과학관	23	2세항 예술진흥비	5	35 과학기술	110	1500 실업교육진흥	36	45
1세항 기관운영비	9	제2장 지방교육재정비	39740	36 실업교육	110	1511 실업교육관리	33	45
2세항 과학진흥비	14	1관 지방교육재정비	39740	1500 실업교육진흥	35	1512 대여장학금관리	2.5	
6항 국사편찬위원회	40	1항 지방교육재정비	39740	1511 실업교육관리	30	2200 실업계대학운영	51	62
1세항 기관운영비	13	1세항 의무교육비	33785	1512 대여장학금관리	5	2400 실업계전문학교	40	75
2세항 사료편찬	27	2세항 중등교육비	2954	2200 실업계대학운영	44	2500 기타실업학교 운영	6	7
7항 중앙시청각교육원	30	3세항 지방교육교부세	3001	2400 실업계전문학교	26	2511 부산직업학교		7
1세항 기관운영비	20			2500 기타실업학교 운영	5			
2세항 사업비	10							
4항 학술원	26							
1세항 기관운영비	16							
2세항 학술진흥비	10							
5항 예술원	14							
1세항 기관운영비	10							
2세항 예술진흥비	4							
제2장 지방교육재정비	31058							
1관 지방교육재정비	31058							
1항 지방교육재정비	31058							
1세항 의무교육비	26329							
2세항 중등교육비	2493							
3세항 고등교육비	62							
4세항 지방교육교부세	2174							

*1948년~1969년까지 예산 단위: 백만 원. 1970년~2004년까지 예산단위: 천만

1. 한국예산: 해방 이후 교육예산의 항목별 분류와 예산규모

1973 (천만 원)	1973	1974 (천만 원)	1974	1975 (천만 원)	1975	1976 (천만 원)	1976	FY1977
총 결산 합계	9914	총 결산 합계	13377	총 결산 합계	19506	총 결산 합계	36121	46895
25 교육문화	9669	25 교육문화	13106	25 교육문화	19075	25 교육문화	33736	44005
26 보통교육행정	8841	26 보통교육행정	11853	26 보통교육	17280	26 보통교육	30606	39527
1200 보통교육행정	24	1200 보통교육행정	23	1200 보통교육행정	106	1200 보통교육행정	202	248
1211 보통교육행정	1	1211 보통교육행정	4	1211 보통교육행정	83	1211 보통교육행정	145	190
1212 교육재정관리	3	1212 교과서편수	17	1212 교과서편수	17	1212 교과서편수	17	47
1213 교과서편수	15	1213 교육시설관리	2	1213 교육시설관리	4	1213 교육시설관리	4	5
1214 초중등교원관리	6	1800 교육대학운영	159	1214 도서검인정(수입대체)	2	1214 도서검인정(수입대체)	5	5
1215 교육시설관리	2	1811 교육대학	159	1800 교육대학운영	212	1215 출자(국정교과서주식)	32	0
1800 교육대학운영	156	1812 교육대입시(수입대체)		1811 교육대학	211	1300 교육대학운영	366	424
1811 교육대학				1812 교육대입시(수입대체)	1	1311 교육대학	299	367
2600 지방교육재정	8662	2600 지방교육재정	11671	2600 지방교육재정	16962	1312 교육대입시(수입대체)	1	2
2611 초중등교원봉급	4392	2611 초중등교원봉급	7531	2611 초중등교원봉급	10733	1313 교육대학시설	66	55

1973 (천만 원)	1973	1974 (천만 원)	1974	1975 (천만 원)	1975	1976 (천만 원)	1976	FY1977
2612 중등교원봉급	888	2612 지방교육재정교부금	4140	2612 지방교육재정교부금	6229	3100 지방교육재정	30038	38856
2613 지방교육재정교부금	3382	28 대학교육	787	28 대학교육	1278	3111 초중등교원봉급	18371	38856
28 대학교육	597	1400 대학교육행정	175	1400 대학교육행정	312	3112 지방교육재정교부금	9746	12032
1400 대학교육행정	77	1411 고등교육관리	175	1411 고등교육관리	312	3113 초중등교육시설	1921	2231
1411 고등교육관리	72	1900 대학운영	612	1900 대학운영	966	28 대학교육	2449	3418
1412 학사지도비	5	1911-1921 각 국립대학		1911-1921 각 국립대학		1400 대학교육재정	359	563
1900 대학운영	519	1922 대학논문심사(대체)		1922 대학논문심사(대체)	3	1411 고등교육관리	359	563
1911-1921 각 국립대학		1523 대학입시경비(대체)		1523 대학입시경비(대체)	1	1500 대학운영	1526	2004
1922 대학논문심사(대체)		1524 통신대학운영(대체)		1524 통신대학운영(대체)	23	1511-1520 각 국립대학		
1523 대학입시경비(대체)		29 특수교육	12	29 특수교육	19	1522 대학논문심사(대체)	3	2
1524 통신대학운영(대체)		2300 특수교육기관	12	2300 특수교육기관	19	1523 대학입시경비(대체)	3	17
29 특수교육	11	2311 특수학교운영(맹.농)	12	2311 특수학교운영	19	1524 통신대학운영(대체)	27	44
2300 특수교육기관	11	30 문화예술	70	30 문화예술	64	1600 대학시설	563	871
2311 특수학교운영	11	2000 학예술기관운영	70	2000 학예술기관운영	64	1611 -1620 각 국립대시설		
30 문화예술	38	2011 중앙도서관	43	2011 중앙도서관	15	29 특수교육	29	45
2000 학예술기관운영	38	2012 학예술기관	12	2012 학예술기관	18	1700 특수교육기관	29	45
2011 중앙도서관	11	2013 국사편찬위원회	8	2013 국사편찬위원회	10	1711 특수학교운영	29	37
2012 학술원	7	2014 중앙교육원구원	8	2014 중앙교육원구원	21	1712 특수학교시설		8
2013 예술원	5	32 사회교육 및 체육	156	32 사회교육 및 체육	254	30 문화예술	96	124
2014 국사편찬위원회	8	1700 사회교육 및 체육	156	1700 사회교육 및 체육	254	1800 학예술기관운영	96	124
2015 중앙시청각교육원	7	1711 사회교육관리	101	1711 사회교육관리	138	1811 중앙도서관	33	44
32 사회교육 및 체육	103	1712 체육진흥	54	1712 체육진흥	117	1812 학예술기관	22	30
1700 사회교육 및 체육	103	33 행정기타	228	33 행정기타	179	1813 국사편찬위원회	13	18
1711 사회교육관리	20	1100 문교행정	228	1100 문교행정	179	1814 중앙교육원구원	28	32
1713 체육진흥	24	1101 기관운영	165	1101 기관운영	106	32 체위향상	415	746
1712 교포 및 국제교육	58	1111 장학지도	63	1111 장학지도	73	1900 사회교육 및 체육	415	746
33 행정기타	80	35 과학기술	271	35 과학기술	431	1911 사회교육관리	187	419
1100 문교행정	80	36 실업교육	271	36 실업교육	431	1912 체육진흥	228	327
1101 기획운영	9	1500 실업교육진흥	52	1500 실업교육진흥	88	33 행정기타	141	145
1111 장학지도	71	1511 실업교육관리	52	1511 실업교육관리	88	1100 문교행정	141	145
35 과학기술	245	2200 실업계대학운영	82	2200 실업계대학운영	127	1101 기관운영	25	37
36 실업교육	245	2211 한국해양대—2314운영		2211 한국해양대—2314운영		1111 장학지도비	117	108
1500 실업교육진흥	60	2215 실계대입시—논문심사(대체)		2215 실계대입시—논문심사(대)	0.4	35 과학기술	2385	2889
1511 실업교육관리	60	2400 실업계전문학교	127	2400 실업전문학교	189	36 실업교육	2385	2889
2200 실업계대학운영	66	2411 해양전문학교—2414		2411 해양전문학교—2414		2200 실업교육진흥	1698	1989
2211 한국해양대—2314운영		2415 전문대입시경비(대체경비)		2415 전문대입시경비(대체)	0.6	2211 실업교육관리	105	271
2215 실계대입시—논문심사(대)		2500 기타실업학교 운영	10	2500 기타실업학교 운영	27	2212 실업계학교지원	30	115
2400 실업계전문학교	111	2511 실업고등학교	10	2511 실업공업학교	27	2213 교육차관시설	1564	1603
2411 해양전문학교—2427		2712 기계교 입시경비(대체경비)		2712 기계교 입시경비(대체)	0.1	2300 실업계대학운영	189	223
2415 전문대입시경비(대체)		장 25 교육문화	1244	장 25 교육문화	2159	2311 한국해양대—2314운영		
2500 기타실업학교 운영	7	26 보통교육	1069	26 보통교육	1917	2315실계대입시—논문(대체)	0.3	3
2511 부산직업학교	7	1800 교육대학운영	55	1800 교육대학운영	74	2400 실업계대학시설	40	135
2712 기계교 입시경비(대체)		1811 교육대학시설	55	1811 교육대학시설	74	2411해양대—2414 시설		
		2600 지방교육재정	1014	2600 지방교육재정	1844	2500 실업계전문학교운영	276	363

1973 (천만 원)	1973	1974 (천만 원)	1974	1975 (천만 원)	1975	1976 (천만 원)	1976	FY1977
		2614 초중등교육시설	1014	2614 초중등교육시설	1844	2511 해양전문학교—2514		
		28 대학교육	114	28 대학교육	1596	2515 전문대입시경비(대체)	0.6	4
		1900 대학운영	114	1900 대학운영	1596	2600 실업계전문학교시설	69	59
		29 특수교육		29 특수교육	0.8	2611 해양전문학교시설—2614		
		2300 특수교육기관		2300 특수교육기관	0.8	2700 기타실업학교 운영	53	74
		2311 특수학교		2311 특수학교	0.8	2711 실업고등학교	53	74
						2712실업공고입시경비(대체)	0.1	0.2
		33 교육개발		33 교육개발	81	2800 기타실업학교 시설	60	46
		1200 교육개발연구		1200 교육개발연구	81	2811 실업공업학교 시설	60	46
		1211 교육개발연구원		1211 교육개발연구원	81			
		장 35 과학기술		장 35 과학기술	585			
		36 실업교육		36 실업교육	585			
		2100 실업학교지원		2100 실업학교지원	444			
		2111 실업계학교시설지원		2111 실업계학교시설지원	60			
		2112 교육차관시설		2112 교육차관시설	384			
		2200 실업계대학운영		2200 실업계대학운영	56			
		2212-2214 해양대—		2212-2214 해양대—				
		2400 실업계전문학교운영		2400 실업계전문학교운영	33			
		2411 해양전문—2414		2411 해양전문—2414				
		2500 기타실업학교운영		2500 기타실업학교운영	53			
		2511실업공업학교		2511실업공업학교	53			

* 1970년~2004년까지 예산단위: 천만 원

1. 한국예산: 해방 이후 교육예산의 항목별 분류와 예산규모

1978 (천만 원)	1978	1979	1979	1980	1981	1982	1982	1983	1984	1985
당초	61642	당초	87266	109916	146463	당초	198937	217478	227527	249167
총 결산 합계	61642	총 결산 합계	88492	115092	146463	총 결산 합계	191636	217486	227527	249231
310 교육 및 문화	57340	310 교육 및 문화	82185	108660	138251	310 교육 및 문화	184595	208934	217973	239398
311 초중등교육	50624	311 초중등교육	71114	94162	120518	311 초중등교육	159009	182667	193416	214577
1300 보통교육	313	1300 보통교육	393	445	984	1300 보통교육	461	44	45	114
1311 보통교육행정	45	1311 보통교육행정	65	27	35	1311 보통교육행정	461	44	45	114
1313 교육시설관리	22	1312 교직관리	327	418	950	1400 교육대학 운영	1686	2314	1844	2070
1312 교직관리	246	1400 교육대학 운영	603	842	1026	1411 교육대학 운영	1065	1301	1405	1636
1400 교육대학 운영	413	1411 교육대학 운영	490	724	847	1412 교육대입시(수입대체)	4	4	4	4
1411 교육대학 운영	359	1412 교육대입시(대체)	3	3	4	1413 교육대학시설	617	1009	435	429
1412 교육대입시(대체)	2	1413 교육대학시설	110	115	175	1500 지방교육재정	156861	180309	191526	212394
1413 교육대학시설	52	1500 지방교육재정	70118	92875	118508	1511 초중등교원봉급	68024	81970	86888	93103
1500 지방교육재정	49898	1511 초중등교원봉급	40239	49658	60556	1512 지방교육재정경상교부금	59904	63472	67506	78713
1511 초중등교원봉급	31010	1512지방교육재정교부금	21764	33342	60556	1513 초중등교육시설	28933	34867	37133	40578
1512 지방교육재정교부금	15262	1513 초중등교육시설	8114	9875	24155	312 대학교육	19583	21247	20592	19669
1513 초중등교육시설	3626	312 대학교육	8945	11395	13735	1700 대학교육	3591	3311	3269	3426

1978 (천만 원)	1978	1979	1979	1980	1981	1982	1982	1983	1984	1985
312 대학교육	5109	1700 대학교육	1574	2008	2583	1711 대학교육행정	2978	2093	2057	2284
1700 대학교육	982	1711 대학교육행정	611	1884	2157	1712 교육정책및 군사교육(86년 교련)	613	1218	1211	1142
1711 대학교육행정	369	1713 학도호국단운영(80학생군사교육)	121	124	332	1800 대학운영	9156	10988	11309	12362
1713 학도호국단운영	90	1712 학술진흥	842	없어짐		1811 종합대학교운영	7827	9105	9262	10183
1712 학술진흥	523	1713 교육정책실	—	—	94	1812 단과대학운영	1242	1792	1968	2091
1800 대학운영	2615	1800 대학운영	3680	4805	6643	1813 대학입시논문심사(대체)	87	91	88	88
1811-1823 각 국립대학	2589	1811-1828 각 국립대학	3641	4750		1900 대학시설	6836	6948	6015	3881
1824대입시논문심사(대체)	26	1829대학입시논문심사	39	55	58	1911-1929 각국립대시설(85-30)				
1900 대학시설	1512	1900 대학시설	3690	4582	4509	313 특수교육(80년 특수학교)	172	190	151	193
1911-1922 각 국립대시설		1911-1922국립대시설	3690	4582	4509	2200 특수교육(80년 특수학교)	172	190	151	193
313 특수교육	54	313 특수교육(80년 특수학교)	68	88	114	2211 특수학교운영	121	137	135	164
2200 특수교육	54	2200 특수교육(80년 특수학교)	68	88	114	2212 특수학교시설	51	53	16	30
2211 특수학교운영	47	2211 특수학교운영	57	75	94	314 문화예술	909	1095	1236	1528
2212 특수학교시설	7	2212 특수학교시설	11	13	20	2600 학예술기관운영	909	1095	1236	1528
314 문화예술	165	314 문화예술	286	348	447	2611 국립중앙도서관	367	403	393	510
2600 학예술기관운영	165	2600 학예술기관운영	286	348	447	2612 학예술기관	121	153	145	231
2611 국립중앙도서관	55	2611 국립중앙도서관	109	123	190	2613 국사편찬위원회	60	160	225	283
2612 학예술기관	33	2612 학예술기관	58	76	83	2614 중앙교육원수원	258	266	189	200
2613 국사편찬위원회	23	2613 국사편찬위원회	34	47	54	2615 재외국민교육원	103	113	95	98
2614 중앙교육원구원	54	2614 중앙교육원구원	85	102	121	2616 대입학력고사(대체)			189	206
315 사회교육 및 체육	1101	315 사회교육 및 체육	1392	1978	2036	315 사회교육 및 체육	3672	3163	2088	2910
2400 사회교육 및 체육	1101	2400 사회교육 및 체육	1392	1978	2036	2400 사회교육 및 체육	3672	3163	2088	2910
2411 사회교육관리	306	2411 사회교육관리	434	706	84	2411 사회직업교육	912	667	526	432
2413 체육진흥	281	2413 체육진흥	239	274	267	2412 교직국제교육	2214	2496	1562	2478
2412 재외국민교육원	22	2412 재외국민교육원	26	118	52	2413 체육진흥(83 폐지)	175			
2414 체육시설	450	2414 체육시설	589	612	550	2414 체육시설(83 폐지)	300			
2415 국비유학	27	2415 국비유학	69	98	155	2416 국제체육경기	71			
2416 국제체육경기	25	2416 국제체육경기	35	170	175	316 문교 행정	1251	571	490	5201
316 문교 행정	277	316 문교 행정	381	690	1401	1100 문교행정	1251	571	490	5201
1100 문교행정	277	1100 문교행정	381	690	1401	1101 기관운영	262	175	185	208
1978 (천만 원)	1978	1979	1979	1980	1981	1982	1982	1983	1984	1985
1101 기관운영	48	1101 기관운영	106	91	325	1111 장학 지도	128	43	41	64
1111 장학 및 교과서행정(80년장학)	229	1111 장학 및 교과서 행정	237	154	215	1112 교육시설관리	412	138	95	80
1112 교육시설관리	신설안함	1112 교육시설관리	38	332	440	1113 교과서 편수	449	215	169	169
1113 교과서 편수		1113 교과서 편수		114	421	320 인력개발 및 인구대책	6096	7560	8678	8975
320 인력개발 인구대책	3427	320 인력개발 및 인구대책	5121	5671	7462	321 실업교육	6096	7560	8678	8975
321 실업교육	3427	321 실업교육	5121	5671	7462	2800 실업교육진흥	1966	3108	3993	4445
2800 실업교육진흥	2059	2800 실업교육진흥	3361	3467	4318	2811 교육차관시설	1966	3108	3993	4445
2811 실업교육행정	324	2811 실업교육행정	593	527	596	2900 실업계대학운영	631	735	1261	1400

1978 (천만 원)	1978	1979	1979	1980	1981	1982	1982	1983	1984	1985
2812 교육차관시설	1732	2812 교육차관시설	2767	2941	3723	2911한국해대—2912부산수대(84개방대학)	629	732	1255	1394
2900 실업계대학운영	325	2900 실업계대학운영	294	304	474	2913실계대입시—논문(대)	2	3	6	6
2911 한국해대—2914운영	322	2911 한국해대—2914운영	291	301		3100 실업계대학시설	307	377	468	324
2915 실계대입시—논문 심사(대체)	3	2915 실계대입시—논문(대체)	3	3	3	3111해대—3112부산수대시설	307	377	468	324
3100 실업계대학시설	86	3100 실업계대학시설	169	230	247	3200 실업전문대학운영	1547	1856	1486	1604
3111해양대—3114 시설	86	3111해양대—3114 시설	169	230	247	3211 해양전문대학교—3215	1541	1850	1482	1600
3200 실업전문학교운영(79 실업전문대학운영	515	3200 실업전문대학운영	653	846	1164	3215 실업전문대입시비(대체)	6	6	4	4
3211 해양전문학교—3214		3211 해양전문대—3214	642	839	1157	3300 실업전문대학시설	1122	962	951	669
3215 기타실계학교입시경비(79실업전문대입시)	7	3215 실업전문대입시경비(대체)	11	7	7	3311 해양전문대시설—3315	1122	952	951	669
3300 실업전문학교시설(79실업전문대학시설	150	3300 실업전문대학시설	243	464	849	3400 실업공고교육	523	531	520	534
3311 해양전문학교시설—3314(79전문대학시설	150	3311 해양전문대학교시설—3314	243	464	849	3411 실업공고운영	352	421	437	478
3400 실업공고교육	296	3400 실업공고교육	401	359	410	3412 실업공고입시(대체)	1	1	1	1
3411 실업공고운영	131	3411 실업공고운영	174	223	283	3413 실업공고시설	170	109	82	55
3412 실업공고입시(대체)	0.2	3412 실업공고입시(대체)	0.2	0.2	0.3	330 보건 및 생활환경개선	945	993	875	858
3413 실업공고시설	165	3413 실업공고시설	227	135	127	관 331 보건	945	993	875	858
330 보건 생활환경개선	875	330 보건 생활환경개선	1186	761	751	항 3500 병원관리	414	423	306	370
331 보건	875	관 331 보건	1186	761	751	세항 3511 병원관리	414	423	306	370
9100 타회계전출	875	항 3500 병원관리	810	481	467	항 9100 타회계전출	531	570	569	488
9111 병특전출금	875	세항 3511 병원관리	810	481	467	세항 9111 병특전출금	531	570	569	488
		항 9100 타회계전출	377	280	284					
		세항 9111 병특전출금	377	280	284					
310 교육 및 문화	57340	310 교육 및 문화	82185	108660	138251	310 교육 및 문화	184595	208934	217973	239398
311 초중등교육	50624	311 초중등교육	71114	94162	120518	311 초중등교육	159009	182667	193416	214577
1300 보통교육	313	1300 보통교육	393	445	984	1300 보통교육	461	44	45	114
1311 보통교육행정	45	1311 보통교육행정	65	27	35	1311 보통교육행정	461	44	45	114
1313 교유시석과리	22	1312 교직관리	327	418	950	1400 교육대학 운영	1686	2314	1844	2070
1312 교직관리	246	1400 교육대학 운영	603	842	1026	1411 교육대학 운영	1065	1301	1405	1636
1400 교육대학 운영	413	1411 교육대학 운영	490	724	847	1412 교육대입시(수입대체)	4	4	4	4
1411 교육대학 운영	359	1412 교육대입시(수입대체)	3	3	4	1413 교육대학시설	617	1009	435	429
1412 교육대입시(수입대체)	2	1413 교육대학시설	110	115	175	1500 지방교육재정	156861	180309	191526	212394
1413 교육대학시설	52	1500 지방교육재정	70118	92875	118508	1511 초중등교원봉급	68024	81970	86888	93103
1500 지방교육재정	49898	1511 초중등교원봉급	40239	49658	60556	1512 지방교육재정교부금	59904	63472	67506	78713
1511 초중등교원봉급	31010	1512 지방교육재정교부금	21764	33342	60556	1513 초중등교육시설	28933	34867	37133	40578
1512 지방교육재정교부금	15262	1513 초중등교육시설	8114	9875	24155	312 대학교육	19583	21247	20592	19669
1513 초중등교육시설	3626	312 대학교육	8945	11395	13735	1700 대학교육	3591	3311	3269	3426
312 대학교육	5109	1700 대학교육	1574	2008	2583	1711 대학교육행정	2978	2093	2057	2284
1700 대학교육	982	1711 대학교육행정	611	1884	2157	1712 교육정책및 군사교육(86년교련)	613	1218	1211	1142

1978(천만 원)	1978	1979	1979	1980	1981	1982	1982	1983	1984	1985
1711 대학교육행정	369	1713 학도호국단운영 (80학생군사교육)	121	124	332	1800 대학운영	9156	10988	11309	12362
1713 학도호국단운영	90	1712 학술진흥	842	없어짐		1811 종합대학교운영	7827	9105	9262	10183
1712 학술진흥	523	1713 교육정책실	—	—	94	1812 단과대학운영	1242	1792	1968	2091
1800 대학운영	2615	1800 대학운영	3680	4805	6643	1813 대학입시논문심사	87	91	88	88
1811-1823 각 국립대학	2589	1811-1828 각 국립대학	3641	4750	6643	1900 대학시설	6836	6948	6015	3881
1824 대학입시논문심사(대체)	26	1829 대입시 논문심사(대체)	39	55	58	1911-1929 각 국립대시설	6836	6948	6015	3881
1900 대학시설	1512	1900 대학시설	3690	4582	4509	313특수교육(80특수학교)	172	190	151	193
1911-1922 각 국립대시설		1911-1922 각 국립대시설	3690	4582	4509	2200 특수교육	172	190	151	193
313 특수교육(80년 특수학교)	54	313 특수교육 (80년 특수학교)	68	88	114	2211 특수학교운영	121	137	135	164
2200 특수교육	54	2200 특수교육 (80년 특수학교)	68	88	114	2212 특수학교시설	51	53	16	30
2211 특수학교운영	47	2211 특수학교운영	57	75	94	314 문화예술	909	1095	1236	1528
2212 특수학교시설	7	2212 특수학교시설	11	13	20	2600 학예술기관운영	909	1095	1236	1528
314 문화예술	165	314 문화예술	286	348	447	2611 국립중앙도서관	367	403	393	510
2600 학예술기관운영	165	2600 학예술기관운영	286	348	447	2612 학예술기관	121	153	145	231
2611 국립중앙도서관	55	2611 국립중앙도서관	109	123	190	2613 국사편찬위원회	60	160	225	283
2612 학예술기관	33	2612 학예술기관	58	76	83	2614 중앙교육원수원	258	266	189	200
2613 국사편찬위원회	23	2613 국사편찬위원회	34	47	54	2615 재외국민교육원	103	113	95	98
2614 중앙교육원수원	54	2614 중앙교육원수원	85	102	121	2616 대입학력고사(대체)			189	206
315 사회교육 및 체육	1101	315 사회교육 및 체육	1392	1978	2036	315 사회교육 및 체육	3672	3163	2088	2910
2400 사회교육 및 체육	1101	2400 사회교육 및 체육	1392	1978	2036	2400 사회교육 및 체육	3672	3163	2088	2910
2411 사회교육관리	306	2411 사회교육관리	434	706	84	2411 사회직업교육	912	667	526	432
2413 체육진흥	281	2413 체육진흥	239	274	267	2412 교직국제교육	2214	2496	1562	2478
2412 재외국민교육원	22	2412 재외국민교육원 (314문화예술이동)	26	118	52	2413 체육진흥(83 폐지)	175			
2414 체육시설	450	2414 체육시설	589	612	550	2414 체육시설(83 폐지)	300			
2415 국비유학	27	2415 국비유학	69	98	155	2416 국제체육경기	71			
2416 국제체육경기	25	2416 국제체육경기	35	170	175	316 문교 행정	1251	571	490	5201
316 문교 행정	277	316 문교 행정	381	690	1401	1100 문교행정	1251	571	490	5201
1100 문교행정	277	1100 문교행정	381	690	1401	1101 기관운영	262	175	185	208
316 문교 행정	277	316 문교 행정	381	690	1401	1100 문교행정	1251	571	490	5201
1100 문교행정	277	1100 문교행정	381	690	1401	1101 기관운영	262	175	185	208
1101 기관운영	48	1101 기관운영	106	91	325	1111 장학 지도	128	43	41	64
1111 장학·교과서행정 (80년장학)	229	1111 장학 및 교과서 행정	237	154	215	1112 교육시설관리	412	138	95	80
1112 교육시설관리	신설 안함	1112 교육시설관리	38	332	440	1113 교과서 편수	449	215	169	169
1113 교과서 편수		1113 교과서 편수		114	421	320 인력개발 및 인구대책	6096	7560	8678	8975
320 인력개발 및 인구대책	3427	320 인력개발 및 인구대책	5121	5671	7462	321 실업교육	6096	7560	8678	8975
321 실업교육	3427	321 실업교육	5121	5671	7462	2800 실업교육진흥	1966	3108	3993	4445
2800 실업교육진흥	2059	2800 실업교육진흥	3361	3467	4318	2811 교육차관시설	1966	3108	3993	4445
2811 실업교육행정	324	2811 실업교육행정	593	527	596	2900 실업계대학운영	631	735	1261	1400
2812 교육차관시설	1732	2812 교육차관시설	2767	2941	3723	2911 한국해대—2912부산 수대(84개방)	629	732	1255	1394

1978(천만 원)	1978	1979	1979	1980	1981	1982	1982	1983	1984	1985
2900 실업계대학운영	325	2900 실업계대학운영	294	304	474	2913 실계대입시—논문(대)(84년 2914)	2	3	6	6
2911 한국해양대—2914운영	322	2911 한국해양대—2914운영	291	301		3100 실업계대학시설	307	377	468	324
2915 실계대입시—논문(대체)	3	2915 실계대입시—논문(대체)	3	3	3	3111 해양대—3112부산수대시설	307	377	468	324
3100 실업계대학시설	86	3100 실업계대학시설	169	230	247	3200 실업전문대학운영	1547	1856	1486	1604
3111해양대—3114 시설	86	3111해양대—3114 시설	169	230	247	3211 해양전문대학교—3215	1541	1850	1482	1600
3200 실업전문학교운영(79 실업전문대학운영	515	3200 실업전문대학운영	653	846	1164	3215 실업전문대입시경비	6	6	4	4
3211 해양전문학교—3214		3211 해양전문대학교—3214	642	839	1157	3300 실업전문대학시설	1122	962	951	669
3215 기타실계학교입시경비(대체)(79실업전문대입시)	7	3215 실업전문대입시경비(대체)	11	7	7	3311 해양전문대학교시설	1122	952	951	669
3300 실업전문학교시설(79실업전문대학시설	150	3300 실업전문대학시설	243	464	849	3400 실업공고교육	523	531	520	534
3311 해양전문학교시설—3314(79전문대학시설	150	3311 해양전문대학교시설	243	464	849	3411 실업공고운영	352	421	437	478
3400 실업공고교육	296	3400 실업공고교육	401	359	410	3412 실업공고입시(대체)	1	1	1	1
3411 실업공고운영	131	3411 실업공고운영	174	223	283	3413 실업공고시설	170	109	82	55
3412 실업공고입시(대체)	0.2	3412 실업공고입시(대체)	0.2	0.2	0.3	330 보건 및 생활환경개선	945	993	875	858
3413 실업공고시설	165	3413 실업공고시설	227	135	127	관 331 보건	945	993	875	858
330 보건 및 생활환경개선	875	330 보건 및 생활환경개선	1186	761	751	항 3500 병원관리	414	423	306	370
331 보건	875	관 331 보건	1186	761	751	세항 3511 병원관리	414	423	306	370
9100 타회계전출	875	항 3500 병원관리	810	481	467	항 9100 타회계전출	531	570	569	488
9111 병특전출금	875	세항 3511 병원관리	810	481	467	세항 9111 병특전출금	531	570	569	488
		항 9100 타회계전출	377	280	284					
		세항 9111 병특전출금	377	280	284					

* 1970년~2004년까지 예산단위: 천만 원

1. 한국예산: 해방 이후 교육예산의 항목별 분류와 예산규모

1986	1986	1987	1987	1988	1989	1989	1990	1990
당초	276897	당초	312388	361075	당초	405940	당초	506243
총 결산 합계	276897	총 결산 합계	312388	370426	총 결산 합계	434465	총 결산 합계	557153
310 교육 및 문화	265569	310 교육 및 문화	299782	356368	310 교육 및 문화	417972	310 교육 및 문화	541307
311 초중등교육	236133	311 초중등교육	266710	318678	311 초중등교육	374235	311 초중등교육	488621
1300 보통교육	122	1300 보통교육	346	5894	1300 보통교육	945	1300 보통교육	764
1311 보통교육행정	122	1311 보통교육행정	346	594	1311 보통교육행정	945	1311 보통교육행정	764
1400 교육대학 운영	2296	1400 교육대학 운영	2621	3096	1400 교육대학 운영	3549	1400 교육대학 운영	3787
1411 교육대학 운영	1771	1411 교육대학 운영	1931	22071	1411 교육대학 운영	2657	1411 교육대학 운영	3058
1412 교육대입시(대체)	4	1412 교육대입시(대체)	4	10	1412교육대입시(대체)	10	1412 교육대입시(대체)	10
1413 교육대학시설	521	1413 교육대학시설	687	880	1413 교육대학시설	882	1413 교육대학시설	719
1500 지방교육재정	133714	1500 지방교육재정	263743	314815	1500 지방교육재정	369539	1500 지방교육재정	446693
1511 초중등교원봉급	101615	1511지방교육재정교부금	110148	314815	1511 지방교육재정교부금	369539	1511지방교육재정교부금	446693
1512지방교육재정경상교부금	91649	1512 경상교부금	117396	폐지	항 1600 교육지원기관	202	항 1600 교육지원기관	377
1513 초중등교육시설	40450	1513 초중등교육시설	36199	폐지	세항 1611중앙교육평가원	202	세항1611중앙교육평가원	377

1986	1986	1987	1987	1988	1989	1989	1990	1990
312 대학교육	23616	항 1600 교육지원기관		173	312 대학교육	34304	항 9100 타회계전출금 (90년신설)	37000
1700 대학교육	4462	세항1611중앙교육평가원		173	1700 대학교육	6085	세항 9112 교육환경개선특회전출금	37000
1711 대학교육행정	1583	312 대학교육	26536	29480	1711 대학교육행정	1970	312 대학교육	41903
1712 교육정책및 군사교육 (86및 교련교육)	2880	1700 대학교육	5005	5731	1712 대학정책	3754	1700 대학교육	8423
1800 대학운영	13914	1711 대학교육행정	1636	1733	1713 교육정책	361	1711 대학교육행정	3907
1811 종합대학교운영	11448	1712 교육정책 교련교육	3369	3998	1800 대학운영	28220	1712 대학정책 (92년부터 대학학사)	3878
1812 단과대학운영	2378	1800 대학운영	15564	18182	1811-1830(90년에 1831)	28093	1713 교육정책	32
1813 대학입시논문심사(대체)	88	1811 종합대학교운영	12702	14762	1831 대학입시논문심사	127	1714 한국학술진흥재단	216
1900 대학시설	5240	1812 단과대학운영	2774	3153	1832 대학입학학력고사(	155	1715한국정신문화연구원	391
1911-1930 각 국립대시설		1813 대학입시논문심사	88	127	1833자비유학생시험(대)	12	1800 대학운영	33480
313 특수교육	247	1814 대학입학학력고사		132	313 특수교육	346	1811-1830(90년에 1831)	
2200 특수교육	247	1815 자비유학생국어시험(대체)		8	2200 특수교육	346	1832 대학입시논문	140
2211 특수학교운영	186	1900 대학시설	5967	5567	2211 특수학교운영	285	1833 대학입학학력고사	163
2212 특수학교시설	61	1911-1930 국립대시설		5567	2212 특수학교시설	61	1834 자비유학생시험	12
314 문화예술	1970	313 특수교육	276	330	314 문화예술	1194	313 특수교육	474
2600 학예술기관운영	1970	2200 특수교육	276	330	2600 학예술기관운영	969	2200 특수교육	474
2611 국립중앙도서관	818	2211 특수학교운영	209	244	2611 국립중앙도서관	589	2211 특수학교운영	402
2612 학예술기관	189	2212 특수학교시설	67	86	2612 학예술원	165	2212 특수학교시설	72
2613 국사편찬위원회	332	314 문화예술	2129	1258	2613 국사편찬위원회	246	314 문화예술	1198
2614 중앙교육수원	168	2600 학예술기관운영	2129	1061	항 5100 교육훈련기관	224	2600 학예술기관운영	952
2615 재외국민교육원	104	2611 국립중앙도서관	1040	679	세항5111 중앙교육연수원	224	2611 국립중앙도서관	510
2617 대입학력고사(수입대체)	231	2612 학예술기관	259	182	315 사회교육 및 체육	5009	2612 학술원	148
2616 중앙교육평가원(86신설)	128	2613 국사편찬위원회	145	200	2400 사회교육 및 체육	5009	2613 국사편찬위원회	295
315 사회교육 및 체육	2682	2614 중앙교육원수원 (88년 항5100)	177		2411 사회국제교육	2350	항 5100 교육훈련기관	246
2400 사회교육 및 체육	2682	2615 재외국민교육원	115		2412 재외국민교육원 (88년 환원됨)	155	세항5111중앙교육연수원	246
2411 사회직업교육(86폐지)	폐지	2617 대입학력고사 (1800 대학운영)	245		2413 교직관리	2504	315 사회교육 및 체육	5297
2411 사회국제교육	1275	2616 중앙교육평가원	147		316 문교 행정	2883	2400 사회교육 및 체육	5297
2412 교직관리	1407	항 5100 교육훈련기관		196	1100 문교행정	2883	2411 사회국제교육	1576
316 문교 행정	921	세항5111중앙교육연수원		196	1101 기관운영	519	2412 재외국민교육원	181
1100 문교행정	921	315 사회교육 및 체육	3084	4314	1111 장학 지도	1058	2413 교직관리	657
1101 기관운영	257	2400 사회교육 및 체육	3084	4314	1112 교육시설관리	19	2414 사립교원 연금관리	
1111 장학 지도	61	2411 사회국제교육	1542	2208	1113 교과서 편수	319	2415 교원징계심위원회(92신설)	
1112 교육시설관리	47	2412 재외국민교육원 (88년환원됨)		134	1114 과학교육	917	316 문교 행정 (91년 교육행정으로)	3813
1113 교과서 편수	162	2412 교직관리	1543	1971	1115 대학부설연구소운영	53	1100 문교행정 (91년 교육행정)	3813
1114 과학교육(신설)	395	316 문교 행정	1046	2308	320 인력개발 인구대책	15756	1101 기관운영	622
320 인력개발 및 인구대책	10529	1100 문교행정	1046	2308	321 실업교육	15756	1111 장학 지도	391
321 실업교육	10529	1101 기관운영	285	459	2800 실업교육진흥	7521	1112 교육시설관리	17

1986	1986	1987	1987	1988	1989	1989	1990	1990
2800 실업교육진흥	5243	1111 장학 지도	66	1112	2812 교육차관시설	7521	1113 교과서 편수	245
2811 교육차관시설	5243	1112 교육시설관리	47	13	2900 실업계대학운영	4015	1114 과학교육	1160
2900 실업계대학운영	1562	1113 교과서 편수	228	284	2911 한국해양대—2916 대전공업대	3999	1115대학부설연구소운영	45
2911 한국해대—2912부산수대 (84개방)	1556	1114 과학교육(신설)	421	410	2917 실계대입시—논문 심사	16	1116 한국교육개발원출연	1333
2914 실계대학입시—논문심사	6	1115대학부설연구소운영		30	3200 실업전문대학운영	2387	1117 교육방송	
3100 실업계대학시설	503	320 인력개발 인구대책	11705	13216	3211해양전문대학교—3215	2382	320 인력개발 인구대책	15071
3111 해양대—3112부산수대 시설		321 실업교육	11705	13216	3216 실업전문대입시경비	5	321 실업교육	15071
3200 실업전문대학운영	1758	2800 실업교육진흥	5782	6280	3300 실업전문대학시설	998	2800 실업교육진흥	6014
3211 해양전문대학교—3215		2811 교육차관시설	5782	6280	3311 해양전문 시설—3315	998	2812 교육차관시설	6014
3216 실업전문대입시경비	4	2900 실업계대학운영	1942	2212	3400 실업공고교육	835	2900 실업계대학운영	4046
3300 실업전문대학시설	870	2911 한국해대—2912부 산수대(84개방)	1935	2196	3411 실업공고운영	743	2911 한국해양대— 2916대전공업대	4029
3311 해양전문대학교 시설—3315	870	2914 실계대입시—논문 (대체)	7	16	3412 실업공고입시(대체)	1	2917 실계대입시—논문 (91년 2919)	17
3400 실업공고교육	593	3100 실업계대학시설	752	983	3413 실업공고시설	91	3200 실업전문대학운영	2885
3411 실업공고운영	533	3111해양대—3112부산수대 시설			330 보건 생활환경개선	736	3211해양전문대—3215	2879
3412 실업공고입시(대체경비)	1	3200 실업전문대학운영	1744	1999	관 331 보건	736	3216실업전문대입시경비	6
3413 실업공고시설	59	3211해양전문대—3215	1700	1994	항 3500 병원관리	239	3300 실업전문대학시설	1087
330 보건 및 생활환경개선	799	3216실업전문대입시경비	4	5	세항 3511 병원관리	239	3311 해양전문 대학교시설—3315	1087
관 331 보건	799	3300 실업전문대학시설	816	1015	항 9100 타회계전출	498	3400 실업공고교육	1039
항 3500 병원관리	322	3311 해양전문 시설—3315	816	1015	세항 9111 병특전출금	498	3411 실업공고운영	863
세항 3511 병원관리	322	3400 실업공고교육	669	727			3412 실업공고입시(대체)	1
항 9100 타회계전출	477	3411 실업공고운영	589	648			3413 실업공고시설	175
세항 9111 병특전출금	477	3412 실업공고입시(대체)	1	1			330 보건 생활환경개선	775
		3413 실업공고시설	79	79			관 331 보건	775
		330 보건 생활환경개선	901	842			항 3500 병원관리	325
		관 331 보건	901	842			세항 3511 병원관리	325
		항 3500 병원관리	331	355			항 9100 타회계전출	450
		세항 3511 병원관리	331	355			세항 9111 병특전출금	450
		항 9100 타회계전출	570	488				
		세항 9111 병특전출금	570	488				

* 1970년~2004년까지 예산단위: 천만 원

1. 한국예산: 해방 이후 교육예산의 항목별 분류와 예산규모

1991	1991	1992	1993	1993	1994	1995	1995
당초	516194	643302	당초	741562	824103	당초	938299
총 결산 합계	555946	648373	총 결산 합계	741562	824103	총 결산 합계	976314
310 교육 및 문화	536369	627927	310 교육 및 문화+CB20	720075	799739	310 교육 및 문화	949439
311 초중등교육	474346	553533	311 초중등교육	633371	698155	311 초중등교육	811384
1300 보통교육	974	1167	1300 보통교육(94년 지방교육)	1215	10390	1300 지방교육(94년부터)	8163

1991	1991	1992	1993	1993	1994	1995	1995
1311 보통교육행정	974	1167	1311 보통교육행정(지방교육행정)	1215	10390	1311 지방교육행정(94년 부터)	299
1400 교육대학 운영	4128	4557	1400 교육대학 운영	4737	5280	1312 국민학교 중식지원	162
1411 교육대학 운영	3497	3888	1411 교육대학 운영	4212	5280	1313 국립특수학교실습기자재확충	22
1412 교육대입시(대체)	13	13	1412 교육대입시(수입대체경비)	13	5	1314 국립공고실습기자재확충	28
1413 교육대학시설	618	656	1413 교육대학시설	512	714	1315 일반계고교 직업교육	584
1500 지방교육재정	431639	510062	1500 지방교육재정교부금	626809	681913	1316 공고 2.1체제 운영	257
1511 지방교육재정교부금	431639	510062	1511 지방교육재정교부금	626809	681913	1317 실업계고자료확충 및 내실화	6175
항 1600 교육지원기관	607	747	항 1600 교육지원기관	609	572	1318 과학고교운영활성화	150
세항 1611 중앙교육평가원	607	747	세항 1611 중앙교육평가원(94국립)	609	572	1319 학교컴퓨터교육지원	246
항 9100 타회계전출금	37000	37000	312 대학교육	66625	85965	1320 국립특수학교신설	240
9112교육환경개선특회전출금	37000	37000	1700 대학교육	14233	28405	1326 특수교육진흥(96년신설)	
312 대학교육	48807	58862	1711 대학교육행정	8499	20327	1400 교육대학 운영	6146
1700 대학교육	9408	11129	1712 대학정책(92년부터 대학학사)	4771	5668	1411 교육대학 운영	5227
1711 대학교육행정	4067	6137	1714 한국학술진흥재단 출연	478	316	1412 교육대입시(수입대체경비)	7
1712 대학정책	4666	4175	1715 한국정신문화연구원 출연	485	515	1413 교육대학시설	912
1713 교육정책			1713 산업교육		1580	1500 지방교육재정교부금	796440
1714 한국학술진흥재단 출연	244	371	1800 대학운영	52392	57559	1511 지방교육재정교부금	796440
1715 한국정신문화연구원출연	431	446	1811-1830(90년에 1832)			항 1600 교육지원기관	634
1800 대학운영	39398	47732	1811 종합대학교운영			세항 1611 중앙교육평가원	634
1811-1830(90년에 1831)			1812 단과대학운영			312 대학교육	113346
1832 대학입시 및 논문심사	205	213	1833 대학입시 및 논문심사(대체)	211	200	1700 대학교육	39673
1833 대학입학학력고사(대체)	166	170	1834 대학입학학력고사(대체)	99	폐지	1711 대학교육행정	62
1834 자비유학생시험(대체)	12	12	1835 자비유학생시험(대체)	10	8	1714 한국학술진흥재단 출연	639
313 특수교육	608	670	1836 대학수학능력시험(대체)	120	444	1715 한국정신문화연구원 출연	591
2200 특수교육	608	670	313 특수교육(80년 특수학교)	763	894	1712 산업교육	29
2211 특수학교운영	532	602	2200 특수교육(80년 특수학교)	763	894	1716 사립대학시설확충지원	8750
2212 특수학교시설	76	97	2211 특수학교운영	701	757	1717 국립대학교원 연구비지원	4573
314 문화예술	804	877	2212 특수학교시설	62	66	1718 우수교수연구인력초빙	61
2600 학예술기관운영	495	540	2214 국립특수교육원운영		71	1719 공과대학중점지원	4000
2611 국립중앙도서관			314 문화예술	971	1008	1720 국사립대자구노력지원	5000
2612 학술원	160	164	2600 학예술기관운영	611	635	1721 대학원 중점지원	2000
2613 국사편찬위원회	334	376	2612 학술원	186	192	1722 국립대학실습기자재확충	4505
항 5100 교육훈련기관	310	336	2613 국사편찬위원회	424	443	1723 학술연구조성사업지원	6000
세항5111 중앙교육연수원	310	336	항 5100 교육훈련기관	360	374	1724 신진연구인력장려금지원	90
315 사회교육 및 체육	5391	6031	세항5111 중앙교육연수원	360	374	1725 고전국역사업	186
2400 사회교육 및 체육	5391	6031	315 사회교육 및 체육	8538	9174	1726 국제백신연구소 설립지원	480
2411 사회국제교육	1627	174	2400 사회교육 및 체육	8538	9174	1741 사립전문대내부시설지원	1500
2412 재외국민교육원	266	294	2411 사회국제교육	2138	1965	1742 공사립전문대설립	1050
2413 교직관리	551	530	2412 국제교육진흥원	466	441	1743 전문대실험실습비지원	158
2414 사립학교교원 연금관리	2947	3435	2413 교직관리(94년 교원지원관리)	454	409	1800 대학운영	73672
2415 교원징계심위원회		37	2414 사립학교교원 연금관리	5439	8298	1811 대학교운영	58462
316 문교 행정	8413	7926	2415 교원징계심위원회(92신설)	40	62	1813 대학입시 및 논문심사(대체)	412
1100 문교행정	6413	7926	316 교육행정	9808	4542	1836 대학수학능력시험(대체)	576
1101 기관운영	797	920	1100 교육행정	9809	4542	1812 대학시설	14223

1991	1991	1992	1993	1993	1994	1995	1995
1111 장학 지도	294	197	1101 기관운영	1040	1556	1911-1930 각 국립대시설	
1112 교육시설관리	940	1122	1111 장학 지도	152	208	313 특수교육(80년 특수학교)	1105
1113 교과서 편수	274	442	1112 교육시설관리	1718		2200 특수교육(80년 특수학교)	1105
1114 과학교육	2772	3387	1113 교과서 편수	337	802	2211 특수학교운영	839
1115 대학부설연구소 운영	55	55	1114 과학교육	4508		2212 특수학교시설	120
1116 한국교육개발원 출연	1282	1779	1115 대학부설연구소 운영	63	64	2214 국립특수교육원운영	146
1117 교육방송		23	1116 한국교육개발원 출연	1972	2112	314 문화예술	1161
320 인력개발 및 인구대책	18572	18830	1117 교육방송	18		2600 학예술기관운영	738
321 실업교육	18572	18830	320 인력개발 및 인구대책	20447	23155	2612 학술원	234
2800 실업교육진흥	7998	8498	321 실업교육	20447	23155	2613 국사편찬위원회	505
2812 교육차관시설	7998	8498	2800 실업교육진흥	8604	10421	항 5100 교육훈련기관	423
2900 실업계대학운영	5631	5405	2812 교육차관시설	8604	10421	세항5111 중앙교육연수원	423
2911한국해대—2916대전공대	5604	5382	2900 실업계대학운영	8405	9224	315 사회교육 및 체육	14773
2917 실계대입시—논문	27	23	2911 한국해양대—2922 밀양산업대	8373		2400 사회교육 및 체육	14773
3200 실업전문대학운영	2983	2911	2923 실계대입시—논문심사(대체)	32	58	2411 사회국제교육	173
3211 해양전문대학교—3215	2966	2897	3200 실업전문대학운영	2084	2071	2412 국제교육진흥원	486
3216 실업전문대입시경비	17	14	3211 실업전문대학운영	1380	1314	2413 교직관리(94년 교원지원관리	81
3300 실업전문대학시설	844	789	3212 실업전문대입시경비(대체)	7	3	2414 사립학교교원 연금관리	11695
3311 해양전문대시설—3315	844	789	3213 실업전문대학시설	697	754	2415 교원징계심의위원회(92신설)	69
3400 실업공고교육	1116	1228	3300 실업공고교육(94년운영)	1355	1439	2416 재외동포교육	1478
3411 실업공고운영	970		3311 실업공고운영	1231	1299	2417 국비유학	286
3412 실업공고입시	1	1	3312 실업공고입시(대체경비)	1	0.3	2418 해외한국학진흥	63
3413 실업공고시설	145	121	3313 실업공고시설	123	139	2419 원어민영어보조교사사업	38
330 보건 및 생활환경개선	1005	1616	330 보건 및 생활환경개선	1039	1209	2421 지방교원연수원건립	100
관 331 보건	1005	1616	관 331 보건	1039	1209	2422 초중등교원국외연수	255
항 3500 병원관리	380	976	항 3500 병원관리	539	726	2423 교원자녀 보육시설확충	50
세항 3511 병원관리	380	976	세항 3511 병원관리	539	726	316 교육행정	7670
항 9100 타회계전출	625	640	항 9100 타회계전출	501	484	1100 교육행정	7670
세항 9111 병특전출금	625	640	세항 9111 병특전출금	501	484	1101 기관운영	2834
						1113 교과서 편수(311 초중등교육	18
						1115 대학부설연구소 운영	110
						1116 한국교육개발원	557
						1117 교육방송	2006
						1111 교육정책(1111장학지도??)	175
						1121 교과교육연구활동지원	196
						1122 학생교육원신설	100
						1123 대학생학자금융자	784
						1130 교육과정개정	63
						1131 1종교과용도서편찬	59
						1132 2종교과용도서편찬	111
						1199 교육전산망구축	122
						항 1200 학술정보망구축	5
						세항 1299 학술정보망구축	5
						장. 320 인력개발 및 인구대책	25024

1991	1991	1992	1993	1993	1994	1995	1995
						321 실업교육	25024
						2800 실업교육진흥	13027
						2811 교육차관시설	13027
						2900 실업계대학운영	8397
						2911 실업계대학운영	6562
						2923 실계대학입시—논문심사	63
						3100 실업계대학시설	1772
						3111해양대—3112부산수대 시설	
						3200 실업전문대학운영	1986
						3211 실업전문대학운영	1199
						3212 실업전문대입시경비(대체)	0.1
						3213 실업전문대학시설	785
						3300 실업공고운영	1614
						3311 실업공고운영	1444
						3312 실업공고입시(대체경비)	1
						3313 실업공고시설	169
						330 보건 및 생활환경개선	1851
						관 331 보건	1851
						항 3500 병원관리	1506
						세항 3511 서울대병원—3517	
						장 310 교육 및 문화	344
						세항 병특전출금	344

* 1970년~2004년까지 예산단위: 천만 원

1. 한국예산: 해방 이후 교육예산의 항목별 분류와 예산규모

1996	1996	FY 1997	1998	1999	1999	2000	2000
당초	1098639	1228248		당초	1103616	당초	1209780
총 결산 합계	1107397	1228248	1205639	총 결산 합계	1147654	총 결산 합계	1265134
310 교육 및 문화	1070537	1189468	1164587	310 교육 및 문화	1084154	310 교육	1265134
311 초중등교육	904341	983150	982454	311 초중등교육	906892	311 초중등교육	1017458
1300 지방교육(94년부터)	29229	36966	41225	1300 지방교육(94년부터)	34091	1300 지방교육	43317
1311지방교육행정—지방교육(98년	226	275	264	1311 학교정책출괄과 기본사업비	25	1314 학교정책	
1326 특수교육진흥(96년신설)	186			1312 학교정책	2831	1315 학교정책기본사업비	
1312 실업계고교 지원	8852	11324	10730	1313 학교정책심의관기본사업비	111	1315 교육과정심의관 기본사업비	141
1313 초중등장학	345	735	697	1314 교육과정정책	1975	1316 교육정책심의관	26838
1314 교원정책	894	1585	1577	1315 교육과정심의관 기본사업비	16	1317 교육정책심의관 기본사업비	35
1315 교육과정	11	9	9	1316 교원정책심의관	18062	1318 교육자치지원	5695
1316 사립교원연금관리	17685	18876	14658	1317 교원정책심의관 기본사업비	23	1319 교육자치지원국 (사업비)	61
1317 교원양성기관운영	83	1690	1477	1318 초중등교육환경개선	2012	1320 교원징계재심위	71
1318 교원징계재심위	81	87	85	1319 초중등환경개선기본사업비	7	1321 재심위 기본사업비	0
1319 교육과정개정. 도서편찬검정	618	550	603	1320 교원징계재심위 (315의 2415이입)	58	1322 초중등교육정보화	7272

1996	1996	FY 1997	1998	1999	1999	2000	2000
1320 유아특수교육지원	633	1835	1017	1321 재심위 기본사업비	21	1400 교육대학 운영	9897
1321 초중등정보화			5456	1322 초중등교육정보화	6427	1411 교육대학 운영	5995
1322 교육과정평가원			723	1323 교육정보화 기본사업비	2524	1412 교육대운영 기본사업비	1126
1323 한국교육개발원			670	1400 교육대학 운영	9354	1414 교육대입시(수입대체경비)	70
1324 한국교육방송원			1939	1411 교육대학 운영	5337	1413 교육대학시설	2706
1325 멀티미디어 교육지원센터			1320	1412 교육대운영 기본사업비	1289	1500 지방교육재정교부금	964244
1400 교육대학 운영	8014	9237	8823	1414 교육대입시(수입대체경비)	46	1511 지방교육재정교부금	964244
1411 교육대학 운영	5968	6595	6402	1413 교육대학시설	2681	1511 봉급교부금	
1412 교육대입시(수입대체경비)	28	35	49	1500 지방교육재정교부금	863446	1512 경상교부금	
1413 교육대학시설	2018	2607	2372	1511 지방교육재정교부금	863446	1513 증액교부금	
1500 지방교육재정교부금	856766	926085	932405	312 대학교육	165287	312 대학교육	181849
1511 지방교육재정교부금	856766	926085	932405	1700 대학교육	73027	1700 대학교육	74220
항 1600 교육지원기관	332	861		1711 학술연구지원	46526	1711 고등교육지원	72627
세항 1611 국립교육평가원	332	861		1712 학술연구지원국기본사업비	345	1712 고등교육지원국기본사업비	509
항 9100 타회계전출금(90년신설)	10000	10000		1713 교육환경개선	24018	1713 기획관리실	
9112 교육환경개선특회전출금	10000	10000		1714 교육환경개선 기본사업비	29	1713 교육환경개선	0
312 대학교육	142406	171491	170391	1715 대학정보화	1988	1714 교육환경개선 기본사업비	0
1700 대학교육	52708	68844	74927	1716 대학정보화기본사업비	122	1715 대학정보화	1083
1711 대학교육행정	111	122	109	1800 대학운영	92261	1716 대학정보화기본사업비	0
1714 한국학술진흥재단 출연	696	897	819	1811 대학교운영	58978	1800 대학운영	103975
1715 한국정신문화연구원 출연	675	784	724	1812 대학운영기본사업비	13517	1811 대학교운영	66318
1712 산업교육	20	23	430	1814 대학입시 및 논문심사(대체)	787	1812 대학운영기본사업비	14364
1713 학생복지	847	843	894	1813 대학시설	18979	1814 대학입시 및 논문심사	796
1716 대학교육내실화	18510	27838	22922	1911-1930 각 국립대시설		1813 대학시설	22498
1717 대학의 다양화, 특성화	18000	21000	15500	313 특수교육(80년 특수학교)	1682	1911-1930 각 국립대시설	
1718 대학의 연구능력강화	7377	7927	18417	2200 특수교육(80년 특수학교)	1682	항 3500 병원관리	3624
1719 대학정보화			1567	2211 특수학교운영	1080	3511 대학지원국	
1720 첨단학술정보센터			379	2212 특수학교운영 기본사업비	242	3512 기획관리실	
1741 전문대학교육지원	6471	9410	13166	2213 특수학교시설	128	3511 병원관리	3624
1800 대학운영	89698	102647	95465	2214 국립특수교육원운영	132	9700 전대차관원리금상환	30
1811 대학교운영	68602	76856	73680	2215 국립특수교육원기본사업비	100	9711 교육차관사업	30
1813 대학입시 및 논문심사(대체)	462	603	778	314 문화예술	812	313 특수교육(80년 특수학교)	1951
1836 대학수학능력시험(대체)	633	929		2600 학예술기관운영	812	2200 특수교육(80년 특수학교)	1951
1812 대학시설	20002	24258	20007	2611 학술원사무국)	55	2211 특수학교운영	1291
1911-1930 각 국립대시설				2612 학술원사무국 기본사업비	249	2212 특수학교운영 기본사업비	226
313 특수교육(80년 특수학교)	1341	1520	1733	2613 국사편찬위원회	314	2213 특수학교시설	140
2200 특수교육(80년 특수학교)	1341	1520	1733	1614 국사편찬위원회기본사업비	194	2214 국립특수교육원운영	249
2211 특수학교운영	962	1185	1373	315 사회교육 및 체육	5176	2215 국립특수교육원기본사업비	99
2212 특수학교시설	207	121	146	2400 평생교육 및 국제교육	5176	2600 학예술기관운영	842
2214 국립특수교육원운영	172	213	214	2415 국제교육진흥원	569	2611 학술원사무국)	57
314 문화예술	1326	1297	1260	2416 국제교육진흥원 기본사업비	397	2612 학술원사무국 기본사업비	254
2600 학예술기관운영	846	934	892	2411 평생교육 (사회직업교육?)	1699	2613 국사편찬위원회	328
2612 학술원(98년 학술원사무국)	258	342	329	2412 평생교육국 기본사업비	247	1614 국사편찬위원회기본사업비	202
2613 국사편찬위원회	589	2613	562	2413 국제교육협력	2030	항 9100 타회계전출금	0

1996	1996	FY 1997	1998	1999	1999	2000	2000
항 5100 교육훈련기관	480	363	367	2414 국제교육협력관기본사업비	235	9119 책특회계전출금	0
세항5111 교육행정연수원	480	363	367	316 교육행정	4305	315 사회교육	4807
315 사회교육 및 체육	2838	4993	5501	1100 교육행정	4305	2400 평생교육 및 국제교육	3965
2400 사회교육 및 체육	2838	4993	5501	1101 기관운영	3069	2411 평생직업교육국	
2412 국제교육진흥원	550	658	1078	1102 총무과 기본사업비	105	2415 국제교육진흥원	847
2411 평생교육 (사회직업교육)	6	5		1103 공보관 기본사업비	66	2416 국제교육진흥원 기본사업비	257
2413 사회교육지원	54	714	197	1104 감사관 기본사업비	19	2411 평생교육 (사회직업교육?)	126
2416 국제교육협력	2228	3615	3511	1105 기획관리실 운영	82	2412 평생교육국 기본사업비	280
2414 한국직업능력개발원			709	1106 기획관리실 기본사업비	69	413 국제교육정보화국	
316 교육행정	18286	27019	3249	1107 교육정책기획관 운영	803	2413 국제교육협력	2209
1100 교육행정	18286	27019	3249	1108 교육정책기획관 기본사업비	88	2414 국제교육	247
1101 기관운영	3059	3330	3148	1109 비상계획관 기본사업비	4	316 교육행정	6274
1102 기획관리			23	장. 320 인력개발 및 인구대책	59616	1100 교육행정	6274
1116 한국교육개발원	639	686		321 실업교육	59616	1101 기관운영	3011
1117 교육방송	2325	2578		2800 실업교육진흥	20101	1102 총무과 기본사업비	101
1103 멀티미디어교육센터설립	10	13	0	2811 교육차관시설	20101	1103 공보관 기본사업비	118
1104 교육행정정보화(매체)	1306	6031		2900 산업대학운영	10382	1104 감사관 기본사업비	23
1111 교육정책(1111장학지도)	30	26	0	2911 산업대학운영	6031	1106 기획관리실 기본사업비	2560
1113 학술지원 및 조사통계	10724	14061		2912 산업대학기본사업비	1603	1107 인적자원정책국운영203년 1102로)	
1115 전국단위연구소운영	193	294		2914 산업대입시-논문심사	107	1108 인적자원정책국기본사업비	
장. 320 인력개발 및 인구대책	32647	34549	36861	2913 산업대학시설	2641	1103 학교정책실	
321 실업교육	32647	34549	36861	3200 전문대학운영	20928	1104 교원정책심의관	
2800 실업교육진흥	16514	16960	19560	3211 전문대학지원	16915	1105 교육자치심의관	
2811 교육차관시설	16514	16960		3215 전문대입시경비(대체)	15	1106 대학지원국	
2900 개방대학운영	10834	11039	10912	3212 전문대학운영	1524	1107 평생직업교육국	
2911 개방대학운영	7682	7798	7790	3213 전문대학운영기본사업비	321	1108 국제교육정보화국****	
2913 개방대학입시-논문심사	87	78	109	3214 전문대학시설	2152	1107 교육정책기획관 운영	348
2912 개방대학시설	3065	3163	3013	3300 실업공고운영	8204	1108 교육정책기획관 기본사업비	114
3200 전문대학운영	3164	3791	3509	3311 실업계고교지원	5771	1109 비상계획관 기본사업비	0
3211 전문대학운영	1551	1785	1785	3312 국립공고운영	1441	항1200 교육인적자원개발	
3213 전문대입시경비(대체)	7	11	20	3313 국립공고운영기본사업비	320	1201 인적자원정책국	
3212 전문대학시설	1605	1995	1704	3315 국립공고입시(대체경비)	1	314 실업교육	52795
3300 실업공고운영	2136	2761	2881	3314 국립공고시설	673	2800 실업교육진흥	173
3311 실업공고운영	1655	1769	1819	330 보건 및 생활환경개선	3883	2811 기획관리실	
3312 실업공고입시(대체경비)	1	1	1	관 331 보건	3883	2811 교육차관사업	173
3313 실업공고시설	480	991	1061	항 3500 병원관리	3883	9900 산업대학운영	11506
330 보건 및 생활환경개선	4212	4231	4191	세항 3511 병원관리	3883	2911 산업대학운영	6822
관 331 보건	4212	4231	4191			2912 산업대학기본사업비	1707
항 3500 병원관리	4212	4231	4191			2914 산업대학입시-논문심사(대체)	106
세항 3511 병원관리	4212	4231	4191			2913 산업대학시설	2870
						3200 전문대학운영	21874
						3211 평생직업교육국203년부터	
						3211 전문대학지원	18711
						3215 전문대입시경비(대체)	18

1996	1996	FY 1997	1998	1999	1999	2000	2000
						3212 전문대학운영	1735
						3213 전문대학운영기본사업비	373
						3214 전문대학시설	1037
						3300 실업공고운영	7711
						3311 평생직업교육국	
						3311 실업계고교지원	5278
						3312 국립공고운영	1549
						3313 국립공고운영기본사업비	340
						3315 국립공고입시(대체경비)	1
						3314 국립공고시설	542
						항 9700 전대차관원리금상환	11531
						9711 교육차관사업	11531

* 1970년~2004년까지 예산단위: 천만 원

1. 한국예산: 해방 이후 교육예산의 항목별 분류와 예산규모

2000	2000	2001	2002	2003	2005	2004	FY2005
당초	1209780	1623759	1846085	2020995	당초	2204633	2743804
총 결산 합계	1265134	1780165	1871067	2070915	총 결산 합계	2222899	
310 교육	1265134	1780165	2020995	2070915	310 교육 및 인적자원	2222899	2743804
311 초중등교육	1017458	1520494	1587163	1762306	311 초중등교육	1898524	2439008
1300 지방교육(94년부터)(201년 초중등교육)	43317	50891	52566	47111	1300 초중등교육	49435	51191
1314 학교정책(2001년 1314 학교정책)		1595	1339	910	1314 학교정책심의관	32950	37042
1315 학교정책기본사업비		101	78		1318 교육복지심의관	9096	9664
1315 교육과정심의관 기본사업비	141				1320 교원징계재심위(315의 2415 서이입)	298	236
1316 교원정책심의관	26838	26455	37542	30646	1322 국제교육정보화국	7090	4249
1317 교원정책심의관 기본사업비	35	95	76		1400 교육대학 운영	14043	14145
1318 교육자치지원(203년 교육자치심의관	5695	6592	7840	8772	1411 교육대학 운영	10478	10750
1319 교육자치지원국 (사업비)	61	73	71		1414 수입대체경비(교육대입시)	132	154
1320 교원징계재심위(315의 2415 에서이입)	71	80	88	143	1413 교육대학시설	3433	3241
1321 개심위 기본사업비	0	62	43		1500 지방교육재정교부금	1835046	2373672
1322 초중등교육정보화(203년 국제교육정보화국)	7272	5839	5488	6640	1512 지방교육재정교부금	1240560	2373672
1400 교육대학 운영	9897	19450	11380	13249	1511 봉급교부금	502855	0
1411 교육대학 운영	5995	6531	7273	9373	1513 증액교부금	91631	0
1412 교육대운영 기본사업비	1126	1210	1216		관 312 인적자원개발	250592	253746
1414 교육대입시(수입대체경비)	70	75	112	137	항 1700 인적자원개발	105415	102695
1413 교육대학시설	2706	2634	2783	3739	세항 1711 인적자원총괄국	6713	7848
1500 지방교육재정교부금	964244	1459152	1523217	1701946	1712 인적자원개발국	62708	72943
1511 지방교육재정교부금	964244	1459152	1523217		1713 인적자원관리국	27093	13260
1511 봉급교부금				467372	1714 기획관리실	7000	7050
1512 경상교부금				1166739	1715 국제교육정보화국	1901	1594
1513 증액교부금				67835	1800 대학운영	137215	144508
312 대학교육	181849	192913	214408	232352	1811 대학교운영	116646	122022
1700 대학교육	74220	73090	81928	87860	1814 수입대체경비	1303	1482

2000	2000	2001	2002	2003	2005	2004	FY2005
1711 고등교육지원(201년 대학교육지원)	72627	71317	79780	78665	1813 대학시설	19266	21004
1712 고등(대학)교육지원국기본사업비	509	193	48		1911-1930 각 국립대시설		
1713 기획관리실				7200	항 3500 병원관리	7933	6514
1713 교육환경개선	0				3511 대학지원국	7039	6367
1714 교육환경개선 기본사업비	0				3512 기획관리실	894	147
1715 대학정보화(203년 국제교육정보화국)	1083	1580	2100	1995	9700 전대차관원리금상환	30	29
1716 대학정보화기본사업비	0				9711 기획관리실	30	29
1800 대학운영	103975	112599	122950	133908	313 특수교육	3855	3858
1811 대학교운영	66318	73912	85012	109138	2200 특수교육	3855	3858
1812 대학운영기본사업비	14364	15072	14474		2211 특수학교운영	2510	2629
1814 대학입시 및 논문심사(203년수입경비)	796	1049	1268	1325	2213 특수학교시설	94	720
1813 대학시설	22498	22566	22195	23446	2214 국립특수교육원운영	410	509
1911-1930 각 국립대시설					2600 학예술기관운영	2003	2250
항 3500 병원관리	3624	7196	9498	10554	2611 학술원사무국)	426	397
3511 대학지원국				8334	2613 국사편찬위원회	1577	1853
3512 기획관리실				2220	항 9100 타회계전출금	1559	1681
3511 병원관리	3624	7196	9498		9119 책특회계전출금	1681	1559
9700 전대차관원리금상환	30	27	32	30	315 사회교육	8029	7886
9711 교육차관사업	30	27	32	30	2400 평생교육 및 국제교육	4467	3955
313 특수교육(80년 특수학교)	1951	2391	2899	3312	2411 인적자원개발국 204년)(평생직업교육국)	929	433
2200 특수교육(80년 특수학교)	1951	2391	2899	3312	2412 학교정책심의관	150	126
2211 특수학교운영	1291	1650	1760	2375	2413 국제교육정보화국	3388	3396
2212 특수학교운영 기본사업비	226	239	267		413 국제교육정보화국	3388	3396
2213 특수학교시설	140	140	519	258	316 교육인적자원행정 204년(교육행정)	6174	6833
2214 국립특수교육원운영	249	249	223	679	1100 교육행정	6174	6833
2215 국립특수교육원기본사업비	99	114	131		1101 기관운영	5579	6185
2600 학예술기관운영	842	1237	1363	1495	1103 학교정책심의관	169	182
2611 학술원사무국)	57	63	69	403	1105 교육복지심의관	64	62
2612 학술원사무국 기본사업비	254	281	306		1106 인적자원관리국	58	50
2613 국사편찬위원회	328	680	771	1092	1107 인적자원개발국	30	34
1614 국사편찬위원회기본사업비	202	212	217		1108 국제교육정보화국****	225	282
항 9100 타회계전출금	0	1559	1544	1571	314 실업교육	55724	32473
9119 책특회계전출금	0	1559	1544	1571	2800 실업교육진흥	3	0
315 사회교육	4807	8159	6821	7699	2811 기획관리실	3	0
2400 평생교육 및 국제교육	3965	5364	3914	4633	2900 산업대학운영	16956	17052
2411 평생직업교육국				928	2911 산업대학운영	12782	13084
2415 국제교육진흥원	847	0 (폐지??)			2914수입대체경비(91년 2919)	268	219
2416 국제교육진흥원 기본사업비	257				2913 산업대학시설	3906	3749
2411 평생교육 (사회직업교육 같은데)	126	267	592		3200 전문대학운영	21091	3853
2412 평생교육국 기본사업비	280	113	34		3211 인적자원총괄국	17500	0
413 국제교육정보화국				3705	3215 수입대체경비	36	34
2413 국제교육협력	2209	2396	2978		3212 전문대학운영	3201	3274
2414국제교육(201정보화)협력관기본사업비	247	2589	309		3216 인적자원관리국	84	89
316 교육행정	6274	4448	4775	9185	3214 전문대학시설	270	456

2000	2000	2001	2002	2003	2005	2004	FY2005
1100 교육행정	6274	4448	4775	5153	3300 실업공고운영	8214	3248
1101 기관운영	3011	3248	3626	4543	3311 학교정책심의관	4881	250
1102 총무과 기본사업비	101	144	138		3312 국립공고운영	2581	2622
1103 공보관 기본사업비	118	23	23		3314 국립공고시설	752	376
1104 감사관 기본사업비	23	30	30		항 9700 전대차관원리금상환	9459	8321
1106 기획관리실 기본사업비	2560	130	116		9711 기획관리실	9459	8321
1107 인적자원정책국운영203년 1102로)		797	796	44			
1108 인적자원정책국기본사업비		76	46				
1103 학교정책실				90			
1104 교원정책심의관				79			
1105 교육자치심의관				79			
1106 대학지원국				54			
1107 평생직업교육국				39			
1108 국제교육정보화국****				225			
1107 교육정책기획관 운영	348						
1108 교육정책기획관 기본사업비	114						
1109 비상계획관 기본사업비	0						
항1200 교육인적자원개발				4032			
1201 인적자원정책국				4032			
314 실업교육(*201 관 변함. 장—항변함)	52795	51760	55001	56061			
2800 실업교육진흥	173	21	14	11			
2811 기획관리실				11			
2811 교육차관사업	173	21	14				
2900 산업대학운영	11506	12604	14021	16351			
2911 산업대학운영	6822	7537	8603	11743			
2912 산업대학기본사업비	1707	1785	1708				
2914 산업대학입시—논문심사(대체)	106	162	203	223			
2913 산업대학시설	2870	3119	3506	4385			
3200 전문대학운영	21874	20769	21525	21707			
3211 평생직업교육국203년 부터				18104			
3211 전문대학지원	18711	17109	18444				
3215 전문대입시경비(대체)	18	22	21	41			
3212 전문대학운영	1735	1920	1798	2923			
3213 전문대학운영기본사업비	373	413	304				
3214 전문대학시설	1037	1305	959	640			
3300 실업공고운영	7711	8296	8076	8356			
3311 평생직업교육국				5356			
3311 실업계고교지원	5278	5510	5436				
3312 국립공고운영	1549	1768	1832	2447			
3313 국립공고운영기본사업비	340	399	390				
3315 국립공고입시(대체경비)	1						
3314 국립공고시설	542	619	417	553			
항 9700 전대차관원리금상환	11531	10071	11366	9636			
9711 교육차관사업	11531	10071	11366	9636			

* 1970년~2004년까지 예산단위: 천만 원

2. 한국예산: 교육비 특별회계

만원	1952	1953	1953	1954	1955	1955	1957	1957	1959	1959
국립극장		1장 사업비	4590	2164	1장 사업비	2543	1장 교육문화비	148495	1장 부흥비	618484
1관 사업비	187	1관 사업비	1142	1008	1관 사업비	1341	1관시설복구비	142707	1관 시설복구비	585452
		1 사업비	1050	992	1 사업비	1337	1 교실복구비	139669	1 고등교육시설비	198576
		2 처우개선	9	16	2 처우개선	4	2 도서관복구비	3038	4 교실복구비	270991
1관 제지출금	160	2관 제지출금	2207	1156	2관 제지출금	1202	2관 교육진흥비	579	2 직업교육시설비	19158
		1 제지출금	2207	1156	1 제지출금	1202	2 직업교육비	1653	3 사범교육시설비	67089
		3관 예비비	1241	0	3관 예비비	0	1 교사훈련비	2142	5 중앙관상대시설비	28017
		3 예비비	1241	0	3 예비비	0	5 서울대기술원조	668	6 문화시설비	1620
경제부흥특회		1장 교육문화비		48646	1장 교육문화비	16856	3 농촌지도자훈련	1138	2관 교육진흥비	33031
		1관시설복구비		48072	1관시설복구비	12649	4스위스의료단비	186	2 직업교육기술원조	2900
		1 교실복구비		44908	1 교실복구비	12649	2장 도입물자 취급비	88259	1 교사훈련비	23927
		2직업보도소비		3163	2 도서관복구비	0	1관 도입무자인수대	70875	3 해양대학기술원조	175
		2관 교육진흥비		574.8	3직업보도소비	0	2관 물자취급비	17384	4 행정대학원기술원조	1004
		1 교사훈련비		154.8	2관 교육진흥비	4207	1항 물자취급비	17384	5 시청각교육기술원조비	240
		2외국어연구보조		180	1직업교육비	0			6 간호교육기술원조비	400
		3스위스의료단비		240	2 교사훈련비	58			7 신생활훈련원	4279
					3 서울대기술원조	0			8스위스의료단비	105
					4 농촌지도자훈련	415				
					5외국어연구소비	0				
					6스위스의료단비	0				
					2장 도입물자 취급비	3100				
					1관 도입무자인수대	0				
					2관 물자취급비	3100				
					1항 물자취급비	3100				

2. 한국예산: 교육비 특별회계

1960	1960	1961	1961	1962	1962	1963	1963	1964	1964
1장 부흥비	393591	1장 교육문화과학비	274073	경상계정		1장 3차산업비	90048	1장 3차산업비	20644
1관 고등교육비	139989	1관 고등교육비	61358	1장 교육문화과학비	2300	1관 공익사업비	90048	1관 과학기술진흥비	20644
1항 서울대학교	132789	1 서울대학교	55110	1관 고등교육비	15	1 실업기술진흥비	21105	1 실업계학교	13766
2항 해양대학시설비	7200	2항 해양대학시설비	4100	1 어학훈련원	15	2 대학시설비	8092	2 서울대학교공대	3218
2관 사범교육비	85939	3 경영행정기술원조	523	2관 기술교육비	2285	3 교육대학시설비	471	3 과학정보센터	810
1항 사범교육비	85939	4 외국어학원	1625	1 직업교육비	2285	4 기타 학교시설비	400	4 연습선건조비	2500
3관 기술교육비	58585	2관 사범교육비	49525	자본계정		5 문화기관시설비	70	5임해시험장설치비	350
1 직업교육시설	44419	1항 사범교육비	49525	1장 교육문화과학비	173680	6 의무교육시설비	59909	2관 공익사업비	77742
2 직업교사재교육비	3536	3관 기술교육비	76561	1관 교육분화사업비	18400	7 부속병원시설비	0	2 대학시설비	6091
3 중등교육비	2103	1 직업교육시설	63365	1 실업기술교육비	18400			3 교육대학시설비	670
5 시청각교육비	4475	2 직업교사재교육비	267	2 시청각교육비	0			4 기타 학교시설비	116
4 간호교육비	500	3 중등교육비	3503	2관 교실건축비	155280			5 문화기관시설비	1167
6 신생활교육비	2400	5 시청각교육비	5525	1 교실건축비	155280			6 의무교육시설비	68858

1960	1960	1961	1961	1962	1962	1963	1963	1964	1964
7 외국어학원(1관이동)	150	4 간호교육비	1500	3관 고등교육비	0			7 부속병원시설비	838
4관 교실복구비	98250	6 농촌지도자훈련원	2400	1 서울대학교	0				
1 교실복구비	98250	4관 교실복구비	86629	2 해양대학	0				
5관 중앙관상대	10827	1 교실복구비	86629	4관 사범학교비	0				
1 중앙관상대시설비	10827			1 사범학교비	0				
							90048		
					175980				
*세입합계	390								
*세출합계	347								
불용액									

2. 한국예산: 교육비 특별회계

1965	1965	1966	1966	1967	1968	1969		fy1970
1장 3차산업비	139635	1장 대학부속병원	53068	70339	94701	167689	1장 대학부속병원	219820
1관 과학기술진흥비	34843	1관 대학부속병원	53068	70339	94701	167689	1관 대학부속병원	219820
1 실업계학교	10151	1 서울의대부소	23292	31827	46741	91831	1 서울의대부소	131790
2 서울대학교공대	7714	2남의대부속	8793	10741	12247	14729	2전남의대부속	21669
3 서울대학교농과대	2558	3 경북의대부속	9762	13061	16315	23776	3 경북의대부속	31753
4 과학정보센터	2200	4 부산의대부속	10316	13417	16168	21549	4 부산의대부속	27756
5 실습선건조비	8679	5 서울대 치대	905	1292	3229	15803	5 서울대 치대	6851
6 임해시험장설치비	2440	2장 예비비	448	2148	1514	2827	2장 예비비	5105,9
7 국립과학관	1100	1관 예비비	448	2148	1514	2827	1관 예비비	5105,9
2관 공익사업비	104792	1장 3차산업비	593028	729261	975218	1313527	1장 3차산업비	1910217
2 국립학교시설비	21004	1관 과학기술진흥비	33512	72402	84381	90032	1관 과학기술진흥비	155972
4 문화기관시설비	902	1 실업계학교	13926	68562	77608	90032	1항 과학기술진흥비	155972
1 의무교육시설비	82585	2 서울대학교공대	11861				1세항 산업중학시설	8500
3 부속병원시설비	300	3 수산 및 해양교육	6624				2세항 고등학교시설	24796
		4 국립과학관(67과학기관)	1100	3840	6773		3세항 실업계전문학교시	12988
		2관 공익사업비	559515	656859	890836	1223494	4세항 대학시설	75471
		2 국립학교시설비	30614	26590	55199	39500	5세항 차관사업부담시설	34215
		3 문화기관시설(69학예술	1240	3140	3827	946	2관 공익사업비	1754244
		1 의무교육재정교부금	527661	627129	831809	1183047	2 국립학교시설비	33705
							3 학예술기관	0
							1항 의무교육재정교부금	1720538

3. 한국예산: 1970년대 이후 학생 수

연도	장관	학 교 수						학 생 수						교 원 수					
		유치	초	중등	특수	전문	4년 대학	유치원	초중학생	중등	특수	전문	대	유치	초등	중등	특수	전문	4년 대학
1970	문홍주 66.9-68.5																		
1971	권오병 68.5-69.4	512	6085	1692		29	71	22207	5807448	2176721		16544	155369	1694	103756	58253		940	8071
1972	홍종철 69.4-71.9	531	6197	1808		28	69	22466	5775880	2416146		16607	163932	1800	105672	64394		946	8949
1973	민관식 71.6-74.9	548	6269	1931		28	69	25339	5692285	2671410		17003	178050	1880	107258	70985		984	9253
1974	유기춘 74.9-76.12	588	6315	3024		27	72	27774	5618768	2911184		14964	192308	2013	107436	76314		974	9492
1975		611	6367	3119		26	72	32032	5599074	3149840		12291	208986	2153	108126	82672		941	10080
1976	황산덕 76.12-77.12	635	6405	3175		26	72	37197	5503737	3370311		9789	229811	2288	109530	87142		931	10080
1977	박찬현 77.12-79.12	665	6408	3202		26	73	41866	5514417	3546370		8017	251329	2415	112997	91113		897	10902
1978		721	6426	3265		21	74	47571	5604365	3752500		9111	277783	2561	115245	95496		814	11475
1979	김옥길 79.12-80.5	794	6450	3354		138	84	57430	5640712	3959975		85202	330345	2896	117290	100465		5773	13059
1980	이규호 80.5-83.10	901	6479	3458		128	96	66433	5658002	4168789		151593	412404	3339	119064	105806		5488	15022
1981		2958	6517	3576		132	100	153823	5586494	4396984		188852	546200	3961	122727	113185		5941	17963
1982		3463	6501	3649		128	108	168653	5465248	4525654		211478	672330	4349	124572	119338		6392	20657
1983	권이혁 83.10-85.2	4276	6500	3748	71	130	109	206404	5257164	4685353	11499	216210	784911	6421	126163	126459	1169	6372	23011
1984		5183	6528	3874	78	122	110	254438	5040958	4828026	12551	230282	884452	7513	126233	132650	1343	7413	24982
1985	손재석 85.2-87.7	6242	6519	3973	86	120	111	314692	4856752	4934975	14274	242114	950058	9281	126785	139099	1565	6406	26670
1986		7233	6535	4039	90	120	111	354537	4798323	5028026	15664	250652	992233	11834	126677	144679	1759	6465	28655
1987	서명원 87.7-88.2	7792	6531	4048	94	119	114	397020	4771722	4895354	17359	259898	1010119	11920	130142	150873	1977	6468	29295
1988	김영식 88.2-88.12	8030	6463	4082	97	119	130	405265	4819867	4824097	18392	266844	1021413	13078	132527	158569	2218	6762	30565
1989	정원식 88.12-90.12	8246	6396	4722	100	117	115	410824	4894261	4697277	19137	291041	1037953	14886	134898	168976	2485	6999	32354
1990		8354	6335	4157	104	117	118	414532	4868520	4559557	19971	323825	1056126	18511	136800	182402	2757	7382	34034
1991	윤형섭 90.12-92.1	8421	6245	4200	102	118	126	425535	4758505	4443242	20210	359049	1068159	19706	138200	187620	2864	7953	35868
1992	조완규 92.1-93.2	8498	6122	4094	103	126	132	450882	4560128	4461856	20646	404996	1086673	21107	138880	191672	3014	8518	38005
1993	오병문 93.2-93.12	8515	6057	4347	106	128	138	469830	4336252	4480084	21001	456227	1109622	22207	139159	193829	3198	9024	40247
1994	김숙희 93.12-95.5	8910	5900	4429	106	135	142	510100	4099395	4569482	21251	506806	1150728	24288	139096	196839	3303	9375	42321
1995	박영식 95.5-95.12	8960	5772	4513	108	145	142	529265	3905163	4639728	21607	659820	1207385	25576	138369	198998	3461	10384	45853
1996	안병영 95.12-97.8	8939	5732	4561	109	152	145	551770	3800540	4623290	21860	642697	1287315	26621	137912	201519	3613	11515	49368
1997	이명현 97.8-98.2	9005	5721	4612	114	155	161	568096	3783986	9517008	22569	724741	1389409	27586	138670	202335	3930	12468	54114
1998	이해찬 98.3-99.2	8973	5688	4657	118	156	167	533912	3834561	4338348	23256	801681	1498684	26721	140121	201961	4153	10926	41038
1999	김덕중 99.5-00.1	8790	5544	4684	123	161	169	534166	3935537	4148096	23490	859547	1608990	26164	137577	198548	4282	11381	41934
2000	문용린 00.1-00.8 송 자 00.8-00.8	8494	5267	4688	129	158	172	545263	4019991	3932007	23605	913273	1686305	28012	140000	196940	4555	11707	42641
2001	이돈희 00.8-01.1	8407	5322	4739	134	158	174	545142	4089429	3742325	23769	952649	1751056	28975	142715	197699	4815	11897	44019
2002	한완상 02.1-02.1	8343	5384	4804	136	159	174	550256	4138366	3636534	24453	963129	1794997	29673	147497	209587	5068	12156	44898
2003	이상주 02.1-03.3 윤덕홍 03.3-03.12 안병영 03.12—현재	8292	5463	4881	137	158	180	546531	4175626	3621170	24119	925963	1832091	30290	154075	215546	5329	11974	46012

* 출처: 문교통계연보.

4. 한국예산: 1970년대 이후 교육예산규모

단위: 백만 원

연도	GDP	정부예산	일반+특회 합계	교육비 비율(5)		일반회계 예산액	초·중등교육비 합계	초·중등교육비의 구체항목 예산						
				교육/정부	교육/GD			의무교육행정	교육대학운영	지방교육재정	교육지원기관	타 회계 전출	중등행정	지방교육재정교부
							일A	일 A-1	일 A-2	일 A-3	일 A-4	일 A-5	일 A-6	일 A-7
1971	3423400	555345	103205	18.5	3	74707	109768	95	1250	54211			175	10898
1972	4211900	709335	124601	17.5	2.9	94816	85144	259	1535	83349				
1973	5421500	659374	126454	19.1	2.3	99625	88455	236	1603	86615				
1974	7663700	1038256	160851	15.4	2.1	134466	119227	401	1877	116948				
1975	10295500	1586931	235233	14.9	2.2	195630	173146	1177	2351	169618				
1976	14088000	2258512	369434	16.3	2.6	318143	286545	1826	3270	281449				
1977	18063300	2869956	515271	17.9	2.8	348392	404267	2568	4336	397362				
1978	24388200	3517037	657834	18.7	2.7	613968	508127	3894	4484	499748				
1979	31393400	5213435	916296	17.5	2.9	894128	716200	4306	6106	705787				
1980	38148400	5804051	1187804	20.4	3.1	1161701	941890	4362	8662	928865				
1981	47656700	7851125	1522195	19.3	3.2	1486462	1209315	9833	11126	1188355				
1982	54721000	9313725	1973020	21.1	3.6	1926522	1601216	11033	17702	1572481				
1983	64196500	10416710	2231307	21.4	3.4	2179202	1827532	457	23621	1803452				
1984	73650100	11172929	2338277	20.9	3.1	2281282	1941864	453	23991	1917419				
1985	82062100	12532361	2566041	20.4	3.1	2503789	2147820	1106	20156	2126557				
1986	95736400	13800531	2853017	20.6	2.9	2781452	2368604	1271	23356	2343976				
1987	112130300	15559628	3230436	20.7	2.9	3141934	2679096	3456	26387	2649252				
1988	133134200	17464428	3821998	21.8	2.8	3716597	3185544	5941	30799	3148803				
1989	149164700	19228375	4547222	23.6	3	4368848	3748156	10381	36001	3699751	2021			
1990	178796800	22689432	6168974	27.1	3.4	5621481	4892631	7992	39300	4470488	4850	370		
1991	216510900	28972825	7618642	26.3	3.5	5579796	4747263	9841	42121	4319238	6061	370		
1992	245699600	36223971	8946973	24.7	3.6	6513263	5536327	11665	46201	5100620	7839	370		
1993	277496500	41936226	10224807	24.3	3.6	7470157	6339384	11846	48669	6271950	6917			
1994	323407100	47593865	11278941	23.7	3.4	8268950	6924895	45262	51974	6821923	5733			
1995	377349800	54845022	13216474	24.1	3.5	9796942	8129062	62760	62729	7907222	6340			
1996	448596400	64926817	16073791	24.7	3.5	11138481	8857982	102063	81265	8567662	6991	100000		
1997	491134800	76639467	18939884	24.7	3.8	12254796	9721472	372990	95668	9144206	8607	100000		
1998	484102800	77737582	18636134	23.9	3.8	12238698	9743891	330300	89542	9324048				
1999	529499600	88302427	18635956	21.1	3.5	11581447	9150355	416180	97446	8636728				
2000	578664500	93937057	20417457	21.7	3.5	12842767	10297552	425724	101923	9769904				
2001	622122700	102528518	22294788	21.7	3.5	17921416	15248897	508056	107721	14633119				
2002	684263500	113898884	22746729	19.9	3.3	18800352	15916548	525640	116436	15274471				
2003	721345900	120477623												

* 출처: 문교통계연보. A1~A7까지는 A(초·중등교육예산)에 관련된 예산임

4. 한국예산: 1970년대 이후 교육예산규모

단위: 백만 원

연도	일반회계 대학교육 예산					일반회계 특수. 문화. 사회 예산					일반회계 실업교육예산							
	대학교육 예산 합	대학 행정	대학 운영	전대차 관상환	대학 시설	특수 교육	문화 예술	사회 교육	타 회계 전출	문교 행정	실업	실업 교육	실계 대학	실계 시설	실전	실전 시설	기타	차관 상환
	일B	일B-1	일B-2	일B-3	일B-4	일C	일D	일E	일E-1	일F	일G	일 G-1	일 G-2	일 G-3	일 G-4	일 G-5	일 G-6	일 G-7
1970										문교								
1971	10898	755	3914			74	352	1164		427	1386	409	492		427		57	
1972	83349	806	4827			96	376	1286		368	1910	459	603		779		68	
1973	6043	817	5226			105	380	1302		934	2403	601	638		1089		73	
1974	8591	1720	6870			141	740	1768		853	3142	526	994		1468		152	
1975	13286	3150	10135			206	783	2678		1019	4509	863	1346		1994		304	
1976	18205	3591	14614			291	956	4338		1411	6393	1032	1959		2887		514	
1977	36427	6135	20108		10183	472	1322	8332		1465	31103	20851	2248	1347	3798	604	2251	
1978	56160	12087	25485		18587	551	1675	14790		1388	36406	21085	3843	1376			10101	
1979	98988	23871	35837		39278	689	2778	14835		3154	53316	33834	4197	1925	6774	2527	4455	
1980	125377	19470	50283		55624	894	3804	19225		6990	55911	32724	3108	2503	9150	4826	3597	
1981	153724	26406	68839		58479	1182	4534	21162		12925	76110	42816	4587	2706	12331	9429	4239	
1982	197425	36068	89896		71460	1788	8066	21984		12558	74035	30693	6329	3128	16056	12600	5227	
1983	214166	33016	109990		71159	1949	12135	31644		5846	76000	31262	7350	3772	18556	9755	5312	
1984	206826	32390	115787		58648	1649	12669	21158		4965	83392	40068	6955	17176	2756	11366	5069	
1985	203571	33931	125356		44283	1988	16657	28683		5619	90897	45729	13774	3422	15529	7205	5237	
1986	240647	44595	141307		54744	2500	21035	30309		5962	104402	50987	15359	5329	17588	9208	5928	
1987	271959	49201	160657		62099	2933	20643	30844		11269	116283	57320	17293	7405	19216	8488	6559	
1988	305227	57306	185015		62905	3298	17449	41152		23134	132366	62377	22599	10154	19794	10390	7049	
1989	357767	60928	228318		68520	3485	11998	51571		29048	159457	74625	28533	13138	24137	10582	8439	
1990	419957	84134	335822			4787	11950	53370		38225	192889	87321	54877		40362		10327	
1991	492528	94583	397945			6214	9105	54286		64994	195439	87274	51274		45759		11131	
1992	582783	111040	471742			7138	8941	61376		79458	221080	102659	66769		30434	8896	12320	
1993	698080	140974	557105			7761	9526	83879		97638	223492	100562	63423		45862		13643	
1994	869434	271185	598249			8803	9915	93123		114825	235859	103670	96260		21528		14400	
1995	1116247	395819	720428			11216	11664	147771		64719	297754	139626	119664		22282		16181	
1996	1567744	663455	934298			13502	12427	213341		92668	338690	180491	101754		35079		21364	
1997	1778233	694979	1083253			15196	13478	49993		270923	363191	170904	116973		46248		29064	
1998	1638963	630694	1008268			16847	13175	85967		299160	398786	209311	116325		42851		30298	
1999	1892286	915786	976500			16552	7869	51578		44976	378994	201088	108594		43431		25880	
2000	1824427	748057	1076005			20207	8531	39725		63665	552414	125278	119800		228999		78336	
2001	1994182	742057	1173828	319		21112		60025	15586	64870	532327	82763	132397		214771		82801	102274
2002	2193909	829236	1266375	323		27034		67572		46596	548691	137	150462		218731		81856	97503
2003																		

* 출처: 문교통계연보. 15586 음영색은 사회교육에 이미 계산되어 있는 수치임

4. 한국예산: 1970년대 이후 교육예산규모

단위: 백만 원

연도	일반회계			1972년 당시 경제개발특별회계											7재정(투)융자특별회계				
	보건예방	보건병원관리	타 회계 전출	투융자보통	교육대학	지방교육재정교부	투융자대학교육	특수	실업	실계대학	실전	기타실업	실교지원	개발원	투융자사회	과학교육	교육행정	병원생활환경	교육환경개선(자치체교부)
	일H	일H-1	일H-2	특A	특 A-1	특 A-2	경제특 특B	경제특 특C	경제특 특D	특 D-1	특 D-2	특 D-3	특 D-4						
1971				22085	730	21354	724	8	1375	180	129	64	1001						
1972				21020	1081	19939	1186	10	1826	253	235	101	1236						
1973					714	14824				213	303	116	681						
1974				10685	546	10139	1175	0	2485	506	337	525	1115	612					
1975				19173	736	18437	1596	8	6128	562	327	597	4641	808					
1976				19890	682	19208	2044	0	7819	401	701	599	6117						
1977																			
1978	4272		4272																
1979	3365		3365																
1980	7608	4804	2803																
1981	7507	4667	2840																
1982	9447	4136	5311																
1983	9928	4234	5693																
1984	8754	3061	5693																
1985	8558	3679	4879																
1986	7990	3216	4774																
1987	8903	3203	5700																
1988	8424	3547	4877																
1989	7364	2389	4975	15000											40300				
1990	7669	3169	4500	20000											3000				369709
1991	9964	3714	6250	20000											26000				370259
1992	16157	9757	6400	20000											29000		1000		370348
1993	10394	5389	5005	30000											32000	1000		5650	
1994	12092	7257	4835	30000											22000			5492	
1995	18505	15063	3442	50000											12420			4752	
1996	42124	42124		75000											13807			9051	400000
1997	42306	42306		60000														6499	700000
1998	41906	41906		85000														7511	700000
1999	38834	38834		900000			56350											7210	700000
2000	36243	36243		1000000			50000											10822	700000
2001		77976					50000											22019	
2002		97973					30000											25900	

* 출처: 문교통계연보.

4. 한국예산: 1970년대 이후 교육예산규모

단위 : 백만 원

연도	지방교육양여금관리 개선 특회 교육양여금특회	국유재산 관리특회 국유재산특회	농특세 특별회계 농특세특회	특별 특별 농특세 초중	회계 회계 농특세 대학	책임운영특회	국립대병 원 특회 국립병원	서울대 병원특 서울대	청구권 특회 청구권	예비비
1971							2750	1488	65	
1972							3512	2010	127	
1973							3980	4398	240	
1974							5253	5715	456	
1975							8043	3647	195	
1976							19674	1863		*23
1977							31878			*168
1978							34461			*306
1979							22167			*94
1980							26102			*80
1981							35733			*50
1982							46498			*50
1983							52104			*25
1984							56994			*683
1985							62242			*212
1986							71565			*534
1987							88501			*505
1988							105400			*122
1989							123074			*320
1990							154493			*1116
1991	1436046						186541			*43
1992	1773313						240048			*4290
1993	2415752						270246			*5179
1994	2750399	11792	10000				180306			
1995	3160031	20633	42000	*8000	*12000		129695			
1996	4361311	36140	40000	*8000	*12000					
1997	5839891	43697	35000	*3000	*12000					
1998	5516816	46258	41850	*2550	*16500					
1999	5282678	72620	35650	*3200	*7450					
2000	5699098	81371	33398	*2848	*30550					
2001	4182721	81263	21700	*3700	*18000	15668				
2002	3782248	72734	17730	*2730	*15000	17762				

* 출처: 문교통계연보.

5. 한국예산: 교육에 관련된 정책 및 기타 변화과정

연도	교육에 관련된 정책 및 기타 변화과정		
1970	실고, 대학 실험, 실습설비 기준 제정5월/ 2실6국1과 직제개정8월 청구권—실업교육		
1971	지방교육재정교부금법제정12월/ 농업산학 협동심의회 규정제정12월		
1972	방통대학신설3월/ 시범농업고 육성규정제정7월/ 국민체육진흥기금법률제정8월	교육개발원 창립	72.8.30
1973	산학협력체제법제화 2월/ 방통고신설3월/ 직제개편—산학협동과, 시설국의 과 개편 12월		
1974	직제—공무원 정원이체 11월/ 고교 교육과정개정 12월		개발원예산시작
1975	사립학교 교원연금법개정 1월/ 직제개정—초·중고의 교육담당관, 산학협동과 폐지, 재외국민교육과5월/주임교사제/ 교원호봉재사정 12		
1976	학교시설 설비기준령제정5월/ 직제개정—감사당방관을 일반직으로 2월/ 국립학교(체육대학)수업료 면제 법 12월/ 보수규정개정12월		
1977	직제개정—설비과, 관리과, 기획1-2과, 건설담당관 2월/ 서울대설치령개정 2월/ 공무원수당 개정 3월/ 보수규정개정 10월		
1978	직제개정—편수국을 장학실로 통합, 교직국 신설 3월		
1979	초등교사 방통대 수학방침 2월/ 여교사 출산휴가제실시 10월	전문대학	보건예방(전출)
1980	교육대학 4년제 개편—서울, 부산, 광주 8월/ TV 교육방송 9월/ 국립대 등록금 인상 9월/		
1981	대학개방제실시 1월/ 교육세 징수결정 82년부터 5월/ 국교 영어교육 공식화 10월/ 대학졸업정원제 실시 12월		
1982	대학개방제실시 1월/ 교육세 징수결정 82년부터 5월/ 국교 영어교육 공식화 10월/ 대학졸업정원제 실시 13월		
1983	84년까지 과학고등학교 설치 확정 2월/ 교원대학 신설부지 5월/ 국민학교 69개 신설 허용 12월/ 국교 단일호봉제12월		
1984	82개 대학 특성학과 확정 9월/		
1985	교육개혁심의회 2월/	교육개혁심의회85	
1986	도서지역 중학교 의무교육실시 3월/ 국공립대학 연구비지급규정개정 9월/ 대학실험실습 기준 개정 12월		
1987	사립학교 연급법 시행령 개정 8월/과학기술연구발전 장기계획확정 10월/ 장기근속 원로교사 우대지침 12월		
1988	국립중앙도서관 개관 5월/ 중학교 어학실 설치 지침 시달 8월	중앙교육심의회	평생교육강조
1989	직제개정 6월		재정융자특회
1990	장관 교육쇄신 강조 1월/ 교원복지종합계획발표 2월/ 초·중고 국공립에 차양운영비 지원 30만원 11월		
1991	대규모 교육차관도입 3월/ '91년부터 초·중등교사 국회연수계획확정 3월/ 시도교육청 3국 3당관환 10과로 개편 의결 8월		
1992	교수 실험실습설비 확보 결정 3월/ 2학기부터 미국인 영어교사 12 초청 6월/ 컴퓨터 조기 보급 결정 8월/		
1993	93년 교육예산 20%증액—초·중등 교육여건개선에 62.6월/ 93 사립대 국고보조금 대폭 증액 확정 92.12월/ 급식 결정 7월-97까지	타회계전출있음	
1994	대학교수정원 70%확보발표 4월/ 인재육성 거점 대학 신도시 추진 결정 8월/ 교직수단 인상 의결 9월/ 교육혁신 크게 강조 12월		
1995	신교육 10대과제 제시 4월/—교개위 구성 운영—예산 96년 45% 증액 제출6월/ 교육, 산업 중심대학 재정 지원발표 6월/ 교육세 인상9조 8월		
1996	교육세 인상 9조 5천억 8월—담배, 유류 GNP 5%확충 95.8월/ 교육정보화계획 7월/		
1997	대학 학술연구지원확대 1월/		
1998			
1999			
2000			
2001			
2002	*농어촌 특회 =초·중+대학		

〔부록 2〕

1. 일본의 예산 규모

일본연도	연도	국민총생산	국가행정비	총 행정비	정부예산 (일반회계)	일반회계문 부성	총 공교육비	국가교육비	국가교육비	지방교육비 보조	지방교부세 중 교육비	지방이 부담한 교육비
소화 45	1970	751520	82409	141698	82130	8834	28833	13578	3872	5642	4064	15254
소화 46	1971	828063	96154	168682	96590	10311	34472	15823	4388	6626	4809	18848
소화 47	1972	965391	119827	206773	121189	12365	40645	18669	5038	7930	5701	21975
소화 48	1973	1166792	148391	254217	152726	14996	50602	22929	6067	9665	7197	27672
소화 49	1974	1381558	192200	329434	191981	21059	70197	32688	8239	14212	10237	37508
소화 50	1975	1522094	210263	363972	208371	24658	81189	37761	9889	16759	11113	43428
소화 51	1976	1711525	246712	417721	246502	27902	90416	42895	11641	18626	12628	47521
소화 52	1977	1900348	292921	491488	293466	32149	102906	48201	13501	21113	13587	54705
소화 53	1978	2087809	343628	567704	344400	36473	117611	56329	15444	24261	16624	61281
소화 54	1979	2254018	390678	637118	396675	40623	128730	61677	17459	26251	17967	67053
소화 55	1980	2453600	437328	709397	436813	43421	140057	66185	19138	28308	18739	73871
소화 56	1981	2603343	473144	768793	471253	45505	150304	70274	20930	29356	19988	80030
소화 57	1982	2734615	476820	786743	475621	45600	153057	70841	21159	29300	20382	82215
소화 58	1983	2859973	511166	838190	508394	45530	156639	70193	21498	29282	19414	86445
소화 59	1984	3057253	519755	867199	515133	46594	160645	70044	22140	29482	18422	90600
소화 60	1985	3255011	535420	900497	532228	46410	165681	71858	22326	29680	19842	93823
소화 61	1986	3406959	542277	929142	538248	46205	169015	72236	22970	29028	20238	96778
소화 62	1987	3577964	583562	1007503	582141	47166	173868	74119	24482	29113	20524	99749
소화 63	1988	3819982	621643	1075875	618517	46883	179896	75633	24841	29380	21412	104262
평성 1	1989	4099693	665699	1148391	663119	48670	189112	80759	26519	29318	24922	108352
평성 2	1990	4415891	700067	1226938	696511	50441	202583	85312	27287	31466	26659	117270
평성 3	1991	4663318	713300	1282396	706134	52295	212927	88101	28253	32621	27227	1248267
평성 4	1992	4765675	712897	1313470	714896	54616	223349	91681	29817	32989	28875	131667
평성 5	1993	4808319	758418	1387460	774375	59436	230509	94596	34047	32839	27710	135912
평성 6	1994	4826714	746225	1382317	734305	54870	230439	93217	32973	32495	27749	137221
평성 7	1995	4940078	767478	1435794	780340	61436	237663	95682	35912	32935	27835	140960
평성 8	1996	5103224	799092	1463664	777712	58107	238958	98276	35824	33621	29031	140681
평성 9	1997	5141709	795644	1457737	785331	57829	238418	98611	33597	33238	29676	139807
평성 10	1998	5040621	852308	1523323	879914	64770	240183	102406	38612	33612	30182	137777
평성 11	1999	5106873	902130	1550218	890189	60366	239229	107026	39678	33364	33984	132201
평성 12	2000	5154779	904606	1525367	849870	53871	242960	116133	47024	33031	36078	126826
평성 13	2001	5026023	860986	1492277	863525	65629	241369	112643	45696	33321	33626	128725
평성 14	2002					66965						

1. 일본예산: 1970년대 이후 예산 규모

일본연도	연도	총공 유치	교육 소학교비	비 중고	중에서 특수교	각 학교 대학교	예산 (억엔) 교육행정	국립학교특회	국립 유치	학교 소학교	교육비 중고등	국립	학교	교육비
소화 45	1970	297	10819	10344	422	3642	2021		418000	4357000	6653000	1471000	267032000	1474000
소화 46	1971	370	12984	12416	517	4115	2443							
소화 47	1972	509	15426	14331	573	4627	3042							
소화 48	1973	680	19155	17820	898	5400	3949							
소화 49	1974	1002	26628	25060	1426	7322	5267							
소화 50	1975	1049	30916	28863	1595	8542	6383		1291000	8951000	12311000	5290000	598997000	5787000
소화 51	1976	1151	34181	31734	2818	9721	7533							
소화 52	1977	1347	38703	35403	2175	11120	8799							
소화 53	1978	1542	43740	39768	2796	12367	10425							
소화 54	1979	1661	47153	42691	3088	13601	12182							
소화 55	1980	1754	50713	46210	3507	14813	13507		2100000	13662000	18833000	7442000	1061599000	10879000
소화 56	1981	1803	52872	50200	3713	16097	15085							
소화 57	1982	1852	52482	51848	3718	18581	15328							
소화 58	1983	1824	52907	53967	3909	17090	15537							
소화 59	1984	1854	52085	56933	4050	18253	15827							
소화 60	1985	1877	52930	59278	4343	18594	16116		2121000	16125000	20522000	9267000	1253643000	13741000
소화 61	1986	1936	53626	58432	4512	19511	18812							
소화 62	1987	1893	54539	60301	4713	20773	17395							
소화 63	1988	2025	58398	61492	4922	21105	18311							
평성 1	1989	2175	58332	63147	5233	22147	20171							
평성 2	1990	2330	61771	67257	5834	23733	20893		2536000	16222000	21642000	11894000	1541054000	19727000
평성 3	1991	2471	64225	70593	6226	24719	22043							
평성 4	1992	2563	66349	72675	6617	26758	22838							
평성 5	1993	2529	66265	72584	7054	30099	24383							
평성 6	1994	2610	65609	72004	7190	30453	24849							
평성 7	1995	2578	67290	72735	7528	32376	28518		2958000	20966000	26563000	13960000	2102515000	18973000
평성 8	1996	2644	67333	73556	7829	32173	26834							
평성 9	1997	2669	66473	73961	7995	31952	27750		3055000	18731000	24467000	14195000	2033332000	17729000
평성 10	1998	2680	66304	73064	8037	34886	28470		3284000	19751000	24881000	15016000	2218750000	16039000
평성 11	1999	2700	65808	71297	8278	36098	28889	1509161494	3317000	21940000	25918000	16230000	2257726000	14974000
평성 12	2000	2678	65512	70427	8323	33902	36455	1535805918	3060000	18972000	23561000	16046000	2246708000	11616000
평성 13	2001	2699	65987	70428	8189	33704	35249	1543519223	3389000	20197000	24747000	14502000	2233246000	10244000
평성 14	2002							1534393402						

2. 일본예산: 1970년대 이후 학생 수와 교원 수

연도	학 교 수					학 생 수					교 원 수				
	유치학교	초등학교	중고학교	대학교	전문학교	유치학교	초등학생	중고생합	대학생수	전문대생	유치교사	초등교사	중등교사	대학교수	전문대교수
1970	10796	24790	15838	382	479	1674625	9493485	8948375	1406521	263219	66579	367941	426986	76275	15320
1971	11180	24540	15630	389	486	1715756	9595021	8872577	1468538	275256	68607	374883	429189	78848	14910
1972	11564	24325	15496	398	491	1842458	9696133	8843091	1529163	287974	72797	381591	433040	80959	14677
1973	12186	24592	15698	405	500	2129471	8916536	8980816	1597282	309824	79826	392937	445554	83838	14868
1974	12686	24606	15718	410	505	2233470	10088776	9006648	1659338	330360	82032	403939	450934	86576	15169
1975	13106	24650	15697	420	513	2292591	10364846	9095521	1734082	353782	85680	415071	457759	89648	15557
1976	13492	24717	15697	423	511	2371422	10609985	9220120	1791786	364880	89664	424355	464394	92929	15767
1977	13855	24777	15751	431	515	2453422	10819651	9358256	1839363	374244	93981	433168	473722	95470	15917
1978	14229	24828	15876	433	519	2497895	11146874	9463192	1862262	380299	97549	445767	481593	98173	16027
1979	14627	24899	15881	443	518	2486604	11629110	9451842	1846368	373996	100331	459580	483783	100735	16208
1980	14893	24945	15988	446	517	2407093	11826573	11516332	1835312	371124	100958	467953	494871	102989	16372
1981	15059	25005	15929	451	523	2292810	11924653	9982109	1822117	372406	100229	473965	506205	105117	16696
1982	15152	25043	16092	455	526	2227615	11901520	10224526	1817650	374273	99587	475043	517752	107422	16866
1983	15189	25045	16319	457	532	2192808	11739452	10422915	1834493	379425	99808	473987	526417	109139	17202
1984	15211	25064	16474	460	536	2132942	11464221	10720784	1843153	381873	99170	468672	537557	110662	17411
1985	15220	25040	16584	460	543	2067951	11095372	11167864	1848698	371095	98456	461256	551932	112249	17760
1986	15189	24982	16681	465	548	2018523	10665404	11365056	1879532	396455	97758	454760	560515	113877	18205
1987	15156	24933	16738	474	561	2016224	10226323	11456437	1934483	437641	98095	448977	566970	115863	18774
1988	15115	24901	16778	490	571	2041820	9872520	11229473	1994616	450436	99331	445222	568966	118513	19264
1989	15080	24851	16775	499	584	2037614	9606627	11263673	2066962	461849	100407	445450	570762	121140	19830
1990	15076	24827	16781	507	593	2007964	9373295	10992498	2133362	479389	100932	444218	572071	123838	20489
1991	15041	24798	16793	514	592	1977611	9157429	10643243	2205516	504087	101493	444903	573057	126445	20933
1992	15006	24730	16801	523	591	1948868	8947226	10255337	2293269	524538	102279	440769	567146	129024	21170
1993	14958	24676	16793	534	595	1907110	8768881	9860609	2389648	530294	102828	438064	560766	131833	21111
1994	14901	24635	16786	552	593	1852183	8582871	9543891	2481805	520638	103014	434945	555612	134849	20964
1995	14856	24548	16775	565	596	1808432	8370246	9296335	2546649	498516	102992	430958	552137	137464	20702
1996	14790	24482	16765	576	598	1798051	8105629	9074897	2596667	473279	103518	425714	549851	139608	20294
1997	14690	24376	16753	586	595	1789523	7855387	8852840	2633790	446750	103839	420901	546337	141782	19885
1998	14603	24295	16729	604	588	1786129	7663533	8638989	2668086	416825	104687	415680	540036	144310	19040
1999	14527	24188	16701	622	585	1778286	7500317	8455588	2701104	377852	105048	411439	533436	147579	18206
2000	14451	24106	16687	649	572	1773682	7366079	8269151	2740023	327680	106067	407598	526632	150563	16752
2001	14375	23964	16670	669	559	1753422	7296920	8053667	2765705	289198	106703	407892	522042	152572	15638
2002	14279	23808	16631	686	541	1769096	7239327	7792201	2786032	267086	108051	410505	516325	155050	14491

· 저자 ·

김기언
(金基彦)

· 약 력 ·

연세대학교 경영학사
연세대학교 행정학 석사
연세대학교 행정학 박사
현재 경기대학교 행정학과 교수
    경기대학교 기획처장

· 주요논저 ·

『행정학』(2001)
『지방정부론』(2001)
외 다수

장연수
(張淵洙)

· 약 력 ·

고려대학교 행정학 석사
한국교원대학교 교육학 석사
경기대학교 행정학 박사
현재 경기대학교 행정학과 대우교수

· 주요논저 ·

『행정통계학』(2005)
『지역 정치문화와 시민참여』(2005)
외 다수

한국 교육정책과 예산

· 초판 인쇄   2007년 6월 20일
· 초판 발행   2007년 6월 20일
· 지 은 이   김기언, 장연수
· 펴 낸 이   채종준
· 펴 낸 곳   한국학술정보㈜
            경기도 파주시 교하읍 문발리 526-2
            파주출판문화정보산업단지
            전화 031) 908-3181(대표)·팩스 031) 908-3189
            홈페이지 http://www.kstudy.com
            e-mail(출판사업부) publish@kstudy.com
· 등   록   제일산-115호(2000. 6. 19)
· 가   격   28,000원

ISBN   978-89-534-6963-1 93370 (Paper Book)
       978-89-534-6964-8 98370 (e-Book)